Hanspeter Mathys
Wozu werden Träume erzählt?

Forschung Psychosozial

Hanspeter Mathys

Wozu werden Träume erzählt?

Interaktive und kommunikative Funktionen von Traummitteilungen in der psychoanalytischen Therapie

Mit einem Vorwort von Horst Kächele

Psychosozial-Verlag

Die vorliegende Arbeit wurde im Herbstsemester 2009
von der Philosophischen Fakultät der Universität Zürich auf Antrag
von Frau Prof. Dr. Brigitte Boothe
und Herrn Prof. Dr. Horst Kächele als Dissertation angenommen.

Bibliografische Information der Deutschen Nationalbibliothek
Die Deutsche Nationalbibliothek verzeichnet diese Publikation
in der Deutschen Nationalbibliografie; detaillierte bibliografische Daten
sind im Internet über http://dnb.d-nb.de abrufbar.

Originalausgabe

E-Mail: info@psychosozial-verlag.de
www.psychosozial-verlag.de

Umschlagabbildung: Henri Rousseau: »Le Rêve (Der Traum)«, 1910
Umschlaggestaltung & Satz: Hanspeter Ludwig, Gießen
www.imaginary-art.net
ISBN 978-3-8379-2086-4

Inhalt

Vorwort

Schon lange wird in der klinischen Literatur der Psychoanalyse die kommunikative Funktion des Traumberichtens erwähnt, ohne dass jedoch hierzu eine systematische Untersuchung vorgelegt worden wäre. Notwendig wären für diesen Forschungszweck entweder breit angelegte Querschnittstudien, die eine Vielzahl von Randbedingungen zu berücksichtigen hätten, da es vermutlich vielfältige Auslöser und Anlässe hierfür gibt.

Oder aber es wird die alternative Forschungsstrategie der Untersuchung einer gut dokumentierten psychoanalytischen Behandlung genutzt, von der gesagt werden kann, dass sie die Qualität eines paradigmatischen Falles beanspruchen kann. Dies wird durch das Textkorpus einer tonbandaufgezeichneten Behandlung geleistet, die von einem erfahrenen Psychoanalytiker mit einer Patientin durchgeführt wurde und deren Texte in anonymisierter Form der wissenschaftlichen Auswertung zugänglich gemacht werden konnten.

Vielfältige Studien mit verschiedenen Fragestellungen wurden an diesem deutschen Musterfall einer psychoanalytischen Behandlung realisiert, die im dritten Band des Ulmer Lehrbuchs der psychoanalytischen Therapie zusammengestellt wurden (Thomä/Kächele 2006c).

An diesem einzigartigen Textkorpus werden in der vorliegenden Untersuchung mit einer qualitativen Forschungsmethodik Antworten auf diese klinisch wichtige Frage gesucht und gegeben: »Wozu werden Träume erzählt?«

Die detaillierten, inhaltsreichen Untersuchungsschritte illustrieren interaktive und kommunikative Funktionen von Traummitteilungen im psychoanalytischen Behandlungssetting.

Ein solches Wissen um die diskursive Einbettung und Ausgestaltung von Traumberichten fehlte bislang in der psychoanalytischen Literatur. So ist dem Buch eine breite, klinische Leserschaft zu wünschen, denn Träume – das wissen wir seit Sigmund Freuds Jahrhundertwerk – haben es nun einmal in sich.

Horst Kächele (Ulm – Berlin)

Dank

Dieses Buch ist im Rahmen des gemeinsamen Nachdenkens und Diskutierens mit MitarbeiterInnen und Studierenden der Abteilung für Klinische Psychologie, Psychotherapie und Psychoanalyse des Psychologischen Instituts an der Universität Zürich entstanden. Mein herzlicher Dank geht an Frau Prof. Dr. Brigitte Boothe für ihre Unterstützung im Rahmen der Betreuung dieser Dissertationsschrift, an Herrn Prof. Dr. Kächele, der das Datenmaterial von der Ulmer Textbank zur Verfügung gestellt und die Arbeit als Zweitgutachter betreut hat. Für die kritische Durchsicht danke ich Dr. phil. Bernhard Grimmer, Dr. phil. Vera Luif und Jürg Odermatt. Ein besonderer Dank geht an Prof. Dr. Helmut Thomä, den Analytiker von Amalie X, für seinen Mut und seine Offenheit, die eigene psychoanalytische Arbeit der forschenden Community zur Verfügung zu stellen. Und schließlich gilt der Dank Frau Amalie X. Ohne ihre Einwilligung, die Aufzeichnungen der eigenen Analyse für Forschungszwecke freizugeben, wären diese und zahlreiche andere Arbeiten im Dienst der kontinuierlichen Weiterentwicklung der psychoanalytischen Therapie nicht möglich gewesen.

Einleitung

Erstaunlich selten hat sich die Psychoanalyse mit der Frage befasst, was eigentlich in einer psychoanalytischen Behandlung geschieht, wenn ein Patient einen Traum erzählt. Viel verbreiteter ist die Frage, was geschehen *soll*, wenn der Patient einen Traum erzählt hat. Die klassische Perspektive psychoanalytischer Forschung ist auf die Frage gerichtet, wie der Analytiker technisch vorzugehen habe, wenn der Analysand ihm einen Traum schildert. Im Vordergrund steht also die Technik der Traumanalyse. Dies führt dazu, dass Psychoanalytiker in der Behandlungssituation in der Regel »auf den Umgang mit Träumen gut vorbereitet sind, obwohl manche Psychoanalytiker, wenn überhaupt, nur sehr zögerlich mitteilen, wie sie mit den Traumschilderungen ihrer Patienten in der Behandlungssituation tatsächlich verfahren« (Hau 2008, S. 41). Die vorherrschende Perspektive ist gleichbedeutend mit dem Blick des Analytikers auf den Trauminhalt des Analysanden. Selten wird im Zusammenhang der Traummitteilung die Interaktion betrachtet, ebenso selten wird die Frage gestellt, wieso oder besser wozu Analysanden in Psychoanalysen ihre Träume mitteilen.

In dieser Arbeit wird anhand einer Einzelfallstudie die Relevanz der Erzähl- und Dialogsituation von Traumschilderungen im psychoanalytischen Setting untersucht. Der Fokus liegt dabei nicht darauf, welche Bedeutung der Inhalt eines Traums hat, sondern auf der Art und Weise, wie der Traum erzählt wird und wie darüber gesprochen wird. Die Leitfrage lautet also: Welche kommunikativen und interaktiven Funktionen lassen sich im Zusammenhang des Dialogs über den Traum erschließen? Damit will die vorliegende Studie die vorhandenen theoretischen Ansätze zur Frage nach der kommunikativen Funktion von Traummitteilungen durch eine qualitative, empirisch fundierte Untersuchung ergänzen. Ausgangslage ist eine Betrachtungsweise, die den Umgang mit dem Traum in der analytischen Situation unter die Lupe nimmt.

Die Mitteilung eines Traums und die Form, in der die beiden an der analytischen Situation Beteiligten, der Analytiker und die Analysandin, über den Traum sprechen, sind sprachliche Akte. Dabei sind beide Aspekte dieser Bezeichnung von Bedeutung. Es gibt eine verbale Dimension, es geht um einen »Austausch von Worten«. Ebenso enthalten ist aber auch ein Handlungsaspekt, ein Interagieren bezüglich der Frage, was mit einer Traummitteilung in der analytischen Sitzung geschehen soll. Der Traum fungiert dabei als ein drittes Objekt, mit dem die beiden Interaktanten etwas tun.

Die Protagonisten dieser untersuchten analytischen Interaktion sind auf der einen Seite ein männlicher Analytiker, auf der anderen Seite eine weibliche Analysandin mit dem Decknamen Amalie X. Die über 500 Stunden dauernde Psychoanalyse, die in den 1970er Jahren stattfand, wurde zum größten Teil auf Tonband aufgenommen. Dieses klinische Material wird von der Forschungsgruppe der Ulmer Textbank um Prof. Dr. Kächele freundlicherweise für Forschungszwecke zur Verfügung gestellt und ist in zahlreichen Studien mit ganz verschiedenen Fragestellungen bereits untersucht worden (vgl. Thomä/Kächele 2006c; Kächele et al. 2006). Die vorliegende Arbeit versucht, einen interdisziplinär angelegten Beitrag zur psychoanalytischen Traumforschung zu leisten: In einem ersten Schritt werden Gesprächspassagen aus der analytischen Interaktion ethnomethodologisch untersucht. Auf dieser Grundlage werden die gesprächsanalytischen Befunde in einem zweiten Schritt psychodynamisch interpretiert und hinsichtlich ihrer Relevanz für die psychoanalytische Traumforschung und die Praxis der Traumanalyse diskutiert.

1 Wozu werden Träume erzählt?

In dieser Untersuchung interessiert die Funktion der Traum*mitteilungen*, die abzugrenzen ist von der Funktion des *Träumens*, also des Traumvorgangs. Wenn Freud (1900) davon ausging, dass dem Träumen eine Schlaf bewahrende Funktion zukomme, dann bezieht er sich auf den Vorgang des Träumens und nicht auf die Situation der Traummitteilung in der analytischen Sitzung. Die Unterscheidung zwischen Traumvorgang und Traummitteilung ist von grundlegender Bedeutung. Erst wenn diese Unterscheidung vollzogen ist, kann darüber nachgedacht werden, in welchem Zusammenhang die beiden Phänomene stehen. Im Folgenden soll gezeigt werden, wie das Verhältnis zwischen Traum und Traummitteilung in neueren Ansätzen psychoanalytischer Traumforschung gedacht werden kann.

1.1 Zum Verhältnis von Traumtätigkeit und Traummitteilung

1.1.1 Tagesgedanken

Unerledigtes, Unbewältigtes aus dem aktuellen Leben, unverarbeitete Tageseindrücke werden vom Wachzustand in den Schlaf übernommen. Dass das Träumen als ein Denken im Schlaf verstanden werden kann, hat schon Freud so formuliert: »[W]as uns bei Tage in Anspruch genommen hat, beherrscht auch die Traumgedanken, und wir geben uns die Mühe zu träumen nur bei solchen Materien, welche uns bei Tage Anlass zum Denken geboten hätten« (1900, S. 180). Dass Träume nicht völlig vom Alltag losgelöste Phänomene sind, dass es sich vielmehr um eine Kontinuität von Wachsein und Schlafen handelt, haben Strauch und Meier (1992) in ihren Experimenten zeigen können. Boothe (2000a) sieht das Verhältnis vom Wachsein und Träumen ebenso als ein Verhältnis der Kontinuität und nicht der Kompensation, wie beispielsweise Jung (1991) und Schultz-Hencke (1949) dies tun. Dabei stellt sich die Frage, welche Ereignisse des Tages am ehesten geeignet sind, in den Traum einzugehen, welchen Elementen also traumbildendes Potenzial innewohnt. Besondere Bedeutung scheint hierfür Kränkungen, Versuchungssituationen, unbewältigten Aufgaben – mithin alles Vorkommnisse, die eine affektgeladene Spannung hinterlassen, die nicht aufgelöst werden kann – zuzukommen. Hamburger (2000) hat für das Konzept des Wunsches eine treffende Metapher aus dem Bereich der Musik gewählt: Der Wunsch sei wie »ein Septakkord, der durch gezielte Dissonanz Bewegung verspricht und einfordert« (ebd., S. 33). Im Anschluss daran lässt sich in Bezug auf den Traum formulieren, dass die erwähnten unverarbeiteten Tageseindrücke, gerade wenn sie dissonanten Charakter aufweisen, solche Septakkorde darstellen, die im Verlauf des weiteren Tages und dann eben auch nachts mentale Bewegung einfordern in dem Sinne, dass sie darauf drängen, in eine harmonischere Tonlage aufgelöst zu werden.

In psychoanalytischen Modellen zur Traumentstehung wird dieser Beitrag zur Traumproduktion als Tagesrest bezeichnet. Freud berücksichtigte bei der Entstehung von Träumen zwei zeitlich ganz verschieden einzuordnende Quellenarten: den (aktuellen) Tagesrest und den (in die Vergangenheit zurückreichenden) infantilen Wunsch. An dieser chronologischen »Zwei-Quellen-Theorie« hat sich kaum etwas geändert, wohl aber an der Gewichtung dieser beiden Quellen. Leuschner (2002) postuliert nicht zuletzt aufgrund umfangreicher empirischer Forschungen eine Neukonzeption des Freud'schen Tagesrest-Begriffs, die als Schlussfolgerung folgender Untersuchung steht: In einem Experiment werden dem Probanden unverständliche Sätze (2,5-mal schneller als die normale Sprech-/Lesegeschwindigkeit) präsentiert, die dann quasi als kontrolliert induzierter Tagesrest in den Traum eingehen, also traumbildend wirken. Dabei ist von Bedeutung, dass die Inhalte solcher Stimuli bewusst komplett unverständlich sind und nur unwillkürlich und unwissentlich reproduziert werden. Die Träumer selbst merken also gar nicht, dass sie von Stimulusinhalten träumen. Die induzierten Stimuli kehren nicht wörtlich im Traum wieder, vielmehr erfolgt diese erneute Darstellung nach einer Reihe typischer Bearbeitungsschritte, die von Leuschner als ein Prozess von Dissoziation in einzelne Teile mit anschließender Rekombination der betreffenden Fragmente, also als Re-Assoziierung, bezeichnet werden. Mithilfe dieser prozessualen Erkenntnisse konnte gezeigt werden, dass Tageseindrücke das Traumleben in umfassenderer Weise gestalten als bisher angenommen. Damit ist ferner gesagt, dass nicht nur verpönte Wünsche im Traum entstellt werden, sondern auch, dass solcherart dargebotenes kontrolliertes Tagesrest-Material dem Schicksal der Fragmentierung, Verschiebung und Verdichtung unterworfen ist.

Besonders interessant sind die weiteren Schlussfolgerungen dieser Experimente: Nichtbewusste Eindrücke werden eher als Traumbildner bei der Traumgestaltung verwendet als bewusste Stimuli. Das heißt, das bewusst Erkannte scheint für die Traumbildung weniger interessant zu sein und eher aussortiert zu werden, als das, was nicht oder nur sehr unvollständig identifiziert werden kann. Vor allem diese Wahrnehmungsebene scheint für die Traumbildung von Relevanz zu sein.

Im Anschluss daran lassen sich zwei Kriterien formulieren, die auch für den traumbildenden Reiz im Bereich der alltäglichen und normalen Erlebnisse bedeutsam sind: Zum Ersten muss der traumrelevante Reiz am Rand oder außerhalb der Aufmerksamkeit liegen. Zum Zweiten muss er die Eigenschaften eines unerledigten Restes haben. Mit dem zweiten Kriterium ist festgehalten, dass es beim Traumreiz nicht bloß um eine unverstandene Wahrnehmung gehen kann, sondern um Gedanken, das heißt, der Reiz muss dem Denken ausgesetzt gewesen sein. Singer prägte dafür den Begriff der »Randgedanken« (1978; zit. bei Leuschner 2002), die etwa den Freud'schen »Besorgnissen« entsprechen – also Themen aus unerledigter Tagesrealität, beispielsweise Auseinandersetzungen mit anderen Personen, Liebesgeschichten oder auch Selbsterhöhungsbedürfnisse. Vor allem dürften auch monologisch-fantasierte Reden oder Rede-Entwürfe von gedachten, aber nicht realisierten Dialogen, die unmerklich und autonom ablaufen, eine große Rolle spielen. In Fortführung dieser experimentell erhobenen empirischen Befunde stellt sich die Frage, ob diese Erkenntnisse aus dem Bereich der Wahrnehmung auch psychodynamisch interpretiert werden können: Sind Beziehungsepisoden, die mit nicht bewusst wahrgenommenen Affekten oder Fantasien einhergehen, beispielsweise weil sie verdrängt werden, auch eher als traumbildende Momente geeignet als bewusst erlebte Affekte (vgl. Zeberli 2008)?

Ausgehend von diesen »Randgedanken« entwickelt Leuschner das Konzept der »Tagesgedanken« als zentralen Baustein für die Traumproduktion. Der Tagesgedanke fungiert als unerledigter Gedankenrest, der eigenständig bei der Traumbildung wirksam ist. Dabei fällt auf, dass dieses Konzept dem Freud'schen Traumgedanken sehr nahe ist. »Der Traumgedanke ist dann ein rekonstruierter Tagesgedanke, der den Traum gestaltet, dessen Herkunft jedoch verdunkelt ist« (Leuschner 2002, S. 213). Die Tatsache, dass solche Gedanken vom Schlaf abhalten können (Einschlaf- und Durchschlafstörungen), zeigt ihre Nähe zu den Triebimpulsen. »Was nun stark genug ist, uns vom Schlaf abzuhalten oder zu wecken, muss auch stark genug sein, einen

Traumerzeuger abzugeben« (ebd., S. 214). Der libidinöse Traumwunsch ist somit weiterhin am Werk bei der Traumbildung, aber seine Einflussnahme ist anders zu beschreiben. Er ist (bereits) »in den Tagesgedanken versteckt« und nicht in von diesen getrennten Traumgedanken. Das heißt, er steckt in den dem Bewusstsein zugänglichen Tagesresten genauso wie beispielsweise in den Symptomen, deren Oberfläche zwar bewusst ist, deren unbewusster Anteil aber verdrängt bleibt. Die Zensur ist wirksam in den Tagesgedanken selbst und wird nicht erst in der Nacht mobilisiert, deshalb erscheinen diese auch gar nicht so verpönt, sondern eher harmlos.

Zusammenfassend lässt sich also in Abgrenzung zu den Traumgedanken Freuds formulieren: Tagesgedanken existieren am Rand unserer Aufmerksamkeit, nicht wie die Traumgedanken Freuds, die dem nicht bewusst gewordenen Denken angehören. Sie werden schon tagsüber mit kräftiger Triebladung versehen. Der Triebteil kann nachts jedoch wegen gelockerter Abwehr stärker werden. Solche traumgestaltenden Randgedanken sind nicht verdrängt, aber sie können dennoch nur assoziativ erschlossen werden, als »Wiedererinnerung bewusstseinsfähiger Elemente«. Im Schlaf werden die primär mit den Tagesgedanken verschmolzenen Triebwünsche entkoppelt. Beide dissoziieren, sodass die Triebwünsche besser sichtbar sind als vor dem Traum. Der Traum wird also bereits dadurch, dass sich schon am Tag Triebwünsche an Gedanken heften, kulturfreundlich und in dieser Hinsicht ein »ziemlich soziales, seelisches Ereignis«, und nicht wie bei Freud erst durch die nächtliche Zensurschranke und Traumarbeit. »So betrachtet ist der Traum eine Metamorphose der Tagesgedanken« (ebd., S. 214).

1.1.2 Träumen: Übergabe an die Nachtschicht

Im Traum wird nun versucht, die unverarbeiteten Tageseindrücke weiterzuverarbeiten, eine nächtliche, unwillkürliche und wunschgeleitete Re-Inszenierung und (bessere) Lösung zu finden. Dies geschieht mithilfe früherer Gedächtnisinhalte, die dem Tagesrest ähnlich sind. Dazu gehören Konflikte und Probleme ebenso wie Bewältigungsstrategien und Lösungen (Ermann 2005). Der unverarbeitete Tagesrest wird mit dem Material aus der Vergangenheit abgeglichen, sodass neue Verknüpfungen entstehen. Als Ergebnis des Traumprozesses entsteht also etwas Neues, in dem beide Elemente, der rezente Tagesrest und die früheren ähnlichen Situationen, enthalten sind. Das Neue enthält eine bessere Lösung als der unverarbeitete Tagesrest. Gelingt dies so, schläft man ruhig weiter und erwacht nicht; der ganze Traumvorgang spielt sich völlig unbewusst ab. Dafür spricht, dass man sich manchmal nach einem schwierigen Tag beim Aufwachen besser und frischer, erleichterter fühlt als beim Zubettgehen. Der Volksmund sagt: »Schlaf erst einmal eine Nacht darüber«, wobei vor allem das »darüber« in dieser Redewendung eine interessante Formulierung ist und darauf hinweist, dass damit etwas zum Ausdruck kommt wie »Denk oder brüte einmal nachts darüber nach«. Kramer (2002, S. 43) beschreibt in diesem Zusammenhang die Traumfunktion als ein »Containment der Affekte« im Sinne einer hedonisch gefärbten Umwandlung im Verlauf der Nacht:

> »Im Laufe der Nacht und bis zum Morgen ändert sich die Stimmung systematisch. Träume, welche die emotionalen Anliegen des Träumenden widerspiegeln, verändern im Laufe der Nacht ihren Inhalt und weisen einen Zusammenhang mit den emotionalen Beschäftigungen des Träumers am nächsten Morgen auf. Erfolgreiches nächtliches Träumen, das in etwa 60 Prozent der Zeit erfolgt, ist das Resultat einer progressiv-sequentiell-figurativen Problemlösung, die sich im Lauf der Nacht ergibt. Dies führt zu einer Verringerung des Unglücklichseins von der Nacht bis zum Morgen, was mit der richtigen Anzahl und Art von Personen in den nächtlichen Träumen zusammenhängt. Dagegen ist erfolgloses nächtliches Träumen das Resultat traumatisch-repetitiver Traumsequenzen, in denen die vor dem Schlaf aktuelle innere Thematik während der Nacht lediglich in anderer Form (Metaphern) dargestellt wird. Dabei wird die Stimmung im Laufe der Nacht nicht positiv beeinflusst.«

Die Funktion des Traummechanismus besteht also in erster Linie in einer Art Problembewältigung durch Neubewertung unter Zuhilfenahme früherer abgespeicherter Erfahrungen, die im Traumzustand offenbar besser zugänglich gemacht werden können als im Wachzustand (Koukkou/Lehmann 2000).

Auch wenn in moderneren psychoanalytischen Traumtheorien, unter Einbezug empirischer, gedächtnispsychologischer und neurowissenschaftlicher Erkenntnisse, die Traumfunktion nicht mehr, wie bei Freud, auf die halluzinatorische Wunscherfüllung beschränkt ist, wird an der Grundidee festgehalten, dass das Träumen hedonische Qualität besitzt. Neuere Konzepte sprechen von Spannungsregulierung, Affektregulierung, Problemlösung oder Informationsverarbeitung. Allen ist der Gedanke gemeinsam, dass im Traum etwas Neues entsteht, das eine bessere Wendung enthält als die noch unverarbeitete Ausgangslage vor dem Einschlafen. Gelingt dies, schlafen wir offensichtlich ruhig weiter und erinnern uns an nichts. In dieser gewünschten Neuinszenierung und Lösung ist der Wunschaspekt Freuds durchaus enthalten. So hält beispielsweise Boothe (2006b) ebenfalls am Wunschgedanken fest, wenn sie für den Schlaf, diesen »regressiven Zustand entspannter Bewusstseinsferne und entspannten Rückzugs von jeglichem Sozialbezug« eine »hedonische

Orientierung« als plausibel erachtet und in poetischer Diktion weiter formuliert: »In diesem Sinn gibt der Traum der Welt Audienz, unter dem Diktat des Komforts« (Boothe 2006b, S. 2).

Stellvertretend für andere Autoren fasst Barwinski (2006, S. 78) die gegenwärtige Funktionsbestimmung des Traums in der postfreudianischen Ära folgendermaßen zusammen:

> »Die These, dass jeder Traum der Versuch einer Wunscherfüllung sei, ist nicht falsch, wenn von einer weiten Fassung des Wunschbegriffes ausgegangen wird. In diesem Sinn ist jeder Traum eine Wunscherfüllung und Problemlösung. […] Die reorganisierende Funktion – die Funktion der Gedächtniskonsolidierung – scheint allen Funktionen des Traums übergeordnet zu sein. Können Ereignisse aufgrund der sie begleitenden heftigen Affekte nicht in die kognitive Struktur eingebunden werden, erfüllen Träume eine affekt- und stimmungsregulierende Funktion.«

Auch wenn Barwinski im Folgenden zwischen Träumen mit konflikthaftem Material und solchen, die traumatische Erfahrungen zum Ausdruck bringen, unterscheidet, geht sie davon aus, dass Träume generell »zur Affektmilderung und Spannungsabfuhr beitragen« (ebd., S. 79). In einem umfassenderen Sinn geht Leuschner aufgrund bedeutsamer Befunde der empirischen Traumforschung von einer offenbar autonom ablaufenden »quasi-therapeutischen Funktion der Träume« (Leuschner 1999, S. 361) aus. Insofern kann von einer modifizierten Art der Freud'schen Wunscherfüllungstheorie respektive von einer Reformulierung derselben gesprochen werden. Der Traum stellt nicht regelmäßig einen infantilen Wunsch als erfüllt dar. Vielmehr gilt die Traumproduktion als »Spannungsregulierung auf der Basis verwandelnder halluzinierender Evokation rezenter und infantiler Gedächtnisinhalte, die mit emotionalen Anliegen verbunden sind« (Boothe 2006b, S. 3). Der breiten Palette an möglichen Funktionen, die dem Traum zuerkannt werden, ist eines gemeinsam: Alle können »im Zusammenhang mit der Aufrechterhaltung des seelischen Gleichgewichts und der körperlichen Gesundheit gesehen werden« (Hau 2008, S. 62).

1.1.3 Die Traummitteilung als zweite Chance

Die empirisch-psychoanalytisch geprägte Traumforschung geht mittlerweile davon aus, dass »von *dem* Traum heute nicht mehr gesprochen werden kann, sondern dass es sich beim Träumen um ein vielschichtiges, qualitativ höchst unterschiedliches Prozessgeschehen handelt« (Hau 2008, S. 41). Wenn ein

Traum mitgeteilt wird, unterliegt er mehreren Transformationsschritten. Damit ein Traum berichtet werden kann, muss er zuerst erinnert werden. Dass sich der erinnerte Traum vom geträumten Traum unterscheidet, wurde bereits von Freud gesehen. Die empirische Traumforschung konnte zeigen, dass die meisten Träume nicht erinnert, sondern autonom und unbemerkt geträumt werden. Die durchschnittliche Traumdauer pro Nacht beträgt etwa drei Stunden; auf eine 70-jährige Lebenszeit hochgerechnet, sind das etwa sechs Jahre (Leuschner 1999, S. 360), was eine Summe von etwa 150.000 Träumen ergibt (Ermann 2005, S. 67). Unter diesen Voraussetzungen ist das Vergessen von Träumen nicht immer Abwehr oder Zensur (Deserno 2007), sondern der Normalfall. Oder anders formuliert: Das Aufwachen aus einem Traum und/oder das Erinnern daran bilden die Ausnahme, sozusagen eine »Panne des psychischen Systems« (Mathys 2001). Eine Panne, die im Rahmen einer psychoanalytischen Behandlung allerdings sehr willkommen ist. Nur wer einen Traum erinnert, kann ihn erzählen. Hier liegt nun die zweite Chance zur (Nach-)Bearbeitung eines unverarbeiteten Tagesrests. Der erinnerte Traum muss hierzu von den bildhaften Eindrücken in Sprache transformiert werden. Wenn der Traum die beschriebene regulative Aufgabe nicht erledigt hat, kann ein Patient den Traum im Dialog mit dem Therapeuten nochmals vertiefend betrachten und womöglich die zugrunde liegende Erfahrung des Tages bearbeiten. »Hat das Träumen einen ›unerledigten‹ Tagesrest erfolgreich bearbeitet, kann sein Ergebnis, der Traum, vergessen werden. Umgekehrt gilt, dass Geträumtes erinnert wird, damit die begonnene Bearbeitung unter anderen Bedingungen fortgesetzt werden kann – in der Therapie mit Hilfe des Psychoanalytikers« (Deserno 2007, S. 914). Damit bietet die Traummitteilung eine zweite Chance einer wunschgeleiteten Auflösung oder einer die Angst bewältigenden Reinszenierung im Dialog mit dem Analytiker. Dadurch kommt, zusätzlich zur autonom ablaufenden Regulationsfunktion des Traumvorgangs, eine narrative Dynamik ins Spiel.

Im kognitiv orientierten Traummodell von French und Fromm (1964) wird das Träumen primär als (autonome) Form des Problemlösens betrachtet. Die Frage, welchen zusätzlichen Gewinn die Traummitteilung und eine Trauminterpretation bringen, beantworten die Autoren ganz auf der Linie des eben dargestellten Modells: als Möglichkeit einer zusätzlichen Bearbeitung im Wachzustand, was insbesondere bei stark konflikthaften Themen einem Bedürfnis des träumenden Patienten entspreche. Dabei macht Deserno auf eine wichtige Präzisierung aufmerksam: Bei allen genannten Funktionen des Träumens geht es immer nur um den *Versuch*, das heißt, »das Träumen selbst löst z.B. kein Problem, es kann aber, indem es Verbindungen löst und neue erschafft, eine veränderte Ausgangslage zur Problemlösung im Wachzustand bereitstellen« (2007, S. 919). In diesem Modell wird die Traummitteilung als Versuch einer kontinuierlichen Affektspannungsregulierung verstanden. Darin liegt ein erster Antwortversuch auf die Frage, warum respektive wozu denn Träume überhaupt erzählt werden. Es ist dieselbe hedonisch-regulierende Motivation, die schon für den Traumvorgang selbst verantwortlich war, aber keinen Erfolg hatte. Ermann (2005) versucht dies mit folgender formelhafter Wendung auszudrücken: Träumen diene der Selbstregulation, Traumerzählungen hingegen der Beziehungsregulation. Ob das zutrifft und wie dies im Einzelfall konkret aussehen kann, wird im empirischen Teil dieser Arbeit zu untersuchen sein.

1.1.4 Freud: Die Traumschilderung als »Flickenteppich«

Freud war wenig interessiert an der kommunikativen Situation der Traummitteilung:

> »Der Traum ist ein vollkommen asoziales seelisches Produkt; er hat einem anderen nichts mitzuteilen; innerhalb einer Person als Kompromiß der in ihr ringenden seelischen Kräfte entstanden, bleibt er dieser Person selbst unverständlich und ist darum für eine andere völlig uninteressant« (Freud 1905a, S. 204).

Und doch bezeichnet Freud die Deutung der Träume als »Königsweg zur Kenntnis des Unbewussten«. Was immer auch ein Königsweg sein mag, eines ist klar: Ein Königsweg ist weder Autobahn noch Hauptstraße, wahrscheinlich überhaupt nicht asphaltiert. Träume sind meist rätselhaft, geheimnisvoll, manchmal völlig absurd, und sie versperren sich dem verstehenden Zugang auf geradezu ärgerliche Art und Weise. Träume scheinen nicht dazu geeignet erzählt zu werden. Das Erzählen von Träumen ist keine glatte Angelegenheit, sondern bedeutet meist eine kommunikative Zumutung.

Für Freud war es relativ klar, warum Träume sich so schwer erzählen lassen. Das obige Zitat ist folgendermaßen fortzusetzen: »Nicht nur daß er [der Traum, HPM] keinen Wert auf Verständlichkeit zu legen braucht, er muß sich sogar hüten, verstanden zu werden, da er sonst zerstört würde, er kann nur in der Vermummung bestehen« (Freud 1905a, S. 204). Träume sind offenbar nicht dazu gedacht, erinnert, erzählt oder gar verstanden zu werden. Diese These lässt sich von ihrer Funktion ableiten: Der Traum ist der »Hüter des Schlafs«, so Freud. Er »gaukelt dem Träumenden vor, dass seine Wünsche erfüllt werden können, wodurch eine Abfuhr von Triebspannungen bereitgestellt wird« (Mertens 1999, S. 30). Damit der Traum diese Funktion erfüllen kann, darf er gar nicht allzu klar sein. Der Traum scheut das Tageslicht, sollte es nicht erblicken müssen, muss vermummt quasi im Untergrund bleiben. Damit der Traum seiner Schlaf hütenden Funktion nachkommen kann, dürfen die nachts aufbrechenden Wünsche nicht zu deutlich erkennbar werden. Das Wach-Ich würde sich in aller Form von ihnen distanzieren. Deshalb müssen diese Impulse eine Zensurschranke passieren, um auf der Traumleinwand überhaupt sichtbar zu werden. Bei seinen Bemühungen, den seltsamen Traumgebilden auf die Spur zu kommen, entdeckte Freud hinter dem vorliegenden, dem manifesten Traum, den latenten Traum, den er als den ursprünglichen erkennt, der aber nie in seiner ursprünglichen Form ins Bewusstsein gelangt. Erinnerbar und erzählbar ist immer nur der entstellte, manifeste Traum. Verantwortlich für diese Umwandlung sind bestimmte Mechanismen, die er unter dem Stichwort der Traumarbeit zusammenfasst: Verdichtung, Verschiebung, die Mittel der Darstellbarkeit und die sekundäre Bearbeitung. Diese vier Mechanismen sind es, welche die latenten Traumgedanken zum vorliegenden manifesten Traumtext verarbeiten und so in entstellter Form an der »Zensur-Zollbehörde« vorbeischmuggeln. Ziel der Traumanalyse ist es nun, den Weg der Traumarbeit in umgekehrter Richtung zu gehen, das heißt, die latenten Traumgedanken aus dem manifesten Traumtext zu rekonstruieren. Der Weg dazu ist derjenige der freien Assoziation. Der Traum wird Stück für Stück zerlegt und dem Träumer mit der Aufforderung vorgelegt, freie Einfälle dazu zu äußern. Nach und nach wird der Traum somit angereichert mit Material aus dem Leben des Träumers und in einen Kontext gestellt, aus dem heraus deutende Schlüsse gewagt werden können. Ziel dieses deutenden Prozesses ist bei Freud regelmäßig die Ermittlung des den Traum verursachenden infantilen Wunsches.

Dieser Umgang mit Träumen stellt eine entscheidende Wende in der Geschichte der Traumdeutung dar. Mertens meint dazu: »Die strikte Unterscheidung von manifestem und latentem Traum war für Freud und die Psychoanalyse viele Jahre sicherlich notwendig, um eine wissenschaftliche Traumforschung paradigmatisch zu begründen und sie gegenüber allen traditionellen und populärpsychologischen Deutungskünsten zu schützen« (1999, S. 52). Die Konsequenz dieses Vorgehens war eine Relativierung und explizite Geringschätzung des manifesten Traumtextes in seiner vorliegenden Gestalt als Traumbericht. Für Freud waren die einzelnen Bestandteile der Ausgangspunkt zur Traumdeutung. Aufgrund dieses Verständnisses war für Freud die kommunikative Handlung des Erzählens von Träumen relativ uninteressant. Dieses von ihm verächtlich als »Flickenteppich« bezeichnete Produkt der Traummitteilung war ein sekundär bearbeiteter Brocken, der vom bewussten Ich geformt wurde. Diesen Brocken von seinen manifesten Schlacken zu befreien und auf das pure Gold der latenten und damit unbewussten Traumgedanken zu stoßen, darum ging es letztlich. Das Nächstliegende, die Traummitteilung, durfte man nicht ernst nehmen, weil man sonst das Eigentliche, das Wesentliche nicht gesehen hätte. Für Freud ist der Traumbericht weniger eine Erzählung als eine Art Bilderrätsel, ein Rebus. Als Beispiel für eine knappe Traumdeutung, die diesen Bilderrätselcharakter illustriert, mag folgende Traumszene dienen: Jemand träumt, dass sein Bruder in einem Schrank steckt. In der bildhaften Art der Traumdarstellung kommt darin zum Ausdruck: Der Bruder soll sich (gefälligst mehr) ein-schränken! (vgl. Freud 1900, S. 412). Der Traum bedient sich dieser Mittel der Darstellbarkeit, um etwas auszudrücken. Die »Traumsprache« funktioniert nach Freud in allererster Linie über Bilder.

Die genannten Mechanismen der Traumarbeit, diese Agenten der Zensurbehörde, sollen also den Schlaf schützen und machen den Traum letztlich zu dem, als was er bereits einleitend bezeichnet wurde: zu einem unverständlichen und damit zu einem asozialen Produkt. Der Nimbus des Asozialen bleibt dem Traum auch über die Disziplinengrenzen erhalten. In neuerer Zeit ist der Traum respektive dessen Mitteilung zum Gegenstand des soziologischen Interesses geworden. Dabei ist zu beachten, dass sich die folgenden Ausführungen auf den Alltag beziehen und nicht auf die psychoanalytisch-psychotherapeutische Situation, in der das Mitteilen von Träumen einen ganz anderen Stellenwert besitzt.

1.1.5 Die Traummitteilung aus kommunikationstheoretischer Perspektive

Aus soziologischer Sicht gilt der Traum als »unmögliches Objekt« (Bergmann 2000). Denn: Wer träumt, tut dies alleine. Das Freud'sche Diktum vom Traum als einem asozialen Produkt wird bestätigt. Aber nicht nur, weil jeder Traum allein geträumt wird, ist er ein asoziales Produkt. Diese Ebene gilt für alle Empfindungen, Erfahrungen und Gedanken, also innerpsychische, rein subjektive Vorgänge. Vielmehr kommt beim Traum hinzu, dass er von den sozial geteilten Prinzipien des Denkens, Interpretierens und Erinnerns dissoziiert ist. Zwischen dem Wachdenken und dem Traumdenken besteht eine scharfe Zäsur. Hier liegt auch der Grund dafür, warum Traummitteilungen oft bizarr und absurd wirken, obwohl sie doch meist ziemlich banale und alltagsnahe Themen aufgreifen. Ebenso wie die Spielwelt der Kinder oder die Welt der religiösen Erfahrung bildet die Welt des Träumens eine »finite Sinnprovinz« (Schütz 1975; zit. nach Hanke 2001, S. 44). Diese zeichnet sich aus durch spezifische Erfahrungs- und Erkenntnisstile. Die Rede von der Asozialität des Traumes hat jedoch nur solange Bestand, wie er nicht erzählt wird. Sobald er mitgeteilt wird, wandelt er sich zu einem kommunikativen Objekt – und zugleich zu einem kommunikativen Problem (Hanke 2001). Denn Träume werden nicht in sprachlicher Form geträumt. Sie sind induzierte Halluzinationen, die erst in eine sprachliche Form modelliert und dann zur Darstellung gebracht werden. Dieser Prozess ist in höchstem Maße abhängig von den situativen Umständen einer Traummitteilung, der sozialen Konstellation der Beteiligten, der Dynamik des Gesprächsgeschehens, kurz: der Art und Weise der kommunikativen Herstellung. Unter diesen Vorzeichen können die folgenden Überlegungen aus soziologischer und kommunikationstheoretischer Sicht (Bergmann 2000) als eine Art Beipackzettel zu Risiken und Nebenwirkungen beim Traumerzählen gelesen werden:

Traumdarstellungen sind im Alltag dispräferiert

In der Untersuchung über den Zivilisationsprozess anhand von Höflichkeitslehren, Etikettenbüchern und Benimmtraktaten von Norbert Elias stößt man laut Bergmann immer wieder auf die dringende Empfehlung, »die Mitmenschen nicht mit Traummitteilungen zu belästigen« (Bergmann 2000, S. 51). So liest man in einem Sittenbüchlein des 16. Jahrhunderts: »Deswegen soll man mit solchen schlimmen Fratzen als gemeinlich die Träume sind, niemand verdrießlich sein. […] Die Träume darin gar keine Art noch nützliche Meinung ist, soll man vergessen und zugleich mit dem Schlaf lassen hinziehen« (Casa 1984; zit. nach Bergmann 2000, S. 52). Auch in der heutigen Gesellschaft sind Traummitteilungen im Alltag eher dispräferiert. Sie zwingen den Zuhörer zu einer passiv-ratlosen Rezeptionshaltung und laufen dadurch Gefahr, intimisierend und aufdringlich zu wirken.

In Traumdarstellungen enthaltene Träume sind narrativ geglättet und integriert

Ein Traum müsste eigentlich durch eine logisch nicht verknüpfbare Aneinanderreihung einzelner deskriptiver Passagen wiedergegeben werden. Eine solche sinn- und motivlose Darstellung ist im Alltag aber unbekannt. Deshalb wird der Traum »narrativiert«, in ein Erzählschema gegossen, wodurch eine gewisse Konsistenz und temporale Logik entsteht, was von Freud als sekundäre Bearbeitung bezeichnet wurde. Das hat seinen Preis: Die narrative Glättung gelingt nur punktuell, der Traum sträubt sich dagegen. Die Traumkonversation bewegt sich immer am Rand des Scheiterns. Aufgrund dieser Zerrissenheit des Traums, dessen einzelne Bilder oder Szenen sich nicht zu einer schlüssigen Formulierung auf den Punkt bringen lassen, wird das Ende der Traummitteilung häufig markiert, etwa mit der Formel »Dann bin ich aufgewacht«. Es fehlt eine Moral der Geschichte oder eine Pointe wie beim Witz.

Traumdarstellungen werden als solche gerahmt

Fast immer werden Traumdarstellungen als solche eingeführt: »Ich habe geträumt« oder »Ich hatte einen Traum«. Diese formelhaften Wendungen markieren die Erzählgattung und stellen eine kommunikative Leistung zuhanden des Hörers dar. Mit dieser Markierung im Sinne einer Versetzung auf die Traumbühne teilt der Erzähler dem Hörer mit: »Was ich dir jetzt erzähle ist kein Märchen, nicht Science-Fiction und auch keine Filmszene. Was jetzt kommt, ist ein Traum« (Mathys 2001, S. 151). Die Tatsache, dass dieser Rahmen für Traummitteilungen erst hergestellt werden muss, ist ein Hinweis auf ihre potenziellen kommunikativen Missverständnisse und Risiken.

Traumdarstellungen haben ein Authentizitätsproblem

Der Traumerzähler kann nicht mit der kommunikativen Unterstützung durch andere rechnen, auch nicht mit Rückmeldungen des Zuhörers. Hanke bezeichnet diese Ausgangslage als die »solipsistische Natur« des Traums. »Traummitteilungen sind die einzigen selbsterlebten Erzählungen, deren ›Handlungsabfolge‹ sich intersubjektiv unbeobachtbar intrapsychisch vollzieht und denen kein potentiell objektivierbares ›Ereignis‹ zugrunde liegt, obwohl dieses unzweifelbar erfahren wurde« (Hanke 2001, S. 65). Es gibt keine Trennung zwischen den Interpretationen und Ausfüllungen im Wachzustand und den fragmentarischen Bildern des Traumes selbst. Es gibt keine erzählunabhängige Referenz. Dies bringt es mit sich, dass Traummitteilungen keine Typik, keine Skripts im Sinne kulturell vorgegebenen schematischen Wissens besitzen. Es ist einem Hörer unmöglich, eine begonnene Traummitteilung fortzuführen. Im nächsten Atemzug kann buchstäblich alles oder nichts geschehen. Alles ist möglich, nichts ist antizipierbar, was die Rezeption erschwert und die Frage nach Authentizität aufwirft. Allerdings teilen die Traummitteilungen das Authentizitätsproblem auch mit anderen Erzählungen: mit Berichten über religiöse Konversion, über soziale Ängste oder über die Empfindung von Schmerz. Bergmann (2000) meint, das Authentizitätsproblem stelle sich allerdings verschärft bei Träumen. Das scheint jedoch fraglich. Auch wenn die Traumerfahrung als Grundlage der Traummitteilung durch ihren »solipsistischen Erfahrungsmodus« besticht, fragt man sich kaum je, ob der Traumerzähler dies wirklich geträumt hat, was er da erzählt. Diese Frage nach dem »Wahrheitsgehalt« ist in aller Regel obsolet (Hanke 2001, S. 51).

Traumdarstellungen sind eine verantwortungslose Angelegenheit

Für den Trauminhalt ist der Träumer nicht verantwortlich (vgl. Hanke 2001), was sich auf das Erzählen und die Rechenschaftspflicht des Erzählers auswirkt.

> »Ein Traum ist nicht die Realisierung eines Handlungsentwurfs; er ist nicht intendiert, nicht geplant, nicht das Ergebnis von Überlegungen und in seinem Ablauf nicht durch bewusste Entscheidungen beeinflussbar. Träume sind unserem bewussten Willen entzogen [...]. Wenn Träume aber unwillkürlich sind und nicht bewusst gesteuert werden können, können die Träumenden für ihre Träume nicht verantwortlich gemacht werden. Da aber niemand anderer greifbar ist, dem man Verantwortung für einen Traum zuschreiben könnte, muss man zum Schluss kommen, dass das Träumen prinzipiell eine verantwortungslose Angelegenheit ist« (Bergmann 2000, S. 45).

Traumdarstellungen sind riskant

Träume sind für den Träumer selbst meist unverständlich und fremd. Seine Haltung kann darum als die einer naiv-verantwortungslosen Distanz bezeichnet werden (Boothe 2000a). Gerade deshalb stellt die Traummitteilung für den Erzähler ein unkalkulierbares Risiko dar, denn in seiner Darstellung liegen potenziell verräterische Informationen über sein Innenleben, die das Gegenüber aufspüren könnte, so es diese verstünde.

Fazit

Traummitteilungen passen mehr schlecht als recht in die Alltagskommunikation. Träume sind in ihrer real existierenden Erscheinungsweise immer ein Produkt aus zwei verschiedenen Sphären: den innerpsychischen Prozessen der Traumgenerierung und den kommunikativen Prozessen der Traumdarstellung. Insofern sind Traummitteilungen nicht nur ein asoziales, sondern auch ein paradoxes Produkt. Während also die Traumerfahrung den asozialen Charakter wie bei Freud beibehält, gilt für die Traumerzählung das Gegenteil: Sie ist auf Sozialität hin ausgerichtet. So wird das Erzählen des Traums zu einer dialektischen Herausforderung. Es hat Teil an zwei Wirklichkeitssphären: zum einen als verbales Medium an der Alltagswelt mitsamt ihren sozialen und kommunikativen Spielregeln, zum anderen als Verweis auf den geschlossenen Sinnbereich des Traums. Darin besteht rein formal die spannungsvolle Ausgangslage beim Erzählen von Träumen.

1.1.6 Traumrhetorik

Wie aber bewerkstelligen Traumerzähler diese spannungsvolle Ausgangslage, wie lösen sie die eben dargestellten Aufgaben rhetorisch und transformieren den Traum in das Format eines Narrativs?

Das folgende Beispiel (Mathys 2006) ist exemplarisch für einige typische Merkmale der Traumrhetorik:

»und die Nacht vorher hab ich geträumt, ja, das war auch sehr, klar bilderreich und ach, ich hätte es am Sonntag aufschreiben müssen. ich wußte noch morgens so viel. da war, ein Exekutionskommando, und die haben, zwei mitgenommen das war, ne Frau/(oder) ein Mädchen und ich, und ich glaub wir mußten was aufsetzen, über das Gesicht, vielleicht Kapuzen. daß wir nicht sehen wo's hingeht. und ich wußte trotzdem ganz! genau wo's hingeht. es ging nämlich durch unsern Garten zu Hause und, führte da auf das frühere Feld des ist jetzt alles von der Bundeswehr belegt, und das weiß ich eben alles nicht mehr ob wir jetzt erschossen oder umgebracht wurden. da war auch so unendlich! viel los in dem Traum, wirklich! viel los. – und ich weiß weder den Schluß noch ah, es ist so weg, weiter geht's gar nicht. es war aber, Sommer und ich war ein Mädchen, ein Kind! noch glaub ich. und es war schön. die Luft und vor allem, wußt ich genau den Weg. ich blinzelte oder ich hatte dann doch gar nichts auf, auf jeden Fall war das; ich dachte das sind doch komische Affen, die glauben wohl ich seh nicht wo's hingeht. – und da waren Himbeersträucher und, (stöhnt) Zwetschgenbaum und (lacht etwas) so richtige Sommerkulisse. och ich weiß nicht mehr wir hatten glaub ich auch Sommerkleider an, und dann war so ne schöne flimmernde Straße und, so ein Sandweg und Sonne und, – und die; ich weiß eben die andern Stimmungen nicht mehr in dem Traum. es – war nicht drum rum es war schon wichtiges. und da hinten dann, – da war so viel los. – ich weiß es nicht, (es war) ganz ganz uralte Traumfragmente/(an die ich) vor Jahrzehnten! glaub ich geträumt hab aber das war es nicht. so von Haus zu Haus vielleicht noch ein Verstecken oder vor diesem Hingerichtetwerden, denn ich glaube das fand gar nicht statt. – und die Odyssee heute! nacht das, kommt mir auch so in komischen Bildern da ist die Burg *192 plötzlich dazwischen aber das kann jetzt auch ein Einfall sein. ich weiß nicht. ich weiß bloß wieder daß es irgendwo unter Bäumen war und, glaub wieder Kastanienbäume. sind immer bei mir so schöne Blätterbäume, so Blätter wie sich allemal die *193's hinhalten müssen. so breite große. – (stöhnt) ja ich hab mich heute nacht noch sehr! aufgeregt! und verteidigt!«

Der eigenartig anmutende Eindruck von Traummitteilungen folgt einer spezifischen narrativen Dramaturgie, die von Boothe (2000a) als »änigmatische Intimität« bezeichnet wird. Der änigmatische Charakter wird mit folgenden rhetorischen Mitteln hergestellt:

Ausbleiben der motivierenden Klammer

Bei Traumschilderungen fehlt regelmäßig die motivierende Klammer. Der Träumer wird in die Szene hingesetzt wie von unbekannter Hand. »Die fraglose Akzeptanz eines unmittelbar einsetzenden Geschehens, jenseits eines Warum und Wozu und Wieso, jenseits einer motivgebenden Klammer, schafft einen Raum der Intransparenz mitten im scheinbar Transparenten« (Boothe 2000a, S. 100). Im obigen Beispiel erscheint ein Exekutionskommando, das jemanden mitnimmt, einfach so, ohne Motiv. Die Träumerin findet diese Konstellation so vor, buchstäblich wie von unsichtbarer Hand in Szene gesetzt.

Collageprinzip

Das Fehlen der motivierenden Klammer verbindet sich mit dem Collageprinzip. Es werden Bildeindrücke aneinandergereiht, sozusagen montiert. So entsteht eine naive und geheimnisvolle Feierlichkeit, und zwar durch Detaillierung und Verdeutlichung, durch Häufung, Vergleich und Steigerung. Daher sind Traumschilderungen auch gekennzeichnet durch Sprunghaftigkeit. Sprünge finden einerseits zwischen verschiedenen Szenen statt: Die Passage »es war aber Sommer« ist ein komplett neuer Einsatz, eine neue Szene, die so wirkt wie eine neue Kameraeinstellung beim Film. Es gibt einen Schnitt, und es folgt eine neue Szene. Anderseits wird zwischen den Erzählebenen hin und her gesprungen, sodass sich der Hörer respektive der Leser fragt: Was gehört jetzt eigentlich zum Traumbericht, was sind Kommentare, was sind Einfälle dazu? Sogar ein älterer Traum scheint noch mit in den obigen Traumbericht verwoben zu sein, wenn von »uralte[n] Traumfragmente[n]« die Rede ist. Es findet eine Vermischung von Geträumtem und sonstigem Erinnertem statt: »aber das kann jetzt auch ein Einfall sein, ich weiß nicht«. Im Unterschied zum gewohnten Erzählduktus fällt auf, dass es sich bei Traummitteilungen um Abfolgen von einzelnen Szenen ohne verbindende oder hinführende Erzählleistungen handelt.

Artikulation eines Suchprozesses

Ebenso charakteristisch ist ein regelrechtes Ringen um Erinnerung, ein Suchprozess bei der Rekonstruktion des Geträumten, der manchmal unsicher ist (»ich glaub, wir mussten was aufsetzen«), manchmal misslingt (»ich weiß nicht [mehr]«). Oft geht es eher um einen Versuch der Vergegenwärtigung bildhafter Eindrücke und Stimmungen als um eine motivierte Handlungsabfolge. Für die Interaktion zwischen Traumerzähler und Zuhörer gilt, dass der Sprecher die Suche nach der motivierenden Klammer an die Hörerposition delegiert. Dies bezeichnet Boothe als »die rhetorische Praxis der Anheimstellung«. Die gesamte Rhetorik des Traumnarrativs macht deutlich, dass das

Erzählen von Träumen einerseits ausgesprochen pointiert auf einen Dialog hin angelegt ist. »Der Dialog zwischen Sprecher und Hörer führt von Selbstverborgenheit zu einer Form der Verständigung, die nach der motivierenden Klammer sucht, die der Traummitteilung fehlte. Dazu bedarf es der Rekontextualisierung des Traumes und der Herstellung lebenspraktischer Bezüge« (Boothe 2000a, S. 109). Anderseits stellen Traummitteilungen aber auch eine kommunikative Zumutung für den Hörer dar.

1.2 Zur Funktion der Traummitteilungen

Träume sind also asoziale Gesellen, nachtaktiv, und sie kommen nicht gern heraus ans Licht und unter die Leute. Sie sind schwer erzählbar, aus formalen wie auch aus inhaltlichen Gründen. Niemand ist bereit, für sie die Verantwortung zu übernehmen. Das Erstaunliche auf diesem Hintergrund ist: Obwohl sich Träume nicht dafür eignen, drängt es die Menschen offenbar, das Geträumte jemandem zu erzählen. Wieso? Oder wozu? Was versprechen sie sich davon? Es ist eine eigenartige Angelegenheit, eigene Träume weiterzuerzählen. Bei anderen Erzählformen scheint die Frage nach dem Warum oder Wozu des Erzählens, also die Erzählintention und die Erwartungshaltung an den Zuhörer, klarer: Beim Witz beispielsweise dürfte Erheiterung und Lustgewinn im Vordergrund stehen. Interessanterweise stammt das Freud-Zitat vom asozialen Traum aus seiner Abhandlung über den Witz, eine Erzählform also, die ausgesprochen geselligen Charakter hat.

Auch die sogenannten Alltagserzählungen enthalten eine klarere Rollenzuweisung. Dort soll der Hörer für die eigene Geschichte eingenommen werden und »gefälligst« die Position des Erzählers unterstützen und bestätigen – etwa, wenn jemand erzählt: »Also gestern habe ich meiner Mutter angerufen, ob sie jetzt am Samstagabend mal auf das Kind aufpassen könnte. Sagt die einfach Nein, sie hätten schon was vor, obwohl die mir vor Wochen schon versprochen hat, dass sie dann Zeit hätte.« Darüber soll von Hörerseite nicht debattiert, sondern die Erzählposition bestätigt werden, etwa: »Ja, also deine Mutter ist wirklich unmöglich.« Während also diese grundsätzlich affirmative Haltung beim Gegenüber evoziert werden soll, ist dies bei Traummitteilungen nicht der Fall. Was, so lautet die Frage, soll denn auch bestätigt werden? Der Erzähler weiß es nicht, der Hörer schon gar nicht. Es gibt keinen Common Sense über die Erzählabsicht, folglich kann es auch nicht um Affirmation gehen. Die Erzählhaltung ist eine ganz andere, denn: Der Erzähler hatte in der Nacht ein meist seltsames Erlebnis, das auf seiner eigenen inneren Bühne stattfand, ihm aber komplett fremd und rätselhaft erscheint.

Bei den Untersuchungen zur Traumrhetorik war folgender Befund von zentraler Bedeutung: Traumnarrative haben einen änigmatischen Charakter. Davon abgeleitet scheint die Antwort auf die Ausgangsfrage nach dem Wozu des Traumerzählens auf den ersten Blick also relativ einfach: Wer in der Therapie einen Traum erzählt, tut dies in der Hoffnung, dass der zuhörende Therapeut ihm dabei behilflich ist, dieses unverständliche Rätsel zu lösen, das der Traum darstellt. Etwas Rätselhaftes stellt der Traum in erster Linie deshalb dar, weil er in keinem erkennbaren Zusammenhang mit dem Alltagserleben steht. Der Traum ist ein kontextloses Narrativ, es fehlt, wie gesehen, eine die Traumszene(n) »motivierende Klammer«. Die Aufgabe, die sich bei der Traumanalyse stellt, ist der Versuch einer Rekontextualisierung. Oder anders formuliert: Träume werden erzählt, weil die Traumerzähler von einem Deutungswunsch getrieben werden, der vom Zuhörer nicht weniger verlangt, als Licht ins Dunkel zu bringen. Implizit steht damit fest: Beim Erzählen von Träumen geht es, so der Common Sense, um den rätselhaften Inhalt, den der Zuhörer und Interpret erhellen soll (vgl. auch Deserno 2007).

1.2.1 Der Deutungswunsch

Als paradigmatisch für diese mehr oder weniger implizite Ausgangslage bei der Traummitteilung können die Ausführungen von Bartels (1979) bezeichnet werden. Er betont, dass das Motiv des Traumerzählens in dieser irritierenden Erfahrung des Träumens liegt. Während des Träumens selbst wirken die Vorgänge im Traum jedoch nicht besonders rätselhaft oder unverständlich. Unverständlich wird der Traum erst dadurch, dass und wenn wir ihn als selbst erlebte Situation erinnern, ohne ihn jedoch in den Zusammenhang unseres Alltagslebens stellen zu können. Erst als unser eigener Traum wird die Traumsituation befremdend. Wir wissen zwar, was wir im Traum erlebt haben, aber wir wissen nicht, warum und wozu (vgl. Freud 1916/17, S. 94). Die spezifische Unverständlichkeit des Traumgeschehens besteht also nach Bartels darin, dass wir es nur schwer oder gar nicht mit unserer wachen Identität in Einklang bringen können. Das erinnerte Traumgeschehen fällt aus dem Kontext unseres Wachlebens heraus. Es ist dieser »›*Bruch*‹ zwischen Traum und Wachleben, der den Deutungswunsch des Träumers herausfordert« (Bartels 1979, S. 102).

Wenn wir den Bruch zwischen Traum und Wachleben zu heilen wünschen, gehen wir nach Bartels von zwei hermeneutischen Voraussetzungen aus: Zum Ersten betrachten wir den Traum als unsere – mehr oder weniger – eigene Leistung und nicht als Einfluss beispielsweise göttlicher Mächte. Wir gehen davon aus, dass sich der Traum aus unserem bisherigen Lebenskontext erschließen ließe. Weil sich aber der Traum in diesen Zusammenhang nicht unmittelbar einfügen lässt, verlangt er für sein Verständnis eine Veränderung der Sinnperspektive, unter der wir unsere Vergangenheit bisher als Zusammenhang von Lebenssituationen verstanden haben. Zum Zweiten gehen wir von der prinzipiellen Sinnhaftigkeit und Einheitlichkeit unserer Lebensgeschichte aus. Diese bildet einen Sinnzusammenhang, der unsere Identität konstituiert. Befremdlich sind Traumhandlungen also deshalb, weil sie Umstände und Vorgänge unseres Wachlebens in einen Kontext stellen, in den sie aufgrund ihrer Bedeutsamkeit nicht hineinpassen. »Das Interesse an Wiederherstellung des einheitlichen Lebenssinnes, an Wahrung der Identität, motiviert demnach den erwachten Träumer, die befremdliche Traumerfahrung seinem Selbstverständnis zu integrieren« (Bartels 1979, S. 97). Der durch den Traum hervorgerufene Bruch weckt den Bedarf nach Reintegration. Diese Integrationsarbeit der Traumdeutung vollzieht sich in einem Zirkel. So geht die Deutung des Traums vom Verständnis der eigenen Lebensganzheit aus und schlägt zugleich darauf zurück, indem sie die Veränderung des Letzteren fordert. Die jeweils erinnerte Traumsituation fordert somit eine Neuinterpretation unserer Lebensganzheit heraus.

Bartels bemerkt ein bei Freud häufig vorkommendes Interpretationsschema: Freud kläre die Bedeutung eines Traumelements, indem er zunächst die Übereinstimmung der Traumsituation mit einer bedeutsamen Lebenssituation des Träumers herausstelle. Anschließend frage er nach den charakteristischen Abwandlungen der Lebenssituation im Traum und bestimme den Sinn dieser Veränderung. Nachdem er so die Bedeutung der Traumsituation aufgedeckt habe, integriere er diese in das Wachleben des Träumers, indem er nach deren Motiv im Lebenszusammenhang des Träumers suche. Es besteht weitgehende Einigkeit darüber, dass diese Deutungsarbeit nur im dialogischen Prozess der analytischen Gesprächssituation geleistet werden kann. Kooperation im Sinne einer gemeinsamen (psychischen) Arbeit von Analysand und Analytiker bildet die Basis der Traumanalyse. Weniger Einigkeit besteht darüber, worin das Ziel dieser Zusammenarbeit besteht. Für Bartels geht es bei der gemeinsamen Arbeit am Traum nicht um einen rekonstruktiven Anspruch wie bei Freud. Auch er sieht zwar in den Assoziationen den Schlüssel zur Deutungsarbeit für den Traum. Die Assoziationen stellten aber nicht die Brücke zu infantilen Wünschen her, sondern schafften Analogien zwischen Traum und Wachleben und stifteten dadurch neue Sinnbezüge für das Traumgeschehen. Der Traum habe keinen feststellbaren Sinn (einen solchen habe er bei einem rekonstruktiven Anspruch), sondern gewinne ihn erst dadurch, dass sich der Träumer auf ein bestimmtes Verständnis festlege und dadurch selbst die Integration des Traumes leiste. Diese Selbstfestlegung gewinne ihre Verbindlichkeit dadurch, dass sie sich vor einem Gesprächspartner und in der Auseinandersetzung mit dessen Deutungsperspektive vollziehe, so Bartels weiter. Damit steht er in der Tradition Wittgensteins, für den Assoziationen ebenso wenig mit dem Anspruch einer Umkehr oder Rekonstruktion einhergehen, sondern ganz im Zeichen der Neukontextualisierung stehen (Wittgenstein 1994; zit. nach Raguse 2000).

1.2.2 Deutungswunsch versus Deutungswiderstand

Der Deutungswunsch ist nicht die einzig wirkende Kraft bei der gemeinsamen Traumanalyse. Als dessen Antagonist gilt der Deutungswiderstand. Für Freud ist die Frage, ob die Deutungsarbeit »unter hohem oder niedrigem Widerstandsdruck vor sich geht« (Freud 1923, S. 302), von zentraler Bedeutung, jedenfalls in seinen späteren Schriften. Bei einem hohen Widerstandsdruck könne von einem Zusammenarbeiten mit dem Träumer nicht wirklich die Rede sein. Es sei in solchen Fällen zwar möglich zu erfahren, um welche Dinge es im Traum ungefähr gehe, aber nicht, was der Träumer genau über diese Dinge sage. Es sei, »wie wenn man einem entfernten oder leise geführten Gespräch zuhören würde« (ebd.). Bei hohem Widerstand würden keine Assoziationen zutage gefördert, die in die Tiefe, sondern eher solche, die in die Breite gingen. Anstelle der gewünschten Assoziationen zum erzählten Traum kämen immer neue Traumstücke zum Vorschein, die selbst assoziationslos blieben. Nur bei einem mäßigen Widerstand käme das bekannte und wohl auch erwünschte Bild der Deutungsarbeit zustande: Zunächst divergierten die Assoziationen von den manifesten Elementen aus, sodass viele Themen und Vorstellungskreise angerührt würden, »bis dann eine zweite Reihe von Assoziationen von hier aus rasch zu den gesuchten Traumgedanken konvergiert« (ebd., S. 303). Erst dann werde eine Zusammenarbeit des Analytikers mit dem Träumer möglich, bei hohem Widerstandsdruck sei sie »nicht einmal zweckmäßig« (ebd.).

An diesem Punkt der Argumentation stellt sich die Frage: Ist jede vermeintliche Unwilligkeit des Analysanden, sich vertieft mit Trauminhalten auseinanderzusetzen, respektive jedes Stocken oder dürftige Hervorbringen von Assoziationen zum Traum ein Akt des Widerstands? Moser (2003) macht darauf aufmerksam, dass die Ausgangslage, wie mit Träumen in der Analyse umzugehen sei, keineswegs für beide Beteiligten die gleiche ist. Er beschreibt die analytische Situation als Ort, an dem zwei unterschiedliche Traumtheorien aufeinandertreffen. Sie müssten justiert werden, wenn die Interpretation verstanden werden soll. Dieser Justierungsprozess bestehe in einer Übernahme des Traums in die gemeinsame interpretative Mikrowelt von Analytiker und Analysand. Es ist davon auszugehen, dass die Differenzen der impliziten Traumtheorien zwischen Analysand und Analytiker erst mit der Zeit deutlicher werden, wenn überhaupt. Was wäre, wenn nun diese Frage nach der jeweils unterschiedlichen Traumtheorie gar nie zur Sprache käme und diese zwei unterschiedlichen Theorien bis zum Schluss der Analyse quasi wie zwei parallel laufende Filme nebeneinanderher gingen? Wäre das dann ein Widerstand? Trotz dieser vielversprechenden Perspektive auf ein zentrales Phänomen geht auch Moser offensichtlich von der Prämisse aus, dass Träume aufgrund eines Deutungswunsches des Analysanden erzählt werden, wenn er folgendermaßen fortfährt: Leider führe der schöpferische Prozess zu nicht immer willkommenen Einsichten in die eigenen Probleme. So komme es zu Distanzierungen vom Traum, einer Art Unwilligkeit, sich mit ihm auseinanderzusetzen. Dies sei eine subtile Art des Widerstands gegen die tieferen Gänge des psychoanalytischen Prozesses. Im Extremfall werde dem Traum keine Veridität zugemessen. Distanzierungen vom Traumprozess seien ein untrügliches Zeichen dafür, dass der psychoanalytische Prozess intellektualisiert verlaufe oder zu einem »As-if-Prozess« werde. Eine gemeinsame Traumanalyse ohne Deutungswunsch des Analysanden und entsprechende Form der Zusammenarbeit nach dem Schema »Traummitteilung – freie Assoziationen – Deutung« ist offenbar auch bei Moser nicht vorgesehen. Der Grundgedanke, dass der Analysand möglicherweise eine ganz andere Traumtheorie hat als der Analytiker respektive mit seinen Traummitteilungen eventuell etwas ganz anderes beabsichtigt, könnte aber noch weitergedacht werden. Wäre es nicht vorstellbar, dass Träume erzählt werden ohne den von Bartels postulierten Deutungswunsch und damit auch ohne ein für den Analysanden bestehendes Erfordernis, den Traum um viele Einfälle anzureichern, um dessen latenter Bedeutung auf die Spur zu kommen? Können Träume also auch dann erzählt werden, wenn kein Deutungswunsch besteht, sondern wenn deren Mitteilung eine ganz andere (kommunikative und interaktive) Funktion zugrunde liegt, die unter Umständen weder dem Traumerzähler noch dem Zuhörer bewusst ist?

Die vorliegende Arbeit knüpft mit dieser Art der Fragestellung an einen Forschungszweig innerhalb der psychoanalytischen Traumforschung an, der sich mit ebendieser *kommunikativen Funktion* von Traummitteilungen befasst. Von grundlegender Bedeutung ist, dass bei diesem Ansatz die meist implizit bestehende Vorannahme über das Motiv von Traummitteilungen nach dem Muster *Deutungswunsch (vs. Deutungswiderstand)* um eine alternative Sichtweise ergänzt wird.

1.3 Die kommunikative Funktion der Traummitteilung

Was bei einer rein inhaltsbezogenen, rekonstruktiven Traumdeutung zu kurz kommt, ist der neue Kontext der Traummitteilung, der durch die analytische Situation und damit durch die Beziehungskonstellation zwischen Erzähler und Hörer gegeben ist. Diese Sichtweise nimmt zu wenig ernst, dass das Erzählen eines Traums nie innerhalb eines luftleeren Raums stattfindet. Vielmehr wird ein Traum immer im Rahmen einer spezifischen analytischen Beziehung mitgeteilt. Zu der Frage, was ein Traum inhaltlich bedeutet, gesellt sich also eine weitere: Was bedeutet es, dass dieser Traum jetzt und in dieser Situation erzählt wird? Wie wird er erzählt? Wie wird darüber gesprochen? Und welche Funktion kommt dieser Mitteilung jetzt und hier zu? Neben der ausschließlich auf den Inhalt bezogenen Beschäftigung mit dem Traum entwickelte sich aus dieser Sichtweise heraus eine neue Perspektive: Traummitteilung und -analyse ereignen sich im Kontext der analytischen Beziehung anstatt losgelöst davon und können auch auf ihre Funktion hin befragt werden. Die folgenden Ansätze gehen alle davon aus, dass das Erzählen eines Traums nicht nur wegen des rätselhaften Inhalts erfolgt und mit einem Deutungswunsch verknüpft wird, sondern dass dem Traum ein Mitteilungscharakter innewohnt. Diese kommunikative Funktion der Traummitteilung wird also dem Wunsch nach Enträtselung seines Inhalts gegenübergestellt.

Den eigentlichen Begriff der »kommunikativen Funktion des Traums« hat Kanzer (1955) geprägt. Aus einem eher beiläufig notierten Hinweis von Ferenczi (1913) begann er, eine Perspektive zu entwickeln, der zufolge der Hörer der Traummitteilung vorzugsweise das aktuelle Subjekt des Traums sei. Insofern sei der aus dem Traum entspringende Drang zu kommunizieren eine Fortsetzung der Tendenz innerhalb des Träumers, Kontakt herzustellen mit der Realität, wie sie durch den Tagesrest repräsentiert werde. Gut zehn Jahre später führte Bergmann (1966) diese Idee weiter, indem er sie unter anderem in einen historisch-kulturellen Kontext stellte. Für die psychoanalytische Situation besonders interessant ist seine Erklärung, wie es überhaupt zur Traummitteilung kommt. Er verstand das Erzählen von Träumen als ausgehend von einer gleichzeitigen Mobilisierung zweier antagonistischer Kräfte: einerseits dem Wunsch zu kommunizieren, anderseits dem Widerstand gegen das Kommunizieren. Der Wunsch bringe den Traum sozusagen auf die Traktandenliste, der Widerstand mache ihn unverständlich. Das Erzählen von Träumen erfülle eine entlastende Funktion, weil damit konflikthaftes Erleben ausgedrückt werden könne, was anders nicht möglich sei. Dieser Ansatz wurde von Klauber (1969) aufgegriffen, der sich ebenso mit der »Bedeutung des Berichtens von Träumen in der Psychoanalyse« befasste. Seine weiterführenden Gedanken in Gestalt von acht metapsychologischen Behauptungen zur Bestimmung des Traumberichtens als klinisches Phänomen können geradezu als triebtheoretische Fundierung der Ansätze von Kanzer und Bergmann gelesen werden:

> »Der partielle Durchbruch eines verdrängten Wunsches in einem Traum erzeugt im Träumer den Drang, ihn mitzuteilen, da Triebimpulse, die nicht mehr unter völliger Kontrolle des Ichs stehen, nach Abfuhr suchen müssen. Die Verbalisierung des Traumes, wie der Traum selbst, stellen einen Abfuhrersatz dar« (Klauber 1969, S. 282).

1.3.1 Morgenthaler: Der Umgang mit dem Traum als diagnostischer Hinweis

Im deutschsprachigen Raum wurde die Frage nach der kommunikativen Funktion von Traumschilderungen vor allem von Morgenthaler (1986) aufgegriffen. Für Morgenthaler ist die Arbeit mit den Assoziationen des Patienten zu bewusstseinsnah. Dahinter steckt die Vorstellung einer radikalen Trennung zwischen den Ebenen des Bewussten und des Unbewussten: Was bewusst sei, so Morgenthaler, könne nicht unbewusst sein. Nie sei das Nächstliegende das, was der Traum sagen wolle. Erforderlich sei so etwas wie eine Traumdiagnostik respektive die Ermittlung der jeweils spezifischen Traumtendenz. Diese lasse sich aus dem spezifischen Umgang des Träumers mit seinem Traum ermitteln, also nur im Kontext der analytischen Situation. Erst dann, wenn sozusagen die Richtung klar sei, könne und solle man sich mit den durch Assoziationen angereicherten Inhalten befassen. In einer Möbelwagen-Metapher wird dieses Vorgehen verdeutlicht:

> »Wenn wir an einen Traum herangehen, so ist es fast so, als hätten wir einen beladenen Möbelwagen auf der Straße stehen, und suchten eine Wohnung, in die wir diese Möbel hineinstellen können. Ich sage, es ist gut, wenn man die Wohnung hat, wo man die Möbel auslädt. Die Möbel im Möbelwagen sind die Inhalte des Traumes. Die Wohnung, das ist die Tendenz, die in der Dynamik dieses Traumes zunächst aufgefunden werden muß. Wir müssen zunächst wissen, in welche Richtung diese Bedürfnisse gehen, die wir als den unbewussten Wunsch bezeichnen. Die Tendenzen in diesem Traum müssen zuerst klargestellt werden, bevor wir die Inhalte hineinlegen können« (Morgenthaler 1986, S. 155).

Bei der Traumdiagnostik richtet sich der Blick auf die sorgfältige Beobachtung der Begleitumstände bei der Traummitteilung und darauf, wie der Analysand die Situation des Traums und der Erzählung erlebt und wie dies auf den Analytiker wirkt. Die Traumdiagnostik achtet auf die *Funktion* des Traums. Es ist gemäß Morgenthaler »nie zufällig, ob ein Traum und wem er erzählt wird« (ebd., S. 46). Zur Erarbeitung einer Traumdiagnostik im Morgenthaler'schen Sinn gilt es, den Blick auf formale und strukturelle Gesichtspunkte zu richten. An einem Traumbeispiel (vgl. Freud 1913) wird das verdeutlicht: Ein Kind, das den ganzen Tag seinen Eltern bei der Kirschenernte helfen musste, unter dem Versprechen, keine der Früchte zu essen, träumt davon, dass es einen ganzen Korb voller Kirschen isst. Diese Handlung ist eine direkte Wunscherfüllung. Das ist der Inhalt des Traums und somit für Morgenthaler eine bewusstseinsnahe Ich-Leistung. Was sind aber die unbewussten Es-Anteile in diesem Beispiel? Welches ist die unbewusste Tendenz? Dies lässt sich nicht am Inhalt festmachen, sondern eben am formalen Umgang mit der Traummitteilung: Das Kind erzählt den Traum dem Dienstmädchen, dieses berichtet ihn der Mutter, die Mutter schließlich dem Analytiker. Dieser Umweg bei der Traummitteilung ist ein Beispiel für einen formalen Gesichtspunkt. Die daraus erschlossene unbewusste Tendenz ist nach Morgenthaler (1986) folgendermaßen zu formulieren: Das Kind hat Angst, von der Mutter manipuliert zu werden. Von da aus kann nun auch der Inhalt berücksichtigt werden: Das Kind isst Kirschen. Es hat Angst, so von der Mama gefressen zu werden, wie es selbst die Kirschen isst.

Das Interesse für die genauen Umstände und den Kontext der Traummitteilung hängt mit einer ganz bestimmten Sichtweise der Traummitteilungen zusammen: Traum und Traummitteilung sind für Morgenthaler nicht eine Form des Erinnerns von Vergessenem und Verdrängtem. Vielmehr wird durch die Tat des Träumens und des Traumerzählens das, was der Traum an Vergessenem und Verdrängtem enthält, *agiert*. Dies kommt daher, dass Träume mit wichtigen Erlebnissen in Verbindung stehen, die in die frühe Kindheit fallen und damals ohne Verständnis erlebt wurden. Morgenthaler verweist auf eine Passage Freuds (vgl. Freud 1914; zit. bei Morgenthaler 1986, S. 51) mit einem programmatisch in Aussicht gestellten, aber nie erfüllten Forschungsvorhaben – wobei hier von Freud zu Morgenthaler eine interessante Akzentverschiebung stattfindet: Für Freud gibt es ohne Verständnis erlebte Erinnerungen, die im Traum ihren Niederschlag finden. Für Morgenthaler zeichnet dies die Träume offenbar aus; sie enthalten grundsätzlich solche unverstandenen Erlebnisse.

1.3.2 Ermann: Traumanalyse ist Beziehungsanalyse

In dieser Tradition Morgenthalers verortet sich Ermann (1998), der die Traummitteilung als freien Einfall wie jeden anderen auch versteht und die erzählten Träume konsequent von der Übertragungsanalyse her angeht. Für Ermann ist seine eigene Art der Traumanalyse ein längst fälliger Schritt im Zuge einer generellen Entwicklung in der psychoanalytischen Technik von der Ein-Personen-Psychologie zum interaktionellen Paradigma. Damit einher geht eine Verschiebung des Fokus von der Inhaltsanalyse zur Analyse des Beziehungsprozesses. Die traditionelle Technik der Traumanalyse sei von dieser Entwicklung bisher weitgehend ausgespart worden. Sie habe dem Traumbericht eine Sonderstellung in der Analysestunde verliehen. Im Laufe der Entwicklung sei jedoch die Relevanz der Träume in der psychoanalytischen Behandlung geringer geworden. Ermann verweist damit auf den Streit um den Platz der Traumdeutung in der Psychoanalyse, wie er zwischen Brenner auf der einen und Altman und Greenson auf der anderen Seite in den 1960er Jahren geführt wurde (vgl. Greenson 1970). Unter der Leitung Brenners kam die Kris-Arbeitsgruppe zu dem Ergebnis, dass der Traum in der Analysestunde eine Mitteilung wie jede andere auch sei. Dagegen vertrat Altman die Ansicht, dass diese Geringschätzung des Traums eine Folge der Ich-Psychologie sei, deren Anhänger keine Erfahrung mehr mit ihren eigenen Träumen machen würden.

Nach Ermann ist die Herabsetzung der Wichtigkeit des Traums eine Folge der Entwicklung hin zur Beziehungsanalyse (eben weg von der Inhaltsanalyse). Der Beziehungsaspekt steht deshalb für Ermann bei der Analyse von Traummitteilungen in der psychoanalytischen Behandlungsstunde im Vordergrund. Dabei geht es um zwei Aspekte: um den sogenannten formalen Traumeinfall, also die Tatsache, dass überhaupt ein Traum erzählt wird, und um den inhaltlichen Traumeinfall, die Tatsache also, dass ein ganz bestimmter Traum berichtet wird. Die Beziehungsanalyse meint aber etwas anderes als die Übertragungsanalyse. Für Letztere ist der genetische Aspekt bedeutsam, das heißt die retrospektive Deutung. Die Beziehungsanalyse folgt dem Konzept der aktualgenetischen Deutung der Übertragung von Gill (1993). Übertragungsmanifestationen gelten als in Szene gesetzte Kommentare über die analytische Begegnung mit den Mitteln des regressiven Denkens. Mit anderen Worten: Es wird beschrieben, wie die aktuelle analytische Beziehung unter der Wirkung der Regression und der damit verbundenen unbewussten archaischen Fantasien erlebt wird. Dabei ist davon auszugehen, dass alles Geschehen im Stundenverlauf potenziell Übertragungs- respektive Gegenübertragungsmanifestationen sind. In Bezug auf traumanalytische Arbeit heißt dies: Einfälle zum Traum oder die Traummitteilung selbst werden nicht bewusst erfragt. Nur das spontan, unaufgefordert Berichtete wird unter beziehungsanalytischer Perspektive betrachtet. Der Traumbericht hat die Bedeutung eines gewöhnlichen freien Einfalls in der Behandlungsstunde. Entscheidend ist die Funktion der Traummitteilung als Symptom der Übertragung; das heißt, die

Traummitteilung bietet im Hier und Jetzt einen Dialog über die Übertragung an. Das bedeutet aber auch: Ermann ist mehr interessiert an der aktuellen unbewussten Beziehungsdynamik als an latenten infantilen Wünschen. Leitend für die Dechiffrierung des Traums ist die unbewusste *Beziehungs*fantasie, nicht die unbewusste Fantasie als solche.

Für den Beziehungskontext des formalen Traumeinfalls maßgeblich ist die Frage: Warum fällt dem Patienten jetzt ein Traum ein und nicht etwas anderes? Warum greift er zu dem Medium, in dem er sein Wachheits-Ich aus der Position seines Schlaf-Ichs zum Analytiker sprechen lässt? Auf die Frage, mit welchem Ziel gerade jetzt ein Traum berichtet wird, sind viele Antworten möglich: Annäherung und Herstellung von Intimität, Verführung, Ablenkung, Herstellung von Kontinuität, Unterwerfung, Geschenk, Rückzug. Eine Traummitteilung ist immer auch eine Einstellungsreaktion, also eine Veränderung in der Nähe-Distanz-Regulation. Es taucht plötzlich ein anderer als der unmittelbar mit dem Analytiker geteilte Erfahrungsbereich auf. Das ist eine Distanzierung vom Hier und Jetzt. Die Traummitteilung »setzt einen Konflikt um die Näheregulation in Szene und löst ihn zugleich. Sie enthält die Kreativität des Spiels, bedeutet Autonomie und stellt doch Beziehung her« (Ermann 1998, S. 103). Es ist ein Phänomen aus dem Übergangsbereich nach Winnicott, »in dem Trennung zugleich Beziehung ist: Eine schöpferische Leistung des Konflikts im Spannungsfeld zwischen Kontaktwunsch und Kontaktangst, Autonomie und Anklammerung, Macht und Abhängigkeit« (ebd.). Die Analyse des Beziehungskontexts des Trauminhalts behandelt die Frage: Was sagt der Analysand über unsere Beziehung, indem er jetzt gerade dieses Bild benutzt? Ermann sieht also die Dynamik der Traummitteilung unmittelbar an die analytische Beziehung geknüpft: Gerade dieser bestimmte Traum wird erzählt, »weil er sich als Projektionsschirm für die Spannungen eignet, die in der aktuellen Stunde vorhanden sind. Es ist also die Beziehungsdynamik, die bewirkt, dass gerade dieses und nicht ein anderes Bild aus dem Reservoir der Träume ausgewählt wird« (ebd., S. 104). In vielen Fällen ist die aktuelle Übertragung der relevante Beziehungskontext für das Verständnis und die Interpretation von Trauminhalten. Ermann plädiert für eine einheitliche Technik in der Analysestunde, nämlich für eine stringent durchgeführte Beziehungsanalyse mit der Konsequenz, dass der Traum seine hervorgehobene Stellung als Via Regia zum Unbewussten verliert. Ziel dieses Ansatzes ist eine Vereinheitlichung der psychoanalytischen Technik, also eine Ausweitung der mittlerweile vorherrschenden Technik der Beziehungsanalyse auf die Traumdeutung, die bisher noch ein Sonderdasein führte. Damit steht gemäß Ermann der Traum ganz im Dienste der Beziehungsanalyse, was den Rekurs auf einen Kontext außerhalb der analytischen Beziehung quasi ausschließt.

1.3.3 Deserno: Funktionaler Zusammenhang von Traum und Übertragung

Auch Deserno (1999a) sieht zwischen Traum und Übertragung einen engen funktionalen Zusammenhang. Dieser lässt sich begründen mit der Parallele zwischen dem Schlaf-Traum-Zustand und der psychoanalytischen Situation. In beiden Situationen ist die Motorik stark herabgesetzt bis aufgehoben (Deserno 2007). Der aktuelle Übertragungskontext wirkt auf verschiedene Ebenen ein: darauf, was in einem Traum geträumt, erinnert und erzählt wird, und schließlich darauf, was und, ergänzend darf wohl hinzugefügt werden, auch *wie* interpretiert wird. Die Übertragung kann als unbewusst organisierendes Prinzip des psychoanalytischen Prozesses aufgefasst werden. Die unterschiedlichen Funktionen des Erzählens von Träumen in unterschiedlichen Stadien des Prozesses sind diesem Prinzip zuzuordnen: eine angstbindende Funktion in Initialträumen, eine rekapitulierende Funktion von Beendigungsträumen, eine symptomäquivalente Funktion bezüglich der Übertragung und schließlich eine Warnungsfunktion bezüglich der Entwicklung einer Gegenübertragung. Deserno postuliert einen weitreichenden Zusammenhang von Traum und Übertragung: Ist die Übertragung noch unbearbeitet, bietet der Traum entstellt, symptomhaft einen Dialog über die Übertragung an. Dies bedeutet konsequenterweise, dass sich das Erinnern und Berichten von Träumen in der Analyse auch erübrigen kann, ist die Übertragung erst einmal verstanden und in einen Dialog transformiert.

Der enge Zusammenhang zwischen Traum und Übertragung bezieht sich nach Deserno aber nicht nur auf die Erzählsituation des Traumes, sondern schon auf dessen Entstehung. Die Bedeutung, die ein Traum in der analytischen Situation (in Form von Übertragungswiderständen) bekommt, ist durch die Bedeutungsübertragung der Traumarbeit schon vorgebildet. Mit anderen Worten: Die Präfigurationen der Übertragungssituation sind schon auf Ebene der Traumarbeit vollzogen. Was wir also »schlafend im Traum erkennen, das können wir im wachen Zustand in der Übertragung wiedererkennen« (Deserno 1992, S. 963).

1.3.4 Traummitteilung und Containment

Das Erzählen von Träumen in der dialogischen Situation der analytischen Sitzung kann ganz unterschiedliche Funktionen übernehmen: Für Morgenthaler (1986) ist der Traum in erster Linie ein Geschenk, und in der spezifischen Art und Weise des Umgangs damit zeigt der Patient seinem Analytiker, in welcher Richtung dieser den Trauminhalt zu verstehen habe. Für Ermann (1998) steht die Dimension der Beziehungsregulierung im Vordergrund. Deserno (1999a) unterscheidet die Funktionen der Träume je nach Zeitpunkt des analytischen Prozesses. Wenn der Traum erzählt und somit zum Objekt der Beziehung zum Analytiker wird, sind nach Pontalis (1974) unzählige Versionen möglich: vom Geschenk bis zum analen Abfallprodukt, je nach Übertragungsfantasie. In der aktuellsten Variante wird dieser letzte Ansatz ausgebaut, sodass mittlerweile mehrere Autoren eine Container-Funktion der Traummitteilung berücksichtigen (Weiss 2002; Moser 2003; Mertens 2005/06; Friedmann 2005/06). Nach Deserno (2007) zeigt eine aktuelle Literaturrecherche, dass innerhalb der Psychoanalyse das »container-contained«-Modell am häufigsten herangezogen wird, und zwar »monokonzeptuell«, also ohne dass eine Verknüpfung mit anderen Ansätzen stattfindet (Cassorla 2005; da Rocha Barros 2002; Ferro 2002).

Das Erzählen eines Traums kann, so Mertens (2005/06), dem Analytiker signalisieren, dass er in seiner »Container- und Mentalisierungs-Funktion« gefordert ist, dass sein Analysand bereit ist, ihm vorerst nur über Bilder und Fragmente bis anhin Nicht-Symbolisiertes anzuvertrauen. Unter den zahlreichen neueren Darstellungen (bei Deserno 2007, S. 918) sei die Arbeit von Weiss (2002) herausgegriffen. Weiss bezieht sich auf Bion (1962, 1963), der davon ausging, dass Traumerfahrungen den Beginn psychischen Lebens darstellten. Bion hat sich vorwiegend mit Traumanalysen bei Borderline- und psychotischen Patienten beschäftigt, was von Meltzer (1984) und Segal (1991) weiter systematisiert und in Zusammenhang gebracht wurde mit dem Konzept der Symbolisierung und der Störung der Traumbildung.

Ausgehend von diesem Ansatz, entwirft Weiss ein Koordinatensystem, das auf der einen Achse die Struktur des Traummaterials erfasst: »Richtige Träume« auf der einen Seite stehen dabei halluzinatorischen Ereignissen auf der anderen Seite gegenüber. Auf der zweiten Achse beschreiben die beiden Pole den Gebrauch des Traummaterials in der analytischen Situation. Weiss versteht diese Achse als Kontinuum. Auf der einen Seite wird ein Traum erzählt, mit dem Ziel, über die innere Welt zu kommunizieren. Auf der anderen Seite geht es um Auslagerung von unverdaubarem Material, das nicht in der Psyche verarbeitet werden, sondern bloß in ein anderes Objekt evakuiert werden kann (Weiss 2002, S. 635). Den letzteren Fall versteht Weiss als einen Vorgang projektiver Identifikation. Dabei geht es um eine unbewusste Manipulation der Übertragungsbeziehung, um einen Versuch, den Analytiker mit einem Teil des Selbst des Patienten oder mit einem seiner inneren Objekte zu identifizieren und ihn so in ein Enactment hineinzuziehen. Segal (1991) führt weiter aus, dass durch das Träumen und das Erzählen des Traums die Evakuation vollzogen wird.

Wenn durch diesen Vorgang Gefühle beim Analytiker erzeugt werden, wird so eine projektive Identifikation erreicht. Sie unterscheidet zwischen einer Abwehrfunktion und einer kommunikativen Funktion dieser Vorgänge.

Die Hauptsache bei den dargestellten Enactment-Vorgängen besteht darin, dass der Analytiker in der Lage ist zu erkennen, wie er in die interne Welt des Patienten involviert ist. Indem er dies formuliert, vermag er eine dritte Position zu etablieren, von der aus er den Weg aus dem Enactment herausfinden kann. Wichtig ist, dass Weiss hier vor allem von Patienten mit einer pathologischen Persönlichkeitsorganisation redet. Er geht wohl davon aus, dass der Evakuierungs- oder, auf Analytikerseite, der Containment-Aspekt vor allem bei Patienten mit einer Symbolisierungsstörung, die sich auf die Traumbildung auswirkt, vorkommt. Sein Koordinatensystem soll als Diagnoseinstrument dienen: Geht es bei der Traummitteilung eher um Evakuierung oder eher um Kommunikation über die innerpsychische Welt? Nach Mertens (2005/06, mit Verweis auf Weiss 2002) lässt sich diese Bestimmung der Funktion der Traummitteilung folgendermaßen diskutieren: Hat der Analysand den Wunsch, über seine innere Welt zu kommunizieren, oder will er unerträgliches Material loswerden, es eben im Gegenüber evakuieren? Wenn es um Letzteres geht, sollte das Enactment gedeutet werden und weniger der Inhalt.

Theoretisch ginge es allerdings auch um eine Klärung der Frage, ob diese »Container-contained«-Funktion bei Traummitteilungen vorwiegend bei Patienten mit einer (frühen) Symbolisierungsstörung relevant ist oder ob der Traum nicht an sich ein Gebilde ist, das entwicklungspsychologisch ein sehr frühes Mittel zur Kommunikation darstellt. In diesem letzteren Sinne interpretiert jedenfalls Deserno (2007) das Modell von Meltzer (1984), dem er für die Containerfunktion Pioniercharakter einräumt. Meltzer könne, so Deserno, mithilfe des Bion'schen »Container-contained«-Modells Voraussetzungen des Träumens konzeptualisieren, die entwicklungspsychologisch vor Freuds Konzept des Primärvorgangs lägen. »Primär körperliche Bedürfnisspannungen werden in frühe Symbolformen oder Protosymbole transformiert. Dann erst erhalten sie durch den Primärvorgang ihre bildhaft-symbolische und durch den Sekundärvorgang ihre sprachsymbolische Ausdrucksgestalt« (Deserno 2007, S. 918).

Friedman (2003, 2005/06) sieht im Erzählen von Träumen generell einen Wunsch nach Containment enthalten, unabhängig vom Grad der jeweiligen Pathologie respektive Symbolisierungsfähigkeit oder -störung. Er stützt seine Aussagen allerdings auf das spezielle Setting der Gruppenanalyse, sodass sie nur zum Teil auf die Zweiersituation Analysand – Analytiker übertragen werden können. Nach seiner Beobachtung würden Träume oft aus zwei unbewussten Motivationen erzählt: einmal aus dem genuinen Wunsch nach

Containment heraus. Dieser Wunsch habe seine Wurzel in der frühkindlichen Suche nach Trost bei Albträumen. Wenn Kinder aus Albträumen angstvoll schreiend aufwachen, eilen die Eltern dem erschreckten Kind zu Hilfe und beruhigen es, sodass es meist rasch wieder einschläft. Mit diesem Vorgang nehmen Eltern unbewusst die Angst in sich auf. Das Kind überträgt dabei seine Ängste unbewusst an die aufnahmebereiten Eltern, die dem Wunsch des Kindes nach einem Container, in dem es seine Ängste deponieren kann, entgegenkommen. Die mentale Position der Eltern kann als »Container-on-call«, also als Container auf Abruf, bezeichnet werden. Diese Funktion eines reifen Menschen brauche das Kind, so Friedman weiter, um die Übererregung und das Bedrohliche verarbeiten zu können. Erst im Laufe der Zeit entwickle es reifere und autonomere Verarbeitungsmechanismen. Die frühen Erfahrungen mit dem »Container auf Abruf« prägen sich ein und formen künftige Container-contained-Muster. Über ein zweistufiges Entwicklungsmodell können so schwierige Emotionen besser verarbeitet werden. In einer ersten Stufe versucht der Träumer im Schlaf, bedrohliches und erregendes Material im autonomen Prozess des Traumvorgangs durch eigene Containerfunktionen auf ein erträglicheres Maß zu reduzieren. Ist diese erste Stufe nicht ausreichend oder nicht erfolgreich, dann erzählt der Träumer seinen Traum weiter, in der Hoffnung, dass er vom Zuhörer externes Containment und Weiterbearbeitung von schwierigem Material bekommt. Friedmann unterscheidet diese erste Motivation, einen Traum zu erzählen, von einer zweiten, bei der es darum gehe, die Beziehung zum Gegenüber zu beeinflussen. Diese zweite Funktion sei der unbewusste Versuch, Gefühle im Zuhörer hervorzurufen.

In einer kurzen Fallvignette schildert Friedmann einen jungen Mann, der sich bei einer Party von einer Frau sehr angezogen fühlte, es aber nicht wagte, sie anzusprechen. In der folgenden Nacht hatte er einen Traum, in dem die betreffende Frau mit wunderschönen roten Lippen um ihn warb. Im weiteren Verlauf küssten sie sich leidenschaftlich. Am nächsten Tag sah er diese Frau erneut. »Gewappnet mit dem Traum näherte er sich diesmal der Frau. Anstatt sie zu küssen, erzählte er ihr seinen Traum« (Friedman 2003, S. 139). Daraus entwickelte sich eine intensive Beziehung. Das Beispiel soll nach Friedman illustrieren, dass durch den Traum und das Erzählen des Traumes bestimmte Beziehungen in der Realität herbeigeführt werden sollen. Mit anderen Worten: Der Traum würde so »eingesetzt«, dass mit seiner Hilfe eine Veränderung einer Beziehung herbeigeführt werden kann. In dieser Sichtweise würden also Trauminhalt und Traumerzählung Hand in Hand arbeiten, mit dem Ziel, interpersonelle Prozesse zu verändern.

Klinisch-praktisch gesehen, wirft dieser intersubjektive Ansatz mindestens zwei weitere Fragen auf: Was kann der Träumer selbst nicht verarbeiten, oder worin besteht der Wunsch nach Containment? Und: Welche Beziehung will der Träumer mit dem Analytiker durch seinen Traum aufbauen, welche Emotionen und Aktionen erwartet er von ihm, und welche Konsequenzen hat dieser Traum für die analytische Beziehung? Aus diesen entwicklungspsychologischen Überlegungen heraus spricht vieles dafür, die Frage, inwiefern das Erzählen eines Traums einen Wunsch nach Containment beherberge, als ein allgemein verbreitetes Movens zu verstehen und nicht als einen Spezialfall besonderer in ihrer Symbolisierungsfähigkeit beeinträchtigter Patienten zu betrachten. In eine ähnliche Richtung weisen Untersuchungen aus traumrhetorischer Sicht. Boothe (2000a) betrachtet die Traummitteilung als eine »Dramaturgie der Preisgabe und der Orientierung auf ein Halt gebendes Objekt« (ebd., S. 28) hin. Die Traummitteilung im Dialog gestalte eine Dramaturgie der Selbstverfehlung und der Angewiesenheit auf das resonanzgebende Objekt. Die Haltung des Rezipienten ist dabei von großer Bedeutung. Das Nichternstnehmen der ja auch für den Zuhörer nicht verstehbaren Trauminhalte und Einfälle ist dann nicht nur eine Einfühlungsverweigerung, sondern auch eine Unfähigkeit und Angst, die unverstandenen Affekte anzunehmen und umzuwandeln (Mertens 2005/06). Und für Friedmann ist die entsprechende Rezeptionshaltung das A und O dafür, dass Träume überhaupt mitgeteilt werden: »Wo es Containment hat, hat es Träume. Wo Ablehnung herrscht, werden keine Träume erzählt« (Friedmann 2005/06, S. 55).

2 Einblicke in psychoanalytische Traumgespräche

Es geht in dieser Arbeit also nicht um Trauminhalte.[1] Vielmehr geht es darum, wie Analytiker und Analysandin über die berichteten Träume sprechen. Der Einbezug des zuhörenden Analytikers stellt eine Ergänzung zur narrativen Optik dar. Die Interaktion im Gespräch über die Traumberichte kann als Rezeption des Traumnarrativs verstanden werden (vgl. Streeck 2004). Mit dem Vorhaben einer empirisch fundierten Untersuchung dessen, was im Anschluss an die Mitteilung eines Traums im psychoanalytischen Behandlungssetting geschieht, werden verschiedene methodische Probleme aufgeworfen, die teils mit dem Gegenstand des Mitteilungsformats »Traum« zusammenhängen, teils mit der Situation des psychoanalytischen Settings, in dem ein Traum berichtet wird.

Grundsätzlich gilt es zu beachten, dass es wenig geeignetes »Rohmaterial« gibt, da das psychoanalytische Behandlungssetting es naturgemäß mit sich bringt, dass ein Analytiker und ein Analysand zugegen sind und eben nicht ein forschender Dritter, der in der Position des (teilnehmenden) Beobachters die ablaufenden Prozesse als Daten speichert und dann auswertet. Wenn konkrete Traumschilderungen und das anschließende Gespräch darüber zum Gegenstand eines Untersuchungsinteresses werden, handelt es sich dabei meist um aus dem Gedächtnis des behandelnden Analytikers niedergeschriebene Fallvignetten, die eine bestimmte Frage der Traumanalyse illustrieren sollen. Vorlagen dafür sind die bekannten Traumanalysen Freuds bei Dora (1905b) oder des sogenannten Rattenmanns (1909). Diese Art der Datenbasis und ihre

1 Eine erzählanalytische Untersuchung der Inhalte der von dieser Patientin (vgl. 2.3) geschilderten Träume, vor dem Hintergrund der Frage nach Veränderungen in der an Trauminhalten erkennbaren Konfliktdynamik, habe ich zu einem früheren Zeitpunkt durchgeführt (Mathys 2001, 2006).

Verwendung sind nicht ohne Kritik geblieben und bringen einige Schwierigkeiten mit sich.

2.1 Von der Fallvignette zur Einzelfalluntersuchung

Die erste Schwierigkeit bezieht sich auf die Genauigkeit des aufgezeichneten Materials. So basieren beispielsweise die Darstellungen der Träume vom Rattenmann auf abendlichen Aufzeichnungen Freuds. Er warnt davor, die Behandlungszeit selbst zur Fixierung zu verwenden, da die Reproduktionstreue der Aufmerksamkeit beim Zuhören schade. Aus dem Gedächtnis aufgezeichneten Notizen des behandelnden Analytikers im Sinne der Freud'schen Novellen haftet jedoch der Makel der Zensur an, der für die Forschung nicht zuträglich ist. Es besteht die Gefahr, dass »Fallnovellen zur Kunst für psychoanalytische Selbstidealisierungstendenzen mißbraucht [...] werden« und der individuellen Behandlung eine »pseudo-künstlerische Schablone« übergestülpt wird, »die den Prozeß als ›idealen Beleg‹ einer vorgefaßten theoretischen Meinung erscheinen läßt« (Leuzinger-Bohleber 1995, S. 456). Die Problematik dieser Art von Einzelfalldarstellung veranlasst Meyer (1993) zur kämpferisch anmutenden Parole: »Nieder mit der Novelle als Psychoanalysedarstellung – Hoch lebe die Interaktionsgeschichte.« Meyer plädiert, wie dem Titel seiner Schrift unschwer zu entnehmen ist, für eine stärkere Berücksichtigung der Interaktion bei Fallanalysen. Er begründet dies unter anderem damit, dass die Person des Analytikers einen ganz wesentlichen Einfluss auf jeden psychoanalytischen Dialog habe und dieser Gesichtspunkt in den novellenartigen Fallgeschichten zu wenig berücksichtigt werde. Als Forscher benötigten wir »unzensierte und ungeschnittene Interviews, eben Interaktionsprotokolle, die dann zu einer Interaktionsgeschichte verdichtet werden müssten« (Meyer 1993, S. 65). Leuzinger-Bohleber (1995) äußert sich verhalten kritisch gegenüber einem Streben nach Intersubjektivität, weil dabei die typisch psychoanalytische Informationsquelle verloren gehe, nämlich die Analyse der eigenen Übertragungs- und Gegenübertragungsreaktionen des behandelnden Analytikers und damit das genuin psychoanalytische Erkenntnisinstrumentarium »Subjekt«. Der Forschungsgegenstand der Psychoanalyse sei das Unbewusste. Per definitionem entziehe sich das Unbewusste der direkten Beobachtung durch Außenstehende. Bei der Wahl der Methode für die vorliegende Untersuchung wird zu diskutieren sein, ob und allenfalls wie diesem Dilemma der Subjektivität in der Forschung begegnet werden kann (vgl. 2.4).

Die zweite Schwierigkeit bezieht sich auf die Frage der Generalisierbarkeit von am Einzelfall gewonnenen Befunden. Die grundlegende Frage der Einzelfallforschung lautet demnach: Wie kann der Idiosynkrasie des Einzelfalls in der psychoanalytischen Psychotherapieforschung Rechnung getragen werden, ohne ganz auf den Anspruch zu verzichten, dass Forschung immer auf generalisierte Aussagen gerichtet sein muss (Leuzinger-Bohleber 1995)? Die Frage ist: *Muss* sie das leisten? Muss klinisch-psychoanalytische Forschung diesen Spagat zwischen »Erkenntnisgewinn mittels klinischer Erfahrung am Einzelfall und der Statistik der großen Zahl« (Stuhr 2007) bewerkstelligen? Oder besteht nicht der Reiz und der Wert von Einzelfallanalysen als heuristischem Instrument gerade darin, Neues zu entdecken, das wiederum anhand weiterer Einzelfälle verifiziert oder falsifiziert werden kann? Dies ist die Art der Fragestellung für diese Arbeit. Es geht um einen explorativ-heuristischen Ansatz ohne Anspruch auf Generalisierbarkeit (vgl. 5.2). Da bis anhin noch keine systematischen Untersuchungen zum Traumdialog in psychoanalytischen Behandlungssettings existieren, drängt sich dieser Ansatz auf.

2.2 Tonbandaufnahmen von Therapiegesprächen

Die erste aufgeworfene Frage nach der Genauigkeit der Datenlage hat sich geändert, seit auch in der Psychoanalyse, bei aller Skepsis und Gegnerschaft, vereinzelt ein »symbolischer Dritter« in Form von Ton- und/oder Videoaufzeichnungen zum Einsatz kommt. Für die Psychotherapieforschung im Bereich nichtpsychoanalytischer Therapien gehören Video- und Tonbandaufnahmen bereits seit geraumer Zeit unbestrittenermaßen zum Standard. Sie ermöglichen die nachträgliche detaillierte Erforschung der Gespräche zwischen Therapeut und Patient. In der Psychoanalyse begegnet man solchen Aufnahmen nicht selten mit großer Skepsis respektive Ablehnung. Tonbandaufnahmen gelten als »immer noch umstrittene Methode der psychoanalytischen Datengewinnung« (Leuzinger-Bohleber 1995, S. 458). Gegner von Tonbandaufnahmen führen ins Feld, dass die therapeutische Vertrauensbeziehung dadurch verletzt werde. Dabei berufen sie sich explizit oder implizit auf Freud:

> »Das Gespräch, in dem die psychoanalytische Behandlung besteht, verträgt keinen Zuhörer […]. Die Mitteilungen macht er [der Patient, HPM] nur unter der Bedingung einer besonderen Gefühlsbindung an den Arzt, er würde verstummen, sobald er nur einen einzigen ihm indifferenten Zeugen bemerkte. […] Sie können also eine psychoanalytische Behandlung nicht mit anhören. Sie können nur von ihr hören und werden die Psychoanalyse im strengsten Sinne des Wortes nur vom Hörensagen kennen lernen« (Freud 1916/17, S. 10).

Damit wird das psychoanalytische Gespräch dezidiert als eine dyadische Situation gekennzeichnet, die keinen Dritten duldet.

Thomä und Kächele (2006b) haben sich mit Tonband- und Videoaufnahmen im Bereich psychoanalytischer Behandlungssettings ausführlich auseinandergesetzt. Sie weisen darauf hin, dass Freud an einen physisch anwesenden Dritten dachte und sich seine Aussage nicht einfach auf Mikrofon und Kamera übertragen lässt. Sie orten die Gründe der Ablehnung nicht bei den Patienten, sondern bei den behandelnden Psychoanalytikern, weil Bild- und Tonaufnahmen schonungslos und objektiv Einblick in das Gespräch bieten, das stattgefunden hat, und sich so eventuelle Diskrepanzen zwischen dem professionellen Ich-Ideal des Psychoanalytikers und der Wirklichkeit offenbaren könnten. Die Ambivalenz, mit der Psychoanalytiker Tonbandaufnahmen gegenüberstehen, bringen die Autoren folgendermaßen zum Ausdruck:

> »Für die psychoanalytische Berufsgemeinschaft dürfte es jedenfalls keineswegs von Schaden sein, wenn anhand von Originalaufnahmen oder Transkripten genauer untersucht wird, was Psychoanalytiker in Sitzungen tun und sagen und von welchen Theorien sie sich bei ihrem therapeutischen Handeln leiten lassen. Mit dem eigenen therapeutischen Verhalten konfrontiert zu werden, könnte eine heilsame Wirkung auf narzisstische Überheblichkeiten haben. Um auf das bekannte Wort Nietzsches anzuspielen: Im Kampf zwischen Stolz, Tat und Gedächtnis bringen sich die auf dem Tonband festgehaltenen Stimmen so in Erinnerung, dass der Stolz es schwer hat, unerbittlich zu bleiben und über das Gedächtnis zu triumphieren« (Thomä/Kächele 2006b, S. 294).

Es ist in der Tat ein Unterschied, ob der Behandler von einem Gespräch nachträglich ein Gedächtnisprotokoll erstellt, mit allen möglichen Zensureingriffen, die diese Vorgehensweise mit sich bringt, oder ob ein ungeschönter Video- oder Tonbandmitschnitt der Therapiesitzung in voller Länge und kommentarlos als Quelle für eine Besprechung oder eben Forschungsvorhaben zur Verfügung steht. Der große Vorteil, den die Aufnahmen gegenüber den klassischen Fallberichten oder -vignetten bieten, liegt zum einen sicherlich in der besser gewährleisteten Vollständigkeit des Materials einer oder mehrerer Sitzungen, zum anderen aber auch in der Möglichkeit, Interaktionsprozesse auf makro- und mikroanalytischer Ebene zu untersuchen. Gerade für die Forschung ist dieser Vorteil nicht mehr von der Hand zu weisen (Stuhr 2007). Bei allen Vorteilen, die solche Aufnahmen haben, darf aber auch die Begrenztheit, gerade von Tonbandaufnahmen, nicht außer Acht gelassen werden. Aufnahmen ohne Bild und deren Transkripte sind nicht in der Lage, rein visuelle Bereiche der therapeutischen Interaktion, also mimische und gestische Marker, zu erfassen und adäquat zu berücksichtigen. Es ist unbestritten, dass solche kommunikativen Vorgänge der Körpersprache gerade für therapeutische Gespräche von höchster Relevanz sind. Schon seit einiger Zeit werden deshalb auch Videoaufnahmen von Therapiegesprächen gemacht, mehr und mehr auch von psychoanalytischen Psychotherapien. Den von verschiedener Seite vorgebrachten Gegenargumenten begegnen Thomä und Kächele mit der Bemerkung: »Insgesamt kann bei dem gegenwärtigen Erkenntnisstand über den Einfluss von Tonbandaufnahmen auf die psychoanalytische Situation, also auf Patient und Analytiker, ein positives Resümee gezogen werden« (Thomä/Kächele 2006b, S. 300). Dieses positive Fazit kommt vor allem deshalb zustande, weil die Autoren aufgrund eigener Erfahrungen davon ausgehen, dass die Schwierigkeiten und Irritationen, die eine Tonbandaufnahme für Patienten durchaus mit sich bringen kann, interpretativ zu bearbeiten sind (ebd., S. 295ff. mit zahlreichen Beispielen).

In einer Pilotstudie untersuchten Grimmer und Spohr (2006), welchen Einfluss Mikrofon und Videokamera auf die psychoanalytische Behandlungssituation haben. Sie gingen dabei der Frage nach, ob die Aufnahmesituation vorwiegend den Charakter einer Störung der dyadischen Beziehung zwischen Patient und Therapeut aufweist oder ob sie sich im Gegenteil sogar für ein psychodynamisches Verständnis der Konflikte des Patienten nutzen ließe, indem dessen Reaktion auf dieses »triadifizierende Element« untersucht würde. In ihrer konversationsanalytischen Untersuchung von Erstgesprächen und den entsprechenden Aushandlungssequenzen, die ausdrücklich auf die Interaktion von Patient und Therapeut gerichtet ist und nicht nur auf den Patienten, kommen die Autoren zu folgendem Ergebnis: Für drei von fünf Patienten schien die Aufnahmesituation eher negative Valenz zu haben, auch wenn direkte Ablehnung im Erstgespräch und der entsprechenden Aushandlungssequenz von allen Patienten vermieden wurde. In den übrigen zwei Fällen war keine eindeutige Positionierung ausfindig zu machen. Von den Therapeuten, so die Autoren weiter, werden die Videoaufnahmen selbst dann als potenzielle Bedrohung oder zumindest als Zumutung behandelt, wenn sich Patienten ausdrücklich, das heißt in den untersuchten Fällen schriftlich und mündlich, mit den Aufnahmen einverstanden erklärten. In den ersten Gesprächen versuchten die Therapeuten trotz der faktisch triadischen Situation, so weit als möglich, den Eindruck einer dyadischen Situation zu vermitteln und den allfälligen Störeffekt durch die Kamera zu minimieren. Dieser Befund lasse sich auf verschiedene Arten interpretieren: in einer eher kritischen Variante als Verleugnung dieses besonderen Settings mit einem zuschauenden und zuhörenden Dritten. Genauso gut könne dies aber auch als Versuch betrachtet werden, unter diesen erschwerten Bedingungen eine vertrauensvolle Atmosphäre und einen geschützten Raum zu schaffen (Grimmer/Spohr 2006). Allein aus der Untersuchung der Erstgespräche lasse sich nicht der Schluss ziehen, dass Aufnahmen per se abzulehnen seien. Denn grundsätzlich zeige der weitere Verlauf, dass die Aufnahmesituation für Patienten stark in den Hintergrund trete. Was von den Autoren nicht untersucht wurde, ist die Frage, ob der Aufnahmesituation eine positive Bedeutung zukommt. Dies wäre dann der Fall, wenn Patienten die dyadische Situation als eher einengend oder bedrohlich empfänden und der durch die Kamera repräsentierte Dritte ein »Fenster nach außen« im Sinne einer triadischen Öffnung symbolisierte oder auch nur einen Garanten im Rahmen einer Qualitätssicherungsmaßnahme darstellte.

Was es für die Psychodynamik der Behandlung bedeutet, wenn darauf hingewiesen wird, dass Mikrofon und Kamera im Verlauf der Behandlung in den Hintergrund treten (vgl. Thomä/Kächele 2006b), kann nicht mit Sicherheit gesagt werden. Es gibt in der Behandlung der für diese Arbeit untersuchten Patientin Amalie X mehrere Passagen, in denen explizit das Thema der Tonbandaufnahme zur Sprache gebracht wird. Es existiert sogar ein statistischer Wert, der angibt, wie oft dies der Fall war: Die Autoren geben an, dass sich diese Patientin in 2,7% der Stunden mit der Tatsache der Tonbandaufnahme beschäftigt hat (Thomä/Kächele 2006b, S. 296). Mindestens einmal wird die Tonbandaufnahme im Zusammenhang einer Traumschilderung thematisiert. Es ist bemerkenswert, dass diese Passage nicht aus den Anfangsstunden stammt, sondern aus Stunde 156. Die Patientin (P) erzählt von einem Traum, in dem ihr Analytiker auf einer Tagung über ihren Fall berichtet und damit einer breiteren Öffentlichkeit unterbreitet, was in den Analysestunden besprochen wird. Im Kontext des Dialogs über diesen Traum steht der folgende Gesprächsbeitrag:

> P: … und ich hab mir auch schon manchmal gedacht, oh Gott, das Tonband bleibt ja nicht in Ihren Händen allein, aber ich glaub, das würde mir nichts ausmachen, scheint vielleicht, aber wenn ich mir also so das vorstelle, wenn das ein paar Leute sich irgendwie, was weiß ich, verwursteln oder verarbeiten und und von mir aus auch mal drüber lachen an der einen oder anderen Stelle, das, von mir aus, würde ich sagen, aber in dem Traum scheint es mir eher ernst zu sein.

Diese knappe Textpassage dürfte als ein Hinweis auf eine ambivalente Haltung der Patientin gegenüber Tonbandaufnahmen zu verstehen sein, wobei die Ambivalenz in drei Etappen verdeutlicht wird. Sie hat gewiss den Tonbandaufnahmen zugestimmt, und sie glaubt, es würde ihr nichts ausmachen, wenn auch andere, also Dritte, die Bänder hören. Die anschließend geäußerte Fantasie, die auftaucht, wenn sie sich vorstellt, was diese Dritten dann mit den Aufnahmen machen könnten, nämlich sie »verwursteln«, »verarbeiten«

und »auch mal drüber lachen«, zeigt etwas von den Befürchtungen, die mit der Tatsache verknüpft sind, dass es sich hier nicht um einen ausschließlich dyadischen Raum handelt, sondern dass alles, was besprochen wird, einem Dritten potenziell zugänglich ist, der das Ganze nicht nur technisch verarbeitet, sondern es eben auch »verwursteln« und sich darüber lustig machen kann. Die Befürchtungen werden aber zunächst mit einem »von mir aus« weggewischt. In einem dritten Schritt schließlich deutet Amalie an, dass durch den Traum ihre Haltung zu den Aufnahmen in einem anderen Licht erscheint. Sie gibt zu erkennen, dass sie ihren Traum in Beziehung setzt zur Aufnahmesituation und es ihr im Traum eher ernst sei. Mit anderen Worten, der Traum zeigt der Patientin, dass es ihr durchaus etwas ausmacht, dass da andere Leute hören, was in ihrer Analyse gesprochen wurde, und irgendetwas mit diesen Tonbändern anstellen könnten, was offensichtlich Beschämungsangst hervorruft.

Wenn diese Passage einen Beitrag zur Ausgangsfrage »Was bedeutet es, wenn die Aufnahmesituation in den Hintergrund tritt?« darstellt, so lautet die Antwort: In den Hintergrund treten heißt nicht, dass die latente Präsenz des Dritten verschwindet, sondern dass sie aus der bewussten Wahrnehmung verdrängt wird und beispielsweise in der Traumwelt des Patienten wieder auftauchen kann. Dies wiederum kann diagnostisch genutzt werden, indem die Reaktion der Patientin auf dieses »triadifizierende Element« genauer untersucht wird (Grimmer/Spohr 2006).

2.3 Amalie X: »Ein Musterfall der deutschen Psychoanalyse«

Grundlage dieser Einzelfalluntersuchung ist die psychoanalytische Psychotherapie einer Patientin mit dem Pseudonym Amalie X, die als »Musterfall« der deutschen Psychoanalyse gilt (Kächele et al. 2006). Von der 531 Stunden umfassenden Behandlung wurden 517 per Tonband aufgezeichnet. In diesen Sitzungen hat Amalie 95 Träume erzählt, verteilt auf 72 Stunden (vgl. Blumer/Dahler/Meier 2004). Manchmal wurde also auch mehr als ein Traum pro Stunde erzählt. Als Basis der Untersuchung dienten die eigens transkribierten Tonbandaufnahmen dieser Traumstunden. Das Material wurde freundlicherweise von der Ulmer Textbank zur Verfügung gestellt.

Spätestens seit dem Erscheinen des dritten Bands des Lehrbuchs der analytischen Psychotherapie (Thomä/Kächele 2006c; Kächele et al. 2006) ist der Fall »Amalie X« nicht nur ein Musterfall der deutschen Psychoanalyse, sondern auch ein Musterfall einer Einzelfallstudie. Es handelt sich bei diesem Forschungsband um ein sehr ausführliches Konzept psychoanalytischer

Einzelfallforschung mit tonbandgestütztem Material und einem Vier-Ebenen-Ansatz. Diese vier Ebenen umfassen erstens klinische Fallstudien, basierend auf dem guten Gedächtnis respektive »akkuraten Prozessnotizen des Analytikers« (Kächele et al. 2006, S. 395). Die zweite Ebene besteht aus einer systematischen klinischen Beschreibung, bei der bestimmte klinisch relevante Gesichtspunkte untersucht wurden, wie zum Beispiel die äußere Situation der Patientin oder die Beziehung zum Analytiker und zu bedeutsamen Objekten außerhalb der analytischen Beziehung. Dabei wurde mit zirka einem Fünftel aller Sitzungen in bestimmtem zeitlichem Abstand gearbeitet (Sitzungen 1–5, 26–30, 51–55 usw.). Eine dritte Ebene stützt sich auf manualgeleitete Beurteilungsinstrumente und entsprechende statistische Auswertungsverfahren. Schließlich runden linguistische und computergestützte Textanalysen auf Ebene vier die umfassende Fallanalyse ab. Dadurch entsteht eine eindrückliche Durchdringung dieses Musterfalls, die sowohl subjektive als auch objektive Untersuchungskriterien berücksichtigt. Aus der Zusammenstellung dieser Studien stammen auch die folgenden Angaben zur Analysandin Amalie X (Thomä/Kächele 2006c).

Biografische Angaben

Die Patientin Amalie X ist eine zu Behandlungsbeginn 35-jährige alleinstehende Lehrerin. Behandlungsanlass waren erhebliche depressive Verstimmungen mit einem entsprechend niedrigen Selbstwertgefühl, die allerdings ihre Arbeitsfähigkeit nicht wesentlich beeinträchtigten. Zeitweilig litt sie unter religiösen Skrupeln, obwohl sie sich nach einer Phase strenger Religiosität von der Kirche distanziert hatte. Im Behandlungszeitraum kämpfte sie immer noch mit gelegentlich auftretenden Zwangsgedanken und Zwangsimpulsen.

Amalie X wurde 1939 in einem kleinen Städtchen Süddeutschlands geboren und wuchs in einer Familie auf, in der ihr Vater während der ganzen Kindheit praktisch abwesend war, zunächst wohl kriegsbedingt und dann aus beruflichen Gründen. Amalie X war das zweite Kind, nach einem älteren und vor einem jüngeren Bruder, denen gegenüber sie sich immer unterlegen gefühlt hatte. Sie beschreibt das Gefühl, für die Mutter ein Ersatzpartner anstelle des abwesenden Vaters gewesen zu sein. Im Alter von drei Jahren erkrankte Amalie an einer milden Form von Tuberkulose und musste für sechs Monate das Bett hüten. Als die Mutter dann selbst ernsthaft an Tuberkulose erkrankte, musste die inzwischen fünfjährige Amalie die Primärfamilie verlassen und wurde für die nächsten Jahre zu einer Tante geschickt. Die beiden Brüder kamen ein Jahr später nach. Da die Mutter immer wieder hospitalisiert werden musste, sorgten Tante und Großmutter für die Kinder. Dort herrschte offenbar ein puritanisches Klima mit einer religiösen Striktheit, die Amalie durch und durch prägte.

In der Pubertät trat bei Amalie X eine somatische Erkrankung auf, deren Leitsymptom eine starke, dem männlichen Haarwuchs ähnliche Körperbehaarung einschließt (sog. idiopathischer Hirsutismus). In der Schule gehörte Amalie immer zu den Besten ihrer Klasse. Sie teilte viele der Interessen ihrer Brüder; mit den weiblichen Altersgenossinnen vertrug sie sich schlecht. Nach dem Abitur nahm sie zunächst ein Lehramtstudium auf, mit dem Ziel, Gymnasiallehrerin zu werden. Aufgrund ihrer persönlichen Konflikte entschied sie aber nach wenigen Semestern, ein Klosterleben aufzunehmen. Dort verschärften sich die religiösen Konflikte jedoch erheblich, was sie zurück zum Studium führte. Allerdings war ihr dann der zur Gymnasiallehrerin qualifizierende Abschluss verschlossen, und sie konnte nur Realschullehrerin werden. Im Vergleich zu den beiden Brüdern war und blieb dies für sie lange Zeit ein Makel.

Wegen ihrer Hemmungen hatte Frau Amalie X bis zum Zeitpunkt des Erstinterviews keinerlei heterosexuellen Kontakte, wobei der idiopathische Hirsutismus die neurotischen Hemmungen verstärkt hatte. Sie hatte um eine Psychoanalyse nachgesucht, weil die schweren Einschränkungen ihres Selbstgefühls in den letzten Jahren einen depressiven Schweregrad erreicht hatten. Ihre ganze Lebensentwicklung und ihre soziale Stellung als Frau standen seit der Pubertät unter den gravierenden Auswirkungen einer virilen Stigmatisierung, die unkorrigierbar war und mit der Frau Amalie X sich vergeblich abzufinden versucht hatte. Im Sinne eines Circulus vitiosus verstärkten sich Stigmatisierung und prämorbid vorhandene neurotische Symptome gegenseitig: Zwangsneurotische Skrupel und angstneurotische Symptome erschwerten persönliche Beziehungen und führten vor allem dazu, dass die Patientin keine engen gegengeschlechtlichen Freundschaften schließen konnte.

Psychodynamik

Der Hirsutismus dürfte für Amalie X eine zweifache Bedeutung gehabt haben: Zum einen erschwerte er die für sie ohnehin problematische weibliche Identifikation, da er unbewussten Wünschen der Patientin, ein Mann zu sein, immer neue Nahrung gab. Weiblichkeit ist für die Patientin lebensgeschichtlich nicht positiv besetzt, sondern mit Krankheit (Mutter) und Benachteiligung (gegenüber den Brüdern) assoziiert. In der Pubertät, während der bei der Patientin die stärkere Behaarung auftrat, ist die Geschlechtsidentität ohnehin labilisiert. Anzeichen von Männlichkeit in Form von ausgeprägter Körperbehaarung verstärken den entwicklungsgemäß wiederbelebten ödipalen Penisneid und -wunsch. Da dieser Konfliktbereich für die vorliegende Arbeit von zentraler Bedeutung ist, werden an dieser Stelle einige Überlegungen dazu formuliert.

Exkurs: Penisneid und Kastrationskomplex

Die psychoanalytischen Konzepte »Penisneid und Kastrationskomplex« sind gleichermaßen zentral wie auch umstritten. In der Freud'schen Sichtweise der weiblichen Entwicklung (nach Mertens 2000b) zeigt sich beim Mädchen ein im Kindesalter auftretendes Interesse für den männlichen Penis. Dieses Interesse kann im Zuge der Entdeckung der anatomischen Geschlechterdifferenz mit Erschrecken und Ärger einhergehen und sich zu neidvollen Reaktionen steigern. Anfänglich auf den Penis als solchen gerichtet, wird dieser Körperteil bald zum Symbol für Privilegien, die ein Kind mit Männlichkeit verbindet, aber auch zum Symbol für größere Autonomie. Der Penisneid wird gleichsam zur narrativen Metapher für die Beziehung der Geschlechter. In der klassischen Freud'schen Ausprägung geht man davon aus, dass Knaben und Mädchen unterschiedlich auf die Entdeckung des Geschlechtsunterschieds reagieren. Knaben bagatellisieren diesen, erst angesichts der Kastrationsdrohung reagieren sie mit starker Angst. Anders das Mädchen: »Sie hat es gesehen, weiß, daß sie es nicht hat, und will es haben« (Freud 1925; zit. nach Mertens 2000b, S. 544). Dies bedeute eine massive Kränkung des Selbstwertgefühls. »Mit der Anerkennung seiner narzißtischen Wunde stellt sich – gleichsam als Narbe – ein Minderwertigkeitsgefühl beim Weibe her« (Freud 1925; zit. nach Mertens 2000b, S. 544). Bei der Behandlung erwachsener Patientinnen ging Freud davon aus, »daß der Penisneid den hartnäckigsten Widerstand, gleichsam den gewachsenen Fels darstelle, gegen den selbst die wirkmächtigste analytische Intervention nicht ankomme« (Mertens 2000b, S. 545).

Freuds Modell weiblicher Entwicklung sollte nach Boothe und Heigl-Evers (1996) aus subjektiver Perspektive, sozusagen in »ironischer Brechung« (ebd., S. 116), und nicht als objektive Beschreibung gelesen werden. Dem »vitalen Verlangen des kleinen Mädchens, sich in den Vollbesitz phallischer Lust und phallischer Potenz zu bringen und darüber stolz zu verfügen« (ebd.), trete eine Beschränkung entgegen. In dieser phallischen Phase gilt das zentrale Interesse dem eigenen »Leib in seiner Ausdruckskraft, seiner beeindruckenden und verführerischen Wirkung auf die Umgebung, in seiner lustgewährenden Potenz. Dabei vergleicht sich das Mädchen mit anderen Kindern und Erwachsenen. Es hofft, als Erste bestätigt, ausgezeichnet und privilegiert zu werden« (ebd.). Dabei ist zu unterscheiden zwischen einer phallisch-narzisstischen und einer phallisch-ödipalen Phase. In der Ersteren soll das Objekt als bestätigend und bewundernd zur Verfügung stehen und (noch) nicht als dasjenige, das als Gegenstand der eigenen Liebe gewonnen werden soll (vgl. ebd., S. 221). In der phallisch-narzisstischen Phase erhält die Masturbation eine besondere Hochschätzung, die das Kind erleben lässt: »Ich bin potent, kann es zeigen und andere damit beeindrucken. Vollzugsorgan ist das sensible, erigierbare

Lustzentrum. Dieses steht zum Schrecken der kleinen Narzißten nicht allen gleichermaßen zur Verfügung« (ebd., S. 117). Während Mädchen auf die Entdeckung dieses Unterschieds beschämt, verunsichert und neidisch reagieren, verhalten sich Jungen verunsichert, ängstlich und stolz. Es ist etwa so, als ob jemand mit einer selbst geschnitzten Flöte sich vergnügt und selbstvergessen die Zeit vertreibt und andere damit beeindrucken möchte.

> »Unter diesen Umständen müßte die Konfrontation mit einer Konzertflöte und ihrem Einsatz in einer kunstvollen Darbietung unweigerlich niederschmetternd wirken. Die Person wäre beschämt ihrer naiven Selbst- und Objektüberschätzung wegen […]. Sie wäre neidisch, weil andere so eindeutig etwas voraushaben, was für sie selbst derzeit nicht erreichbar ist. Die Freude am eigenen Werk ist verdorben. Sein Anblick allein kann kränken und wütend machen« (Boothe/Heigl-Evers 1996, S. 117).

Der Vergleich hinkt allerdings. Die selbst geschnitzte Flöte kann in der Tat dem Vergleich mit der Konzertflöte nicht standhalten. »Hingegen entbehrt die weibliche Sexualanatomie *in Wirklichkeit* im Vergleich zur männlichen überhaupt nichts« (ebd., S. 118). Diese objektive, biologische Wirklichkeit ist aber für die Wahrnehmung des Mädchens nicht von Interesse. Entscheidend ist seine subjektive Perspektive: In seiner wunsch- und lustgeleiteten Wirklichkeit ist es zu kurz gekommen. Dieses Unglück wurzelt also in der Fiktion der subjektiv erlebten Wirklichkeit, die von den eigenen Wunschvorstellungen, Bestätigungshoffnungen und Fantasien genährt wird. Der Kampf mit seinem Neid und seinem Zurücksetzungserleben basiert auf einer Verkennung. Beim Knaben ist es genauso: Seine Kastrationsangst ergibt sich ebenso aus einer Verkennung und die Sorge, viril nicht intakt zu sein, ist subjektiver Fiktion zuzuschreiben. Die ironische Haltung besteht also darin, diesen subjektiven Charakter dessen, was Mädchen und Jungen aus der biologischen Geschlechterdifferenz machen, anzuerkennen. Die Frage ist nicht, welchem biologischen Geschlecht ich zugeordnet bin, sondern: »Welches Spiel spiele ich? Oder: In welchem Spiel spiele ich mit?« (ebd.).

Freuds Idee des Kastrationsschrecks hat gemäß den Autorinnen nach wie vor etwas Anstößiges (vgl. ebd., S. 114). Auch innerhalb der psychoanalytischen Community trat anstelle einer vertieften kritischen Analyse und Auseinandersetzung das Denkverbot: Zurücksetzung und Niederlage sollten im Rahmen weiblicher Entwicklung keine Rolle mehr spielen (dürfen). Diese würden verursacht durch soziale Benachteiligung und Unterdrückung des weiblichen Geschlechts. Im Sinne der Fremdschuld werde weibliche Zurücksetzung und Benachteiligung als Inszenierung im sozialen Feld gelebt. Die Autorinnen stellen fest, dass die Freud'sche Konzeption der weiblichen

Entwicklung, insbesondere die Ideen des Penisneids und Kastrationskomplexes, nicht, wie sie es vorschlagen, ironisch als subjektive, dem Kindlichen verhaftete Auseinandersetzung mit der Diskrepanz zwischen wunschgeleiteter Vorstellung und Frustrationserfahrung rezipiert wurden. Stattdessen habe man Freud vorgeworfen, Frauen in misogyner Art und Weise gezielt herabzusetzen, indem er gehässig eine weibliche Defizienz formuliere (vgl. ebd., S. 118). Diese Reaktionen lassen sich gleichsam als Wirkungsgeschichte der Freud'schen Konzepte verstehen. So wurde, wie oben angedeutet, argumentiert, dass die Privilegierung von Männern und Jungen gegenüber Frauen und Mädchen eine soziale Realität und demzufolge weiblicher Neid auf diese Privilegierung die logische Folge dieser Ungerechtigkeit sei. Diese ökonomische und gesellschaftliche Realität erklärt aber nicht die spezifische Reaktion des Mädchens auf das Erleben des Zurückgesetztwerdens. Die naheliegende Reaktion auf erfahrene Benachteiligung wäre Auflehnung und Protest. Die Wendung gegen die eigene Person im Sinne der Ansicht »Ich habe einen essenziellen Mangel und bin daher chancenlos« stellt einen inneren Verarbeitungsschritt dar, der sich nicht von selbst versteht. »Die masochistische Inszenierung der Selbsterniedrigung ist ihrerseits ein erklärungsbedürftiges Arrangement mit den Verhältnissen« (ebd., S. 119).

Dass der Mann mit seinem Penis vollkommen, die penislose Frau hingegen eine Art »kastrierter Mann« sei, diese Freud'sche Sicht auf den Kastrationskomplex wird auch von anderen Autoren nicht als ontologische Gegebenheit der Geschlechterdifferenz verstanden, sondern als deren neurotische Verarbeitung.

> »Freuds Theorie der Kastration und des Ödipus behält als Theorie der imaginären und neurotischen, von den Fantasmen der frühkindlichen Sexualforschung bestimmten Verarbeitung der Kastrationsproblematik ihre Gültigkeit, reicht aber für eine metapsychologische oder gar anthropologische Konstruktion von Weiblichkeit und Männlichkeit nicht aus« (Müller-Pozzi 2008, S. 152).

Die Vorstellung vom Penisneid gilt nicht als generalisierbare Realität, sondern als phasenspezifisches Entwicklungsphänomen. Insbesondere in der Weiterentwicklung bei Lacan spiele nicht mehr der reale Penis als männlicher Körperteil die entscheidende Rolle, sondern sein symbolisches Äquivalent, der Phallus (Müller-Pozzi 2008). Lacan unterscheidet eine imaginäre von einer symbolischen Kastration. Die imaginäre Kastration ist gleichbedeutend mit der von Freud dargestellten Sichtweise, die symbolische dagegen betrifft beide Geschlechter gleichermaßen. Es geht um die Erfahrung und letztlich die Anerkennung von Mangel und Differenz. Als Mann kann ich nicht gleichzeitig Frau sein und umgekehrt. »Positioniert sich ein Subjekt als Mann oder Frau,

›mangelt‹ ihm das andere« (Müller-Pozzi 2008, S. 145). Gleichzeitig liegen hier die anthropologischen Bedingungen für das Begehren des jeweils anderen. Mit anderen Worten kann es nicht Ziel der Analyse sein, dass Frauen die (imaginäre) Kastration anerkennen. Vielmehr gilt es für beide – Frau und Mann –, die symbolische Kastration anzuerkennen, sich als mangelhaftes und unvollkommenes, aber eben auch begehrendes Subjekt zu begreifen.

Psychodynamische Überlegungen zu Kastrationskomplex und Penisneid bei Amalie X

Trotzdem gilt es aber, im Kontext dieser Arbeit die Freud'sche Sichtweise des Kastrationskomplexes als theoretischen Bezugspunkt heranzuziehen. Es ist eben der Blick Amalies, diese subjektive, »ironische Sicht« auf Fragen der Geschlechterdifferenz, der interessiert, und dieser Blick kommt den Erörterungen Freuds zu den Themen »Kastrationskomplex und Penisneid« sehr nahe. Gemäß Thomä und Kächele (2006c) muss ein Penisneid freilich auch schon vor der Manifestation des Hirsutismus im Verlauf der Pubertät im Zentrum ungelöster Konflikte gestanden haben, da er sonst nicht diese Bedeutung hätte bekommen können. Hinweise darauf liefert die Form der Beziehung zu den beiden Brüdern: Diese werden von der Patientin bewundert und beneidet (vgl. dazu 3.2, Stunde 27). Sie selbst fühlt sich als Tochter oft benachteiligt. Solange die Patientin ihren Peniswunsch als erfüllt fantasieren kann, passt die Behaarung widerspruchsfrei in ihr Körperschema. Die fantasierte Wunscherfüllung bietet aber nur dann eine Entlastung, wenn sie perfekt aufrechterhalten wird. Dies kann jedoch nicht gelingen, da ein viriler Behaarungstyp aus einer Frau keinen Mann macht. Das Problem der Geschlechtsidentität stellt sich erneut. Vor diesem Hintergrund sind alle kognitiven Prozesse im Zusammenhang mit weiblichen Selbstrepräsentanzen für die Patientin konfliktreich geworden, lösen Beunruhigung aus und müssen deshalb abgewehrt werden. Außerdem erhält der Hirsutismus sekundär auch etwas von der Qualität einer Präsentiersymptomatik: Er wird der Patientin zur Begründung dafür, dass sie Situationen sexueller Verführung von vornherein meidet. Dabei ist ihr diese Funktion ihrer körperlichen Beeinträchtigung nicht bewusst zugänglich. Für eine erfolgreiche Behandlung der Patientin Amalie X lassen sich aus diesen Überlegungen zwei Forderungen ableiten: Die Patientin wird dann soziale und sexuelle Kontakte aufnehmen können, wenn sie erstens zu einer hinreichend sicheren Geschlechtsidentität gelangen kann und ihre Selbstunsicherheit überwindet und wenn sie zweitens ihre Schuldgefühle bezüglich der eigenen Wünsche aufgeben kann. Aufgrund der Vorgeschichte, der Symptomatik und der Charakterstruktur sowie des erheblichen Leidensdruckes konnte die Indikation für eine psychoanalytische Therapie gestellt werden. Es handelte sich um eine psychoanalytische Behandlung mit drei Wochenstunden. Der behandelnde Analytiker ließ sich dabei von folgenden Überlegungen leiten:

> »Ich nahm die beruflich tüchtige, kultivierte, ledige und trotz ihrer virilen Stigmatisierung durchaus feminin wirkende Patientin in Behandlung, weil ich ziemlich sicher und hoffnungsvoll war, dass sich der Bedeutungsgehalt der Stigmatisierung wesentlich würde verändern lassen. Ich ging also, allgemein gesprochen, davon aus, dass nicht nur der Körper unser Schicksal ist, sondern dass es auch schicksalhaft werden kann, welche Einstellung bedeutungsvolle Personen und wir selbst zu unserem Körper haben« (Thomä/Kächele 2006c, S. 125).

Die Autoren kommen hinsichtlich der Psychodynamik von Amalie X zu folgenden Annahmen:

> »Eine virile Stigmatisierung verstärkt Peniswunsch beziehungsweise Penisneid, sie reaktiviert ödipale Konflikte. Ginge der Wunsch, ein Mann zu sein, in Erfüllung, wäre das zwitterhafte Körperschema der Patientin widerspruchsfrei geworden. Die Frage: Bin ich Mann oder Frau? wäre dann beantwortet, die Identitätsunsicherheit, die durch die Stigmatisierung ständig verstärkt wird, wäre beseitigt, Selbstbild und Körperrealität stünden dann im Einklang miteinander. Doch kann die unbewusste Phantasie angesichts der körperlichen Wirklichkeit nicht aufrechterhalten werden: Eine virile Stigmatisierung macht aus einer Frau keinen Mann. Regressive Lösungen, trotz der männlichen Stigmatisierung zur inneren Sicherheit durch Identifizierung mit der Mutter zu kommen, beleben alte Mutter-Tochter-Konflikte und führen zu vielfältigen Abwehrprozessen. Alle affektiven und kognitiven Abläufe sind von tiefer Ambivalenz durchsetzt, so dass die erwähnte Patientin es zum Beispiel schwer hat, sich beim Einkaufen zwischen verschiedenen Farben zu entscheiden, weil sich mit ihnen die Qualität ›männlich‹ oder ›weiblich‹ verbindet« (Thomä/Kächele 2006c, S. 125).

Überblick über die Amalie-Traumforschung

Bereits mehrere Arbeiten haben sich mit den Träumen, die Amalie X im Verlauf ihrer Psychoanalyse mitgeteilt hat, beschäftigt (u. a. Leuzinger-Bohleber 1989; Zint 2001). Im Rahmen des großen Amalie-Forschungsbandes von Thomä und Kächele (2006c) haben sich verschiedene Ulmer Studien diesem Thema gewidmet. Auch in Zürich existiert mittlerweile ein breiter Fundus an Untersuchungen zum Bereich der Traummitteilungen Amalies.

In verschiedenen Arbeiten stellte Boothe (2006a, c) typische rhetorische Strategien mündlicher Traumberichte aus dem Korpus der Träume der Patientin Amalie vor und zeigte, dass Traummitteilungen narrative Artikulationen des Erinnerns sind und sich als spezifische rhetorische Strategien charakterisieren lassen, die dem Genre Traumbericht seine änigmatische und fragile

Physiognomie verleihen (Boothe 2006a). Schlüsseleindrücke von besonders intensiver emotionaler Qualität sind Erscheinungen des Körperlichen im Traum. Diese lassen sich zwanglos als infantile Körperfantasien thematisieren und bearbeiten (Boothe 2006c).

Von Kuensberg (2001) hat Träume der Patientin Amalie, in denen der Analytiker als Figur im manifesten Traum vorkommt, erzählanalytisch untersucht. Die Analyse ergibt ein klares und abgerundetes Bild der Rollenzuweisung an den Therapeuten als Vaterfigur, die als distanziert, ruhig, zwar leiblich vorhanden, aber verharrend definiert wird. Der Therapeut ist aus Sicht der Patientin eher dem Frieden zugetan als einer Konfrontation. Die Analyse der Wunsch-Angst-Abwehr-Bewegung deckt den Wunsch nach der Erfahrung der eigenen Sexualität auf. Dieser Wunsch wird durch die Entwertung des Therapeuten als potenziell lächerliche Figur abgewehrt. Die Angst vor dem Verlust der eigenen Identität, vor Preisgabe und Beschämung überwiegt gegenüber dem Wunsch nach sexueller Erfüllung.

In einer eigenen Untersuchung (Mathys 2001) analysierte ich die ersten und die letzten fünf aufgezeichneten Traumerzählungen aus der psychoanalytischen Behandlung Amalies. Bei diesem erzählanalytischen Untersuchungsdesign ging es darum, zu explorieren, ob es überhaupt möglich und sinnvoll ist, Träume im Nachhinein zu deuten – und zwar ohne die Assoziationen, die dazu geäußert wurden und die in der klinisch-psychoanalytischen Praxis üblicherweise den Ansatzpunkt für eine Traumdeutung bilden, zu berücksichtigen. Damit wird eine andere Zielsetzung verfolgt als diejenige, die für Freud bei seinen Traumanalysen grundlegend war. Nicht eine Rekonstruktion latenter Traumgedanken aus der manifesten Traumerzählung und eine Identifikation der diese Umwandlung bewerkstelligenden Mechanismen der Traumarbeit stehen im Vordergrund. Vielmehr wird die Traumerzählung als gestaltete, mitsamt ihren sekundären Bearbeitungen willkommene Gesamtkomposition betrachtet (Mathys 2006). Die inhaltlich-interpretative Fragestellung, die dieser Arbeit zugrunde lag, bestand darin, Veränderungen in den Traumerzählungen zwischen der Anfangs- und der Endphase der psychoanalytischen Behandlung ausfindig zu machen. Es sind insbesondere die Unterschiede in der ermittelten Konfliktdynamik, also veränderte Wunsch- und Angstthemen, die eine ausführlichere Diskussion erfordern und mithilfe des psychoanalytischen Konzepts der triadischen Konstellationen in einen entwicklungsdynamischen Kontext eingebettet wurden. Es konnte gezeigt werden, dass die fünf ersten Träume als triadisch determiniert aufgefasst werden können. Darüber hinaus und noch zugespitzter formuliert lassen sie sich samt und sonders unter dem Blickwinkel des Ausschlusses, also einer spezifisch ödipalen Szene, betrachten. Die Konfliktlage in den letzten fünf Träumen ist gegenüber diesem einheitlichen Grundthema der ersten fünf Traumerzählungen vielfältiger. Anstelle ödipaler Konstellationen treten Themen der Selbstverfügung und Selbstprofilierung in den Vordergrund.

Ist es überhaupt möglich, in Traumberichten die Psychodynamik des Wünschens, der Angstvorstellungen und der Abwehr festzustellen? Radzik-Bolt (2002), die sich ebenfalls mit den ersten und den letzten fünf Träumen der Behandlung von Amalie X beschäftigte, stellte sich diese Frage ganz grundsätzlich. Neben den Operationalisierungsvorschlägen für die Ermittlung der Hypothesen zur Psychodynamik war es ein Ziel ihrer Untersuchung, Hypothesen zur Diagnose Amalies zu formulieren. Die erzählanalytischen Befunde sind mit denjenigen von Mathys (2001) weitgehend identisch: Amalie richtet sich auf der Ebene der Selbstverfügung im Sinne eines Kompromisses ein. Ihr Gewinn besteht in einer gewissen Selbstsicherheit, die jedoch mit Objektverlust einhergeht.

In der Studie von Keller (2006) wurde genauer darauf eingegangen, wie das Beendigungsthema die Traumerzählungen beeinflusst. Keller konnte zeigen, dass sich spezifische Erfahrungen Amalies in den einzelnen Träumen niederschlagen. Genau wie Amalie selbst hatte das erzählte Ich während des Verlaufs der Therapie eine Entwicklung durchgemacht, von einer eher unterwürfigen zu einer eher dominanten Position.

Anders als die bisher vorgestellten erzählanalytischen Arbeiten befassten sich Zeberli (2008) und Tschalèr (2008) mit einer gesprächsanalytischen Zugangsweise zur sprachlichen Interaktion, die sich im Zusammenhang mit einer Traummitteilung entwickelte. Zeberli (2008) ging der Frage nach, was für eine Funktion Tagesreste einnehmen, die der analytischen Situation entstammen und von Analysandin und Analytiker in einer Traumerzählung entdeckt und angesprochen werden. Anlehnend an Ergebnisse von Leuschner (2002), der das Auftreten subliminaler akustischer und visueller Reize innerhalb von Traumberichten untersuchte, wurden als Untersuchungsmaterial zwei unmittelbar aufeinanderfolgende Stunden (Stunde 28 und 29) aus dem Behandlungsverlauf von Amalie X ausgewählt. In Stunde 28 tritt ein praxisnahes Äquivalent eines subliminalen Reizes auf, das dann als Tagesrest im in Stunde 29 erzählten Traum wieder aufgenommen und von Therapeut und Klientin diskutiert wird. Es konnte gezeigt werden, dass der Traum in der analytischen Sitzung als Medium der Spannungsregulierung im Hier und Jetzt eingesetzt wird, um übrig gebliebene Affekte der Analysandin aktualisieren und besprechen zu können. Tschalèr (2008) untersuchte, was für ein Dialog im Anschluss an eine Übertragungsdeutung entsteht, die sich auf eine Traummitteilung bezieht. Durch seine Übertragungsdeutung konfrontiert der Therapeut Amalie mit neuen Sinnzusammenhängen. Wie erkennbar wurde, hat seine Deutung bei Amalie Affekte ausgelöst, die es ihr erschweren, einen Dialog über den Deutungsinhalt zu führen. Sie wechselt stattdessen auf die Trauminhaltsebene oder eröffnet einen neuen Gesprächskontext, der von der Deutung wegführt. Die Auseinandersetzung mit dem Deutungsinhalt und die Klärung, welche Bedeutung dieser für das aktuelle Beziehungsgeschehen hat, rücken dabei in den Hintergrund. In den Traummitteilungen enthaltene Themen wie »Zurückweisung« oder »Verlassenwerden« scheinen unmittelbar nach der Übertragungsdeutung eine zu große Brisanz zu besitzen, um im Hier und Jetzt der Behandlung angesprochen und bearbeitet zu werden.

2.4 Intersubjektivität statt Subjektivität

Wenn man aus den oben dargelegten Gründen statt der klassischen Novelle als Grundlage der Falluntersuchung das Postulat nach tonband- und transkriptbasiertem Datenmaterial berücksichtigt, wird der Weg für neue Forschungsmethoden frei. Die qualitative Forschung, insbesondere die Ethnomethodologie, erscheint als willkommene Verbündete und als Antwort auf offene Fragen der psychoanalytischen Einzelfalldarstellung. Frommer spricht gar von einer »Seelenverwandtschaft« (Frommer 2002; zit. nach Stuhr 2007) zwischen qualitativer Forschung und Psychoanalyse, denn »Sinn wird besser durch Worte als durch Ziffern befördert« (Rennie 2004; zit. nach Stuhr 2007, S. 958).

Wie oben gesehen, ist eines der Spezifika psychoanalytischer Forschung der Einbezug des Subjekts, was meist und etwas ungenau als Gegenübertragung bezeichnet wird. Im klassischen Junktim von Forschen und Heilen ist der Heiler, also der behandelnde Psychoanalytiker, zugleich der Forscher. Hier ist Subjektivität zwar möglich und gewährleistet, jedoch bringt diese Personalunion auch das Problem fehlender Triangulation mit sich – und damit fehlt eines der zentralen Gütekriterien qualitativer Forschung. Durch die Aufzeichnung der Stunden wird eine Untersuchung des therapeutischen Dialogs aus dem Blickwinkel eines Dritten ermöglicht, der nachträglich den Stundenverlauf in aller Ruhe und mit viel Zeit, ohne in das Übertragungs-Gegenübertragungs-Geschehen verwickelt zu sein, nochmals analysieren kann. Moser (2003) unterscheidet diese zwei Arten der Psychotherapieforschung und bezeichnet sie als Online- respektive Offline-Forschung. Der hier eingeschlagene Weg ist demnach als (nachträgliche) Offline-Forschung zu beschreiben.

Wie steht es nun aber um die Subjektivität des Forschers, der gar nicht in der unmittelbar ablaufenden Situation dabei war? Die Tonbandaufzeichnungen ermöglichen zwar genauere Untersuchungen des Dialogs, aber der größte Teil des nicht sprachlichen Bereichs, mimische und gestische Kommunikationsformen, bleibt verborgen. Das ist umso bedauerlicher, als gerade die Mikrokommunikation und das komplexe Feld von Übertragung und Gegenübertragung im psychoanalytisch-psychotherapeutischen Prozess ganz entscheidend davon geprägt werden (Streeck 2004). Gibt es einen Ausweg aus der Dichotomie zwischen objektiven Forschungskriterien und dem Instrument »Subjektivität«, das für die Psychoanalyse grundlegend ist? Oder muss man sich mit Overbeck (1993) entscheiden zwischen einer empirisch wissenschaftlichen Einzelfallstudie mit ausführlich angelegtem Originalmaterial mitsamt der Möglichkeit zur Nachvollziehbarkeit und Nachprüfbarkeit von Erhebung, Auswertung und Schlussfolgerung, also zugunsten einer hohen Objektivität der vorgelegten Hypothesen einerseits und einer Kasuistik in entgegengesetzter Richtung, das hieße nachvollziehbare Erlebbarkeit und subjektive Teilnahme an der dargestellten Behandlung, andererseits? Eine Möglichkeit besteht darin, die Subjektivität des Betrachters und Forschers an die Stelle der Subjektivität des Behandlers zu setzen und so die Gegenübertragung des Forschenden beim Untersuchen der schriftlich fixierten Gespräche zum Gegenstand der Analyse zu machen.

Einen anderen Weg geht die Ethnomethodologie. Diese in der Soziologie entwickelte Methode beschäftigt sich mit Fragen der Gesprächsforschung. In den letzten Jahren wurden ethnomethodologische Verfahren, insbesondere die Konversationsanalyse und von ihr abgeleitete Methoden, auch auf psychotherapeutische Gespräche angewendet (Streeck 2004; Peräkylä 2004; Peräkylä et al. 2008). Das Aufschlussreiche dieser Verfahren im Zusammenhang mit der Frage nach Subjektivität in der psychoanalytischen Forschung besteht darin, dass nicht allein die Subjektivität des Behandelnden respektive des Forschers als von Belang betrachtet wird. Vielmehr interessieren sich die Anwender interaktionsanalytischer Verfahren dafür, wie die beiden Gesprächspartner den jeweiligen Gesprächsbeitrag des Gegenübers – subjektiv – verstanden haben. Eine der methodologischen Prämissen der Konversationsanalyse ist die Annahme, dass Gesprächsteilnehmer einander aufzeigen, welchen Sinn und welche Bedeutung sie ihren Äußerungen wechselseitig zuschreiben (die sogenannte »Display«-These; vgl. Deppermann 2001). Diese Aufzeigeleistungen stehen den Untersuchern genauso zur Verfügung wie den Interagierenden. Der Grundsatz lautet: Alles, was interpretiert wird, muss für den Forscher hör- und sichtbar sein (Streeck 2004). Anders als bei ausschließlich psychoanalytisch-hermeneutischen Verfahren, die sehr direkt Aussagen über mutmaßliche intrapsychische Vorgänge der am psychotherapeutischen Prozess Beteiligten formulieren, geht es im Rahmen ethnomethodologischer Verfahren darum, die Prinzipien zu rekonstruieren, an denen sich die Beteiligten selbst beim Handeln und Interpretieren im Gespräch orientieren. Dies soll an wahrnehmbaren, der Beobachtung zugänglichen Merkmalen ausgewiesen werden. Die Konversationsanalyse interessiert sich deshalb für die »Oberfläche« des Gesprächs. Das heißt aber nicht, den Gesprächsteilnehmern wären diese Prinzipien bewusst. Vielmehr eignet sich diese Herangehensweise dazu, sichtbar zu machen, welche latenten interaktiven Muster Gesprächsteilnehmer etablieren. Damit bildet sie eine empirienahe methodische Grundlage für psychoanalytisch-hermeneutische Aussagen zu dieser Art der Fragestellung.

Aus wissenschaftstheoretischer Sicht besteht in dieser Vorgehensweise der große Vorteil gegenüber schwer nachvollziehbaren subjektiven Gegenübertragungsreaktionen des behandelnden Analytikers. Werden diese in den Vordergrund gestellt, kann der Leser sie entweder glauben oder nicht. Mit der hier skizzierten gesprächsanalytischen Vorgehensweise entsteht ein Ausmaß an Öffentlichkeit, das sich nicht auf innere Einstellungen im Sinne vermuteter mentaler Zustände stützt, sondern auf nachvollziehbare Interaktionen. Es gilt der Grundsatz: Interaktive Ereignisse werden durch interaktionale Größen erklärt. Das Explanans gehört zur gleichen ontologischen Domäne wie das Explanandum. Es gibt keinen Rückgriff auf verborgene Persönlichkeitsstrukturen, Motive oder Ähnliches als Erklärungen. Mit anderen Worten: Alles wird an den interaktiven Konsequenzen gemessen. Die Analysehaltung ist die der »ethnomethodologischen Indifferenz«, also ein technischer Blick mit hermeneutischem Anliegen, unter Verzicht auf Beurteilungen (Deppermann 2001). Die funktionale Gesprächsanalyse ist keine Intentionsanalyse. Nicht in den Kopf der Beteiligten, sondern auf die Konsequenzen der Gesprächspraktiken schauen, heißt die Devise. Die Aufgabe der Gesprächsanalyse ist es, »die Interaktion soweit als möglich als sich selbst interpretierendes Geschehen« zu behandeln und diese »Aktivität der Gesprächsteilnehmer so zu explizieren, dass das Geschehen als sinnvolles und systematisch geordnetes verständlich wird« (ebd., S. 51). Hintergrund dieser Aufgabenstellung ist die Tatsache, dass Gesprächsteilnehmer auf der Basis stillschweigend geteilter Praktiken kooperieren und Interpretationen nur so weit verdeutlichen, als es zur Sicherstellung der kommunikativen Aufgabe notwendig ist.

Streeck (2004) nennt die Anwendung der Ethnomethodologie respektive der Konversationsanalyse auf die Psychotherapie »Mikroethnografie der Psychotherapie« oder »Mikropsychotherapie«. Damit werden die subtilen Mittel untersucht, mit denen Patient und Therapeut ihre soziale Welt in der psychotherapeutischen Situation hervorbringen, ihre Interaktion gestalten und regulieren, während sie erzählen und einander etwas mitteilen. »Mit der Art, *wie* sie sich äußern, wenn sie etwas mitteilen, verhalten sie sich zueinander, regulieren ihre Interaktion und gestalten ihre Beziehung« (ebd., S. 92). Mit dieser Aufgabenbeschreibung werden sowohl subjektive wie auch objektive

Kriterien berücksichtigt. Aus psychoanalytischer Sicht neu ist, dass die Subjektivität beider Interaktionspartner interessiert, nicht nur diejenige des Behandelnden. Dies stellt eine wesentliche Verschiebung der Perspektive dar, wie sie oft unter dem Stichwort »von der Ein- zur Zwei-Personen-Psychologie« gefasst wird. Klar ist, dass damit die Untersuchungsrichtung eine andere ist als bei den klassischen psychoanalytischen Fallnovellen. Untersuchungsgegenstand hier ist die Interaktion, nicht das individuelle Verhalten in Anwesenheit des anderen.

Exkurs: Psychoanalyse und Interaktion

Die psychoanalytische Therapie als »Ein-Personen-Psychologie« meint, dass die Rollenverteilung zwischen Patient und Therapeut relativ klar festgelegt ist: Der Patient bringt seine unbewussten verinnerlichten Beziehungskonflikte in die Therapie und projiziert sie buchstäblich wie ein Filmprojektor auf den Therapeuten. Letzterer nimmt in diesem Modell die Rolle einer »weißen Leinwand« ein, auf welcher der Patient seine Konflikte, seine innere Dramaturgie abspielen kann. Die Haltung des psychoanalytischen Therapeuten ist dabei die des möglichst neutralen und abstinenten Zuhörers – in der Meinung, dass dadurch das unbewusste Material des Patienten möglichst unverfälscht zum Vorschein kommen könne. Mehr und mehr hat sich dieses Modell als Illusion erwiesen, und der aktive Beitrag des Therapeuten wurde im Laufe der Zeit stärker gewichtet, was mit dem Begriff der »Zwei-Personen-Psychologie« zum Ausdruck gebracht wird. So geht beispielsweise Sandler (1976) von einem erweiterten Übertragungsbegriff aus, der nicht nur die illusionäre Wahrnehmung einer anderen Person umfasst, sondern auch die Tatsache mit einschließt, dass der Patient in der Übertragung versucht, den Analytiker zu bestimmten Verhaltensweisen, in eine bestimmte Rolle zu drängen. Die Übertragung besteht demnach in dem Versuch des Patienten, zwischen sich und dem Therapeuten eine (entsprechende) Interaktion durchzusetzen und damit unbewusste Beziehungsmuster mit dem Therapeuten zu aktualisieren. Während es im dargestellten Modell der strikten Abstinenz darum geht, diesen unbewussten Rollenzuweisungen möglichst nicht zu erliegen, ist das Anliegen eines interaktiven Verständnisses nicht mehr, diese mögliche Verstrickung aufgrund von Gegenübertragungsimpulsen tunlichst zu vermeiden. Vielmehr wird die Bereitschaft des Therapeuten, die ihm zugedachten Rollen anzunehmen, durchaus als nützlich angesehen. So ist bei Sandler die Rede von einer »Rollenspiel-Bereitschaft« des Analytikers und »der kontrollierten Übernahme der Rolle, die ihm der Patient aufzwingt« (Sandler 1976, S. 302). Der Wandel in der Betrachtung solcher Phänomene zeigt sich auch in der veränderten Bewertung zweier Begriffe, die mit dem Rollenkonzept Sandlers in engem Zusammenhang stehen: *Agieren* und *Enactment*.

Klüwer (1995) konnte zeigen, dass im Anschluss an den IPV-Kongress in Kopenhagen 1967 zwei Versionen des Begriffs »Agieren« gebraucht wurden: Zum einen wurde darunter ein Wiederholen von Verhaltensweisen als Wiedererleben von Impulsen und Affekten (statt Erinnern) verstanden und bemerkenswerterweise eher positiv konnotiert. Diese erste Version wurde später oft vergessen und als Übertragung verstanden. Die zweite Version wurde als Scheitern der analytischen Bemühung betrachtet: Agieren, das sich im motorischen Handeln Bahn breche, wurde entsprechend negativ konnotiert. In der weiteren Entwicklung des Bedeutungsraums des Agierens wurde dann zuerst vor allem die zweite Auffassung vertreten. Es fand eine enorme Ausdehnung auf alles impulsive, irrationale, destruktive und unkontrollierte Handeln statt. Die negative Bedeutung der dargestellten zweiten Version wurde verstärkt, während die erste fast unberücksichtigt blieb. Erst in einem zweiten Schritt fand eine Rückbesinnung auf die erste Fassung statt: vom Widerstandsphänomen hin zur Tendenz in Richtung eines informativen Aspekts.

Der wesentlich neuere Begriff des »Enactment« zeigt die Nähe zu Sandlers Rollenkonzept: Enactment heißt so viel wie »aufführen auf der Bühne, eine Rolle spielen«. In fast allen psychoanalytischen Situationen kommt Enactment vor. Situationen mit Enactment-Charakter »entstammen unbewussten Quellen beider Teilnehmer. ›Enactments‹ seien jene Momente, über kurze bis dauerhafte Zeitspannen sich erstreckend, in denen die Handlung des Patienten im Dienste eines Übertragungswiderstandes mit dem Widerstand des Analytikers interagiere« (Klüwer 1995, S. 65). Durch diesen Begriff wird nun in aller Deutlichkeit eine Zwei-Parteien-Interaktions-Situation gekennzeichnet. Wenn Enactments bewusst gemacht werden, können sonst unbewusst bleibende stille Übereinkünfte zwischen Analytiker und Patient erkannt werden. Es hängt also alles davon ab, ob es dem Analytiker gelingt, Phänomene des Enactment bewusst zu machen.

Grundsätzlich wird den diskutierten Konzepten also deshalb eine nützliche Funktion zugeschrieben, weil sie unter dem Gesichtspunkt der Information über unbewusste Beziehungskonstellationen des Patienten betrachtet werden können. In neuester Zeit gehen verschiedene Autoren noch einen Schritt weiter. Pflichthofer (2008) bedient sich des Konzeptes der Performanz und des Performativen, um die Beziehung zwischen Patient und Therapeut in psychoanalytischen Therapien zu erfassen. Sie geht davon aus, dass mit diesem Konzept die Rollen vom Patienten als Akteur und dem Therapeuten als Zuschauer respektive Zuhörer nicht mehr eindeutig festgelegt sind, ohne dass die bestehende Asymmetrie beider Beteiligten geleugnet werde, was ganz auf der Linie der bisher vorgestellten Konzepte liegt. Das Neue am Modell der Performanz besteht darin, dass zusätzlich zum rein informativen Gehalt der gemeinsamen Aufführung von Patient und Therapeut die Haltung vertreten wird, eine solche gemeinsam inszenierte Wiederholung sei notwendig, damit sich überhaupt etwas verändern könne. »Das *Agieren* eines Analysanden und das *Re-Agieren* seiner Analytikerin kann dann nicht nur als notwendiges Übel, ›um etwas besser zu verstehen‹, sondern auch ganz konkret als neue gelebte Erfahrung betrachtet werden« (Pflichthofer 2008, S. 38). Der so als performativer Akt verstandene analytische Prozess ist eine Weiterentwicklung der Konzepte des szenischen Verstehens von Argelander (1970) und Lorenzer (1970) bzw. Lorenzer und Prokop (2006) und geht über dasjenige des Enactment als reiner Informationsquelle hinaus, indem »ein solches ›Mitagieren‹ auch neue Bedeutungen schaffen und gerade dadurch aus der Wiederholung herausführen kann« (Pflichthofer 2008, S. 45). Es brauche beide Teilnehmer, um auf der psychoanalytischen Bühne etwas, das der Patient als Rudiment von Text, Gerüchen, Geräuschen und Gefühlen erinnere, zum Leben zu erwecken. Das heißt, es wird nicht nur etwas zur Darstellung gebracht (inszeniert), sondern »überhaupt etwas kreiert, geschaffen, erzeugt« (ebd., S. 49).

Was nun für die psychoanalytische Psychotherapie grundsätzlich gilt, nämlich dass es sich um eine Interaktion zwischen zwei Beteiligten handelt, gilt erst recht für den Aspekt der Traummitteilung und des Traumdialogs. Wie verschiedentlich gesehen, handelt es sich um eine ausgesprochen dialogische Anordnung, die auf Interaktion hin angelegt ist. Mit dieser fundamentalen, aber doch recht allgemein formulierten Grundkonzeption ist noch nicht gesagt, wie diese Rollenverteilungen und gegenseitigen Positionszuweisungen im Einzelnen ablaufen. Streeck (2004) hat in verschiedenen Arbeiten gezeigt, wie sich die sozialen Praktiken, die Patient und Therapeut verwenden, um ihre Interaktion abzuwickeln und ihre Szenen zu konstituieren, mikroanalytisch rekonstruieren lassen. Die Methoden zur Untersuchung solcher Fragestellungen sind die Gesprächsanalyse für die detaillierte Analyse der schrittweise von beiden Beteiligten organisierten Interaktionen und die Positionierungsanalyse für eine genaue Betrachtung der gegenseitigen Positionierungsprozesse.

2.5 Gespräche analysieren

Die Gesprächsanalyse interessiert sich für die Art und Weise, wie Menschen Gespräche führen, mit anderen Worten für die Explikation einer Gesprächspraktik. Dazu gehört »die genaue Darstellung, wie Gesprächsteilnehmer handeln, und die Rekonstruktion ihrer Funktion, wozu also das Handeln dient« (Deppermann 2001, S. 10). Die Gesprächsanalyse als Untersuchungsmethode beruht im Kern auf der Konversationsanalyse. Darüber hinaus werden aber auch vermehrt »inhaltlichere Interessen« berücksichtigt sowie ethnografische Daten und die Rolle von Variation und Kontextwissen im Forschungsprozess. Damit wird die Konversationsanalyse ergänzt durch Erkenntnisse der interaktionalen Soziolinguistik, der *discursive psychology*, der *grounded theory* und der objektiven Hermeneutik. Für die Wahl der Gesprächsanalyse im Rahmen dieser Studie spricht ihre Nähe zu interpretativ-hermeneutischen Aussagen, die größer ist als die der eher formal ausgerichteten Konversationsanalyse. Im Zusammenhang des zu bearbeitenden Themenkomplexes würde eine strikt konversationsanalytische Arbeitsweise beispielsweise folgende Fragestellungen untersuchen: Was zeichnet einen Dialog über einen berichteten Traum formal aus? Oder: Wie macht die Analysandin sprachlich deutlich, dass sie am Ende ihrer Traumschilderung angekommen ist und nun vom Analytiker eine Reaktion auf ihre Schilderung erwartet? Es wäre dies eine klassische Untersuchung zur Frage nach sprachlichen Markern, die einen Redewechsel initiieren sollen. In dieser Untersuchung geht es aber um mehr als um sprachlich formale Eigenarten des Traumdialogs. Nicht nur wie bestimmte Gesprächspraktiken angewandt werden, sondern in erster Linie *wozu* ein Traum berichtet wird, ist Gegenstand des Interesses. Die Gesprächsanalyse gehört somit zur interpretativen beziehungsweise qualitativen Sozialforschung und grenzt sich ab von linguistischen Ansätzen wie etwa der linguistischen Pragmatik sowie auch von der empirisch-analytischen Sozialwissenschaft, die unter Empirie quantifizierbare Daten versteht und durch standardisierte Verfahren vorab festgelegte Hypothesen prüft. Die Gesprächsanalyse verzichtet auf apriorische Hypothesen. Es geht ihr darum, die eigentümlichen Strukturen im Gespräch zu entdecken. Sie verfolgt also einen explorativ-heuristischen Ansatz.

Die Grundlage gesprächsanalytischer Untersuchungen ist die sequenzielle Ordnung des Gesprächs. Äußerungen positionieren sich vor einem doppelten zeitlichen Horizont. Sie stehen selbst in einem Kontext (davor; *context-shaped*) und bilden einen neuen Kontext (danach; *context-renewing*). »Die Interpretation eines Gesprächszugs ist dann gültig, wenn gezeigt werden kann, dass diese Interpretation und die Handlungsprinzipien, die ihr zugrundeliegen, für die Interaktanten selbst im weiteren Gesprächsverlauf handlungsleitend sind« (Deppermann 2001, S. 70). Die psychotherapeutische Interaktion nach dieser Struktur zu untersuchen heißt eine Schritt-für-Schritt-Perspektive einzunehmen (vgl. Streeck 2004, S. 71). Jede Äußerung bildet eine eigene Sequenz. Mehrere der im Folgenden dargestellten Analyseaspekte können zum gleichen Ergebnis führen. Eine Sequenz wird sozusagen aus »verschiedenen Perspektiven vermessen« (Deppermann 2001, S. 54). Das heißt, es ist nicht so gedacht, dass man die einzelnen Analyseschritte hintereinander einsetzt. Auch wenn also die Gesprächsanalyse darauf abzielt, allgemeine Prinzipien und Vorgehensweisen systematisch darzustellen, die in jeder Untersuchung angewendet werden können, heißt das nicht, jedes Gespräch sei nach dem gleichen Formalismus zu untersuchen. Vielmehr sind die dargestellten Methoden und Herangehensweisen als eine Art Werkzeugkasten gedacht: Manche Angebote sind je nach Material und Fragestellung brauchbarer als andere. Richtungsweisend für die Sequenzanalyse sind die folgenden drei Fragestellungen: Was wird dargestellt? Wie wird etwas dargestellt? Und vor allem: Wozu wird das jetzt so dargestellt? Die letzte ist die grundlegende Frage für die hier gewählte funktionale Betrachtungsweise, denn sie »erstreckt sich [...] auf die oftmals latenten kommunikativen und interaktiven Funktionen« von Gesprächen (Lucius-Hoene/Deppermann 2004, S. 182). Bei der Beantwortung dieser Wozu-Fragen helfen vier Analysestrategien, die als Auswahl aus dem »gesprächsanalytischen Werkzeugkasten« den untersuchten Gesprächspassagen zugrunde liegen.

Variationsanalyse

In jedem Gesprächsverlauf gibt es mehrere Handlungsmöglichkeiten. Die Variationsanalyse stellt die Frage, nach welchem Prinzip der Sprecher gerade diese Alternative aus dem Repertoire an Möglichkeiten auswählt, die in diesem Gesprächsmoment bestanden. Die methodische Vorgehensweise besteht also aus dem »Vergleich des Faktischen mit dem Möglichen« (Deppermann 2001, S. 90). Es stellt sich die Frage: Welche Optionen wurden nicht gewählt? Welche potenziellen Varianten wurden nicht aktualisiert? Und welche Konsequenzen ergeben sich daraus für den weiteren Gesprächsverlauf?

Kontextanalyse

Äußerungen in einem Gespräch sind keine isolierten Sätze, sondern Züge in einem Interaktionsprozess. Sie beruhen auf einem Verständnis der Gesprächssituation, die sich bis zum gegenwärtigen Moment entwickelt hat. Daraus lassen sich drei Fragestellungen voneinander abgrenzen:

1. Was geht einer fokalen Äußerung voraus?
2. Wie bezieht sich die fokale Äußerung auf Vorangegangenes?
3. Welche Voraussetzungen werden mit der fokalen Äußerung gemacht? In welcher Situation sagt man so etwas? In welche Geschichte passt diese Äußerung? Welche Kontexte werden implizit als relevant für die Interpretation angesetzt?

Es gilt das Prinzip des »post hoc ergo propter hoc«: Soweit der Erzähler nichts Gegenteiliges sagt, ist das Spätere als Folge des zuvor Dargestellten zu verstehen (Lucius-Hoene/Deppermann 2004, S. 187). Gerade bei institutionellen Kontextbedingungen ist zu beachten, dass deren Relevanz nicht gleich bleibt. Besonders fruchtbar ist hier die Frage nach der Funktion von Kontextwechseln: »Wozu dient es, dass der Erzähler an dieser Stelle diesen Kontext aufruft?« (ebd., S. 190)

Analyse der Folgeerwartungen

Wie weiter oben gesehen, steht jede Äußerung vor einem doppelten zeitlichen Horizont: Sie orientiert sich an einem vorangehenden Kontext und bildet selbst einen Kontext für folgende Äußerungen. Das Verhältnis zwischen Folgeerwartung, die durch einen fokalen Beitrag A in Kraft gesetzt wird, und dem tatsächlichen Anschlussbeitrag B kann drei Formen annehmen:

1. Eine präferierte Folge: B erfüllt die entsprechende Erwartung von A.
2. Eine dispräferierte Folge: B zeigt A, dass B die entsprechende Erwartung kennt, ihr aber nicht nachkommen kann oder will.
3. Eine ignorierende Folge: B löst die Erwartung nicht ein, ohne zu markieren, dass B die Abweichung ihres Tuns vom Erwarteten wahrnimmt.

Ziel ist die Rekonstruktion der Folgeerwartungen anhand der folgenden Äußerungen, also der interaktiven Konsequenzen. Die Leitfrage lautet: Welche Reaktionen und Fortsetzungen werden durch eine Äußerung nahe gelegt oder erschwert?

Interaktive Konsequenzen

Die genaue Analyse der interaktiven Konsequenzen stellt die wichtigste Analyseaufgabe dar, die Frage also: Welche Reaktionen folgen auf eine fokale Äußerung? Formal geht es um einen Dreischritt: Die erste Position stellt die fokale Äußerung dar. Die zweite Position wird durch die Reaktion der Gesprächspartner realisiert. In der dritten Position reagiert der Produzent der fokalen Äußerung auf die Reaktion der Partner. Dieser Dreischritt »stellt die systematische Grundstruktur der Herstellung von Intersubjektivität im Gesprächsverlauf dar: Die Gesprächsteilnehmer verdeutlichen einander wechselseitig ihre Interpretation eines fokalen Elements, und sie zeigen einander, wie sie die Interpretationen des Gesprächspartners verstanden haben und ob diese im Einklang mit der eigenen ist« (Deppermann 2001, S. 74). Der Vorteil dieser intersubjektiven Sichtweise besteht in ihrer »Öffentlichkeit«, das heißt, »sie besteht in einem allen Beteiligten zugänglichen sequentiellen Hör- und Sehereignis des Aufeinander-Bezug-Nehmens und nicht in einem geteilten mentalen Zustand oder in bloß spekulativer oder auf Vorwissen beruhender Einfühlung« (ebd.).

2.6 Position beziehen und zuweisen

Als zweiter, die Gesprächsanalyse ergänzender und vertiefender Zugang kommt die Positionierungsanalyse zur Anwendung. Mit dem Konzept der Positionierung ist ein Aspekt der Sprachhandlungen gemeint, mit denen Interaktanten sich soziale Positionen und Identitäten zuweisen (Lucius-Hoene/Deppermann 2004; Harré/van Langenhove 1999; Bamberg 2007). Zum ersten Mal eingeführt wurde das Positionierungs-Konzept von Hollway (1984) in ihrer Analyse der Konstruktion von Subjektivität bei heterosexuellen Beziehungen. Die Analyse der Positionierungsakte ermöglicht die Erschließung zentraler Bereiche der narrativen Identitätsarbeit, indem anhand von sprachlichen Äußerungen herausgearbeitet wird, »wie Interaktanten den sozialen Raum bestimmen und ihre jeweilige Positionen darin festlegen, beanspruchen, zuweisen und aushandeln« (Lucius-Hoene/Deppermann 2004, S. 196). Interaktive Mechanismen werden hier also unter einer funktionalen Perspektive betrachtet.

Positionierung umfasst immer zwei Aspekte: einen Aspekt der Selbstpositionierung und einen der Fremdpositionierung. Beide Aspekte sind als sprachliche Handlung miteinander verwoben. Jeder Positionierungsakt im Hinblick auf den einen Interaktionspartner hat gleichzeitig immer auch eine Komponente in Bezug auf den anderen. Wenn ich also beispielsweise einen anderen lobe, positioniere ich mich gleichzeitig als jemand, der den Anspruch erheben kann, Lob auszuteilen. An diesem Beispiel wird deutlich, dass jede Selbstpositionierung dem anderen in Relation zur Position, die ich ihm gegenüber beanspruche, automatisch auch eine Identität zuweist.

Positionierungsakte können an verschiedene Momente auf unterschiedlichen Ebenen anknüpfen:

- an persönliche Attribute oder Motive (ein Patient als leidender Mensch);
- an soziale Rollen oder Ansprüche (ein Hilfsappell an einen behandelnden Arzt);
- an eine moralische Ordnung (Leidende haben Anspruch auf ärztliche Behandlung).

Positionierungen können des Weiteren direkt und explizit oder indirekt und implizit stattfinden; in der letzteren, eher verborgenen Gestalt sind sie der

Interpretation des anderen überlassen. Positionierungsakte vollziehen sich auch dann, wenn sie nicht intendiert sind, wenn also die Aufmerksamkeit und Absicht des Sprechers auf andere Sinndimensionen der Äußerung gerichtet werden. Ein Hörer kann auf jede Äußerung in Bezug auf die damit verbundenen Positionierungen reagieren. So kann ich zum Beispiel auf ein Lob abwehrend reagieren, weil ich der Meinung bin, dass die lobende Person eigentlich nicht in der sozialen oder moralischen Position ist, mich zu loben. »Positionierung ist also ebenso Beanspruchung wie Herstellung von Identität« (Lucius-Hoene/Deppermann 2004, S. 200). Positionierungshandlungen können einander unterstützen oder zurückgewiesen werden. Dadurch schaffen die beteiligten Personen für sich und die jeweils anderen

> »lokale, d.h. für diesen Stand der Kommunikation geltende Identitäten [...]. So kann sich als Resultat eine gelungene *joint action* etablieren, ebenso können die Interaktionspartner aber auch je eigene Positionierungsziele verfolgen, weil die Interessen und Kommunikationsziele differieren oder der jeweilige Erfahrungshintergrund zu diskrepanten Interpretationen der Situation und dem, was in der Interaktion Sache sein soll, führt« (ebd.).

Das Positionierungskonzept wird meist als dynamische Alternative zum Rollenkonzept verstanden (zum Rollenkonzept vgl. Sandler 1976). Als »a dynamic alternative to the more static concept of role« (Harré/van Langenhove 1999, S. 14) umfasst es weit mehr als nur Rollenattribute – es trägt vor allem auch der prozesshaften Entwicklung von Identitätsaspekten und -zuweisungen während einer Interaktion Rechnung. »Positionen erschöpfen sich also meist nicht nur in den manifesten sprachlichen Attribuierungen, sondern sind befrachtet mit dem jeweiligen autobiografischen Erfahrungshintergrund eines Sprechers« (Lucius-Hoene/Deppermann 2004, S. 201).

Im Rahmen dieser Studie erscheint die Positionierungsanalyse als geeignetes Bindeglied zwischen textnaher Untersuchung und den entsprechenden psychodynamischen Interpretationskategorien und Konzepten wie Rollenzuweisung, Co-Agieren, Enactment (vgl. 2.2). Ihr großer Vorteil besteht darin, dass Positionierung als Konzept ausdrücklich vom sprachlichen Format ausgeht; anders als die erwähnten psychoanalytischen Konzepte, die diese Interaktionsformen meist dem nichtsprachlichen Bereich zuordnen. Dies hat oft zur Folge, dass beim Orten der entsprechenden Mechanismen die Rede von »frühen«, ja eigentlich präverbalen Phänomenen ist, was wiederum schnell mit einer »frühen Störung« in Verbindung gebracht wird. Die Entdeckung, dass solche Formen von Interaktion stattfinden, auch bei nicht früh gestörten Menschen, ja gar bei solchen, die sich überhaupt nicht durch eine psychische Störung auszeichnen, ist der große Vorteil dieses Positionierungskonzepts, das unter anderem auch im Zusammenhang mit autobiografischen Interviews, also außerhalb eines klinischen Kontexts, Anwendung findet (Lucius-Hoene/Deppermann 2004).

3 Exemplarische Gesprächsausschnitte zum Umgang mit dem Traum

In diesem Abschnitt wird anhand dreier Gesprächsausschnitte in die Fragestellung eingeführt. Es werden drei Beispiele vorgestellt, die deutlich machen, dass der interaktive Umgang mit dem berichteten Traum recht unterschiedlich aussehen kann. In der Gesamtschau der Analyse Amalies wird aber doch eine Tendenz sichtbar, die am Ende von Kapitel 3 als Befund formuliert und in Gestalt einer konkretisierten Fragestellung ausdifferenziert wird.

3.1 Der Umgang mit der Traummitteilung (Stunde 6)

Die vorliegende Arbeit interessiert sich dafür, wie die beiden Gesprächspartner (P = Amalie; T = Analytiker) in der analytischen Stunde mit dem erzählten Traum umgehen. Diese Perspektive wird anhand der ersten Stunde, in der ein Traum mitgeteilt wurde, erläutert.

1	P:	ich hab so verrückt geträumt ich wollte noch [ein]
2	T:	[h=hm]
3	P:	schlafmittel nehmen und
4	T:	h=hm
5	P:	ich dachte also vor der prüfung war das ja jedes jahr eine ganz schlimmes
6		eine schlimme nacht und dann wachte ich so alle stunde auf gegen morgengrauen (.) um drei (--)
7		um vier und so (2.0)
8		da kam dann die schwiegermutter meines bruders und (--) die sagte so ich hab euch
9		ein schönes diktat gemacht und die (-) setzte sich ans klavier ((lacht)) und (.) ich glaub

10		bei uns zu hause (.) und und hat so ein liederbuch aufgemacht (--) und hat sie den text rausgeholt.
11		und das war ein ganz blöder text (.) und es war aber noch ein anderer text vorbereitet worden
12		ich weiß aber nicht mehr von wem (3.5) und dann kam ein anderer traum dazwischen
13		der ging dann sehr lang ((flüstert)) aber so direkt angst hatte ich eigentlich gar nicht davor
14		sondern ( ) das unangenehme gefühl es kann schief gehen und

Passage 1[2]

Der Analytiker reagiert als Erstes auf die im Traum auftauchende Figur der Schwiegermutter.

1	T:	ja aber dadurch daß die schwiegermutter auftauchte
2	P:	(lacht) [meines bruders ja]
3	T:	[ihres eh ihres bruders] waren Sie eh quasi selbst die gep- die ein prüfling nicht offenbar.
4	P:	ja (lebhaft) [weil]
5	T:	[h=hm]
6	P:	sie hat mir den text [vorgeschrieben]
7	T:	[ja jaja]
8	P:	oder vorgelegt und wollte mir den eigentlich aufsingen [nicht?]
9	T:	[h=hm]
10	P:	eh denn es war schon ein text vorHANDEN des ja sie saß da auf dem stuhl und drehte sich da so rum
11		(.) und zog hinten den text raus. (1) nun gott meine mutter hat vor vor ein paar tagen angerufen (.) und
12		hat da von der schwiegermutter gesprochen (3.5) deswegen kam die figur irgendwie rein aber (1)
13		(ich mein sicher hat sie mir (.) vorschrift gemacht FREIlich fühle ich mich gePRÜFT das ist ganz klar
14		(h.) das ist ja jedes jahr dasselbe (.) theater. ich wILL ja auch mal ruhe haben mal und einen anfang. und nicht immer
15		diese oberklassen nehmen und dann (.) da rumbügeln und und und zittern und

Passage 2

2 Die Gesprächspassagen werden gemäß den Transkriptionsregeln von Selting et al. (1998) wiedergegeben (s. Anhang).

Amalie geht auf diese Figur zwar kurz ein, aber sie tut dies vor allem dadurch, dass sie sich fragt, wie diese in den Traum kommt – und sie hat eine Antwort darauf: Ihre Mutter habe vor ein paar Tagen angerufen und von der Schwiegermutter gesprochen, »deswegen kam die figur irgendwie rein« (Z. 12). Damit beantwortet Amalie (für sich) die Frage, warum die Figur im Traum auftaucht. Sie beschäftigt sich dann inhaltlich mit ihr in einer offenbar widerwilligen Art der Affirmation der Frage des Analytikers nach der im Traum dargestellten Prüfungssituation (Z. 11ff. »nun gott«, »sicher«, »freilich« und das Seufzen). Der Frage, was diese Figur im Traum für eine Bedeutung haben könnte, geht sie nicht weiter nach. Es folgt ein langer Abschnitt, in dem sie über ihre Arbeit als Lehrerin spricht. Zum Traum wird kein weiterer Bezug hergestellt.

Der Analytiker versucht dann im folgenden Abschnitt erneut, die Aufmerksamkeit weg vom Schulalltag auf den Traum zu lenken, und zwar auf das gleiche Moment und mit fast den gleichen Worten (vgl. Z. 4 in *Passage 3*):

1	P:	und es kam dann von ner anderen klasse die ich früher mal hatte die hörten das (--) die hat auch so
2		schlecht abgeschnitten und die hat- die haben das gehört da kamen dann auch manchmal fünf (--)
3		dann waren es also(.) die paar mal im schnitt vielleicht acht.
4	T:	aber das problem ist eben daß sie was ja auch der traum aufgreift daß SIE eh (-) auch eh (.) prüfling sind.
5	P:	JA
6	T:	h=hm
7	P:	absoluter prüfling [wissen Sie]
8	T:	[h=hm]
9	P:	bei den eltern [auf jeden fall]
10	T:	[und noch mehr eben] sich
11	P:	[he (stimmt)]
12	T:	[selbst aus ihrem] (.) erleben heraus (das ist ja ne situation) die sich sehr dazu eignet daß sie dann noch
13		(--) im höchsten maße sich als prüfling (-) erleben.
14	P:	wissen sie aber (.) ich glaub da bin ich ziemlich normal das sind eben meine kollegen [doch wohl auch].
15	T:	[ja ist auch] (--) ist [auch sehr schwierig ja h=hm]

Passage 3

Mitten in den Kontext des Schulalltags (Z. 1–3) hinein formuliert der Analytiker ein »Problem« (Z. 4). Dieses bestehe darin, dass Amalie auch Prüfling sei. Damit wird der Schulkontext explizit mit dem Traumkontext verbunden. Der

Analytiker wiederholt seine Intervention (vgl. *Passage 2*, Z. 3) von früher und gibt damit zu erkennen, dass diese seine Intervention zum Traum seiner Einschätzung nach bisher noch nicht in ausreichendem Maße besprochen wurde. Er setzt diesen Punkt und damit den Traum nochmals auf die Traktandenliste des Gesprächs. Er steigert seine Aussage dadurch, dass er ihren Inhalt nun als »Problem« bezeichnet, diesen aber nicht mehr explizit mit der Figur der Schwiegermutter verbindet wie in seiner früheren Äußerung. Seine Aussage ist nun näher am Kontext des Schulalltags, sodass sich seine Intervention nicht mehr nur auf den Traumkontext bezieht, sondern auch auf den Alltag als Lehrerin. Damit nimmt der Analytiker einen Aspekt auf, der von Amalie selbst an früherer Stelle formuliert wurde: Als Lehrerin ist man selbst zugleich auch Geprüfte, indem die Noten der Schüler auf die Leistungen der LehrerInnen schließen lassen. Diese näher am Schulalltag angesiedelte Intervention wird dann auch betont bestätigt und mit dem Attribut »absoluter Prüfling« gesteigert (Z. 7). Der Zusatz »bei den Eltern« (Z. 9) meint wohl die Eltern der Schüler und bringt zum Ausdruck, dass Amalie sich als Lehrerin zugleich als Prüfling erlebt. Interessant ist die Bemerkung in Zeile 11, die in überlappender Rede geäußert und dadurch nicht sicher zu verstehen ist. Wenn die hier wiedergegebene Fassung (»he stimmt«) aber zutrifft, handelt es sich um eine verspätete Reaktion auf die Intervention des Analytikers: Erst jetzt realisiert Amalie, dass sie nicht nur als Lehrerin zugleich Geprüfte ist, sondern auch im Traum, und dass es da offenbar einen Zusammenhang gibt zwischen Wach- und Traumwelt. Das kurze lachende »he« zusammen mit dem affirmativen »stimmt« bringt dann ein Moment subjektiver Evidenz des Zusammenhangs zwischen Traum und Alltag zum Ausdruck. Die ersten affirmativen Reaktionen (Z. 5–10) auf das Prüfling-Sein bezogen sich offensichtlich nur auf den Lehrerinnenkontext.

Da sich die Redebeiträge in dieser Passage (Z. 7–12) so stark überschneiden, kann nicht davon ausgegangen werden, dass der Analytiker auf den Zusatz (»bei den Eltern auf jeden Fall« in Zeile 9) reagiert. Die rasche und vorbehaltlos affirmative Reaktion Amalies in Zeile 5 ist ihm aber Indiz genug, dass sie seine Intervention nicht auch auf den Traum bezog. Ihm geht es um »mehr« (Z. 10) als um den von Amalie dargestellten Schulkontext; ihm geht es (auch) um den Traum (Z. 4). Die Fortführung in Zeile 12 lässt offen, ob es ihm auch jetzt um den Traum geht. Unklar bleibt auch, was der Analytiker in Zeile 10 (»noch mehr«) und jetzt in Zeile 13 (»im höchsten maße […] prüfling«) meint. Beziehen seine Äußerungen sich auf die Traumszene mit der hochspezifischen Figurenkonstellation Ich-Figur, Bruder und *dessen* Schwiegermutter (vgl. Mathys 2006, S. 143ff. zur inhaltlichen Konfliktanalyse dieses Traums)? Der schwer verständliche Ausdruck »das ist ja ne situation« (Z. 12) bleibt unbestimmt; es ist der Analysandin anheimgestellt, wie sie ihn versteht. Diese bezieht ihn jedenfalls auf den Schulkontext, das wird in Zeile 14ff. deutlich. Dass sie sich als Lehrerin als Prüfling erlebe, sei nichts Besonderes, das gehe den anderen auch so.

Der zweite Anlauf des Analytikers, eine bestimmte Szene aus dem Traumgeschehen herauszugreifen und zusammen mit seiner Analysandin genauer zu betrachten, landet erneut bei der Schule, die weiterhin den dominierenden Gesprächskontext bildet. Schließlich folgt in dieser Stunde noch ein dritter Versuch des Analytikers, den Traum näher zu betrachten.

1	P:	aber ich wär lieber (.) bäcker oder oder (.) brötchenverkäufer in in (.) vielen situationen (--) meines
2		berufes weils auf die dauer (.) ganz schön (-) eh enttäuscht (-) weil man eben doch- (2.5) ich meine
3		wenn ich vierzehn in der klasse hätte dann (.) wäre auch manches natürlich anders. aber dreißig und
4		vierundvierzig und (-) also das ist nicht die abgangsklasse (.) vierundvierzig ist nun- (14) hh. tja. (2.0)
5	T:	und die (.) schwiegermutter des bruders?
6	P:	(lacht) die schwiegermutter? was die für ne rolle spielt?
7	T:	h=hm
8	P:	keine gute.
9	T:	h=hm
10	P:	das ist ne ganz bedrückende sache.

Passage 4

Erneut wird die lokale Kohärenz vom Analytiker aufgehoben. Es ist das dritte Mal, dass der Analytiker versucht, den Traum ins Gespräch zu bringen und insbesondere die Szenerie mit der Schwiegermutter zu betrachten. Es ist offensichtlich, dass der Analytiker den Traum aktiv und gegen den etablierten Kontext der Analysandin thematisiert. Nun, beim dritten Anlauf, nimmt Amalie die Figur der Schwiegermutter auf und fährt im weiteren Gesprächsverlauf fort, deren Rolle ausführlich zu erläutern.

Fazit

Die Untersuchung zeigt, dass das Prinzip der lokalen Kohärenz immer wieder vom Analytiker aufgehoben wird, indem er ohne direkten Anschluss an das vorher Gesagte auf den Traum rekurriert. Bemerkenswert ist, dass er sich keiner Fokuswechseloperatoren, Deplatzierungsmarkierungen oder Einschubsequenzen bedient (vgl. Deppermann 2001, S. 65). Dies weist darauf hin, dass für ihn die Fokussierung auf den Trauminhalt so selbstverständlich ist, dass er diese Verletzung einer kommunikativen Regel gar nicht markieren zu müssen glaubt. Dieser auffallende Verzicht auf derartige Marker lässt darauf schließen, dass der Analytiker ein bestimmtes Handlungsmuster im Umgang mit dem erzählten Traum initiiert. Der Analytiker verleiht dem Gesprächsverlauf somit eine *hierarchisch gestaffelte Makrostruktur*, bei welcher der Traum buchstäblich das Sagen hat. Er geht offensichtlich davon aus, dass er und seine Analysandin sich weiterhin ausführlich mit dem Trauminhalt beschäftigen, während dies für Amalie gerade nicht selbstverständlich ist. Sie teilt nicht die Auffassung, dass mit der Schilderung eines Traums eine implizite Selbstverpflichtung besteht, sich weiter mit dem Traum zu befassen, ihn mit zusätzlichen Einfällen anzureichern. Die beiden Gesprächspartner gehen von unterschiedlichen kontextbezogenen Annahmen dazu aus, was in der analytischen Situation nach einem Traumbericht geschehen soll.

Es ist in dieser ersten Traumstunde zu beobachten, wie der Analytiker dreimal von sich aus aktiv, und zwar ohne Anschluss an das vorher von Amalie Gesagte, den Traum auf die Agenda des Gesprächs setzt. Zweimal tut er das erfolglos, beim dritten Mal steigt seine Analysandin auf die Erkundung der Schwiegermutterfigur ein. Dieser Umgang mit dem ersten erzählten Traum ist bemerkenswert. Amalie erzählt ihn zwar, aber eher wie einen Einfall zu dem Thema, das sie allgemein beschäftigt: der Stress und das Geprüftwerden im Schulalltag.

3.2 Eine Musterstunde oder eine »State-of-the-Art«-Traumanalyse (Stunde 27)

Im Kontrast zur Analyse der Stunde 6 steht der Verlauf von Stunde 27. Hier wird ersichtlich, dass eine Zusammenarbeit mit dem Analytiker bei der gemeinsamen Betrachtung des Trauminhalts realisiert wird. Wie dies geschieht, wie die Gesprächspartner gemeinsam an einer Traumanalyse arbeiten, zeigt die Stunde 27 prototypisch. Im Folgenden sollen anhand dieser Sitzung Strukturelemente einer solchen modellhaften dialogischen Co-Konstruktion bei der Traumanalyse herausgearbeitet werden. Erst im Vergleich damit wird deutlich, dass die meisten Traumstunden Amalies charakteristisch von diesem idealtypischen Verlauf abweichen.

3.2.1 Cousine schlägt Purzelbäume

Vor der Mitteilung des Traums geht es in dieser Stunde um das Thema »Kirche«, von dem Amalie meint, es sei ein quälendes Thema für sie. Auf der anderen Seite gibt es Personen in ihrer Verwandtschaft, deren gelassene Haltung gegenüber diesem Thema sie hervorhebt: einen Onkel zum Beispiel, vor allem aber einen Bruder, der sich von der Kirche distanziert habe. Dies veranlasst den Analytiker zur Formulierung: »Sie bewundern und beneiden Ihren Bruder.« Nach einigen Kommentaren zu dieser Bemerkung, unter anderem zur Bewunderung, die ein »recht kalter Affekt« sei, folgt die Traummitteilung.

1	P:	ich hab heut nacht so einen (-) herrlichen mist geträumt (3)
2		da war meine cousine (-) und da war irgendwie- das ist (.) auch so ein bißchen die richtung
3		die kann das auch so (--) wie soll ich sagen (.) so wie mein bruder kann die das.
4		ein bißchen noch naiver unbeschwerter leben. (2)
5		ich komm da irgendwo aus einem haus raus und hatte irgendjemand eingeladen
6		konnte aber kein kaffee machen weil ich keine kaffeemaschine hatte. (lacht)
7		es war ne ziemlich verzweifelte situation.
8	T:	h=hm
9	P:	wegen dem kaffee (-) und wie ich aus dem haus rausgekommen war da hat die cousine
10		mir den ganzen eh- gastgruppe von von etwa gleichaltrigen bekannten von ihr=
11	T:	die feriencousine?
12	P:	ja ja (1) und die haben sich da plötzlich auf ner wiese eh überschlagen.
13	T:	h=hm
14	P:	die haben lauter purzelbäume geschlagen
15	T:	h=hm
16	P:	einmal nun GANZ wild und ganz eh eh spontan (--) ich bin dann an denen vorbei
17		und (-) ich weiß nicht es kam dann (.) am schluß ne frühere (.) hauswirtin von mir
18		und die hat mal (.) die bilder gebracht oder was zum schreiben. also ich kann das
19		nicht mehr genau sagen das ist bloß noch (--) ja. (8)

Passage 5

Mit der Qualifizierung des zu erzählenden Traums als »herrlichen mist« (Z. 1) wird bereits ein erster dialogischer Marker gesetzt: Der Analytiker wird darauf vorbereitet, was kommt. Kurz nachdem die eigentliche Traumhandlung begonnen hat (Z. 2), folgt ein Einschub (Z. 2–4), der darauf Bezug nimmt, was vor dem Traum verhandelt wurde: Der Kontext des gelassenen Bruders wird explizit aufgegriffen und mit der Traumfigur der Cousine in Verbindung gesetzt. Diese explizite Kontextverknüpfung zwischen Cousine und Bruder lässt darauf schließen, dass die Traummitteilung ausgelöst wurde durch die Formulierung des Analytikers »Sie bewundern und beneiden Ihren Bruder.« In Zeile 11 unterbricht der Analytiker die Erzählung und fragt nach. Er macht damit deutlich, dass er aufmerksam zuhört, mitdenkt und bereits bei der Traummitteilung einen Kontext zu dem herstellt, was in früheren Stunden zu dieser Figur der Cousine (»Feriencousine«) berichtet wurde. Amalie bestätigt kurz (Z. 12) und fährt sogleich mit der Traummitteilung fort. Mit einer für Traummitteilungen typischen Formulierung der Suchbewegung (vgl. 1.1.6 zur Rhetorik von Traummitteilungen) markiert sie das Ende ihrer Erzählung. Sie setzt noch einmal kurz ein, macht dann aber mit einem den Abschluss markierenden »ja« und durch eine längere Pause deutlich, dass sie mit ihrem Redebeitrag fertig ist und das Rederecht dem Analytiker übergibt.

Die erste Reaktion des Analytikers auf diesen Traumbericht besteht in einer Nachfrage. Seine Intervention ist also der Versuch einer Klärung: Er fragt nach, wer eingeladen wurde. Amalie klärt die Frage des Analytikers: Es waren zwei Gäste, Frau und Mann. Es folgen ein erneutes Eintauchen in die Traumbilder, eine erneute Versetzung in die Traumwelt und in diesem Zusammenhang ein erster selbstinitiierter Einfall zur Figur der Hauswirtin im Traum, zu der Erinnerungen auftauchen. Nach diesem ersten Einfall richtet der Analytiker von sich aus die explizite Aufforderung an Amalie, sich weiter mit dem Traum zu befassen.

1	T:	wenn sie so die die traumteile gedanklich (-) an sich vorbeiziehen lassen
2		was fällt ihnen dann ein dazu alles? war das=
3	P:	daß ich, den besuch das weiß ich noch
4	T:	h=hm
5	P:	daß ich den besuch (-) sehr gern (.) eh gehabt hätte.
6	T:	h=hm
7	P:	und daß es stimmt daß ich keine kaffeemaschine hab (lacht).
8	T:	h=hm h=hm
9	P:	das war in der ( ) mal so ein blödes thema.

Passage 6

Der Analytiker lenkt durch seinen Gesprächsbeitrag die Aufmerksamkeit Amalies mit einer direkten Frage auf einzelne Traumteile. Variationsanalytisch betrachtet ist diese Formulierung interessant, weil er auch mit einer weniger deutlichen Vorgabe hätte operieren können. Er hätte etwa offener formulieren können: »Was fällt Ihnen zu dem Traum ein?« Er lenkt also die Aufmerksamkeit Amalies auf einzelne Traumteile. Und er setzt an, dies noch weiter zu konkretisieren (Z. 2). Amalie übernimmt aber rasch das Rederecht, sodass er nicht zu weiteren Ausführungen kommt.

Amalie leistet dieser Aufforderung Folge, indem sie zu unterschiedlichen Szenen und Figuren Einfälle äußert. Sie realisiert damit die präferierte Folgeerwartung des Analytikers. Im Anschluss an *Passage 6* folgt eine Erzählung zum Traumrequisit der Kaffeemaschine. Dieser längere Beitrag wird in Zeile 9 eingeleitet. Der weitere Verlauf der Stunde ist dann in erster Linie geprägt durch Redebeiträge zur Figur der Cousine. Viele Erinnerungen tauchen auf, vor allem aber auch sehr affektgeladene Äußerungen: Die Cousine sei von Natur aus naiv, verklemmt, unheimlich langsam, dickköpfig. Erst mit der Zeit und nach weiteren beharrlichen Bemühungen des Analytikers stellt Amalie heraus, dass es Dinge gibt, welche die Cousine tut, die Amalie selbst nicht kann: Pläne machen und diese ohne Grübeleien durchziehen. Sie habe eine gewisse Unbeschwertheit, sie sei ein »unfertiges Talent«.

Fazit

Die Vorgehensweise des Analytikers nach der Traummitteilung ist geradezu »klassisch« (vgl. die weiter unten genannten Freud'schen Hinweise): Nach klärendem Nachfragen wird der Traum in Teile zerlegt und die Analysandin nach ihren Einfällen dazu befragt. Die Analysandin Amalie äußert solche nun in mustergültiger Weise. Außerdem wird ihre affektgeladene Beziehung zur Cousine, der Hauptperson im Traum, angereichert und verdeutlicht. Der Analytiker lenkt die Aufmerksamkeit von der wütenden Kritik auf die Hintergründe: Wie kommt sie zu dieser Kritik? Die Antwort zeigt der Traum in einer kleinen Geschichte: Hinter der Entwertung steckt Neid. Dabei ist die Bemerkung des Analytikers über das Verhältnis zum Bruder, die vor der Traummitteilung fällt, bedeutsam: »Sie bewundern und beneiden Ihren Bruder.« Im Traum ist es dann die Cousine, die beneidet wird, und es gelingt sogar, diese vermutlich hinter der Attacke stehenden Neidgefühle Amalies sichtbar zu machen.

3.2.2 Interaktionsmuster eines idealtypischen Traumdialogs

Damit können folgende Strukturmerkmale des hier in Stunde 27 realisierten interaktiven Musters identifiziert werden, die diese Stunde als »State of the Art«-Traumanalyse im Sinne einer dialogischen Co-Konstruktion auszeichnen:
P: Mitteilung des Traums

T: Erste Intervention des Analytikers: Klärung (durch gezieltes Nachfragen)
P: Klärung erfolgt durch Amalie (Antwort) als Präzisierung und Informationszuwachs
P: Erste freie Assoziation zu einer Figur im Traum
T: Aufforderung zu weiterem Assoziieren zu einzelnen Traumteilen
P: Amalie assoziiert zu vier Traumteilen; Erinnerungen tauchen auf
P: Sehr ausführliche Assoziation zu einer Traumfigur: Erinnerungen tauchen auf. Damit verbunden ist eine heftige Affektladung.
T & P: Durch die Bezüge zum Traum wird die Affektqualität der Objektbeziehung differenziert, indem Hintergründe der Affekte aufgedeckt werden

Vergleichen wir dieses empirisch herausgearbeitete Muster mit dem, was Freud als »klassische Technik der Traumdeutung« (1923) bezeichnet und am deutlichsten bei der Traumanalyse des ersten Traums von Dora (1905b) erkennbar wird. In mehreren Texten gibt Freud (1900; 1905b; 1923; 1933) auf der Basis seiner Traumtheorie ganz konkrete technische Anweisungen, wie eine Traumanalyse lege artis vor sich gehen soll:

> »Also der Patient habe einen Traum erzählt, den wir deuten sollen. Wir haben gelassen zugehört, ohne dabei unser Nachdenken in Bewegung zu setzen. Was tun wir zunächst? Wir beschließen, uns um das, was wir gehört haben, um den manifesten Traum, möglichst wenig zu kümmern« (Freud 1933, S. 9f.).

Auch wenn Freud im Folgenden die Mannigfaltigkeit der Gestaltungsmöglichkeiten im manifesten Traum zu schätzen weiß, fährt er doch folgendermaßen fort:

> »aber zunächst sehen wir von ihr ab und schlagen den Hauptweg ein, der zur Traumdeutung führt. Das heißt, wir fordern den Träumer auf, sich gleichfalls vom Eindruck des manifesten Traums frei zu machen, seine Aufmerksamkeit vom Ganzen weg auf die einzelnen Teile des Trauminhalts zu richten und uns der Reihe nach mitzuteilen, was ihm zu jedem dieser Teilstücke einfällt, welche Assoziationen sich ihm ergeben, wenn er sie einzeln ins Auge faßt« (ebd., S. 9).

Mit fast genau diesen Worten fordert der Analytiker in Stunde 27 die Analysandin zum Assoziieren auf (vgl. *Passage 6*).

Die einzelnen Elemente eines idealtypischen Traumdialogs im Sinne von Freuds klassischer Technik der Traumdeutung lassen sich folgendermaßen aufzählen und als sequenziell ablaufendes Muster gesprächsanalytisch beschreiben (Deppermann 2001, S. 75ff.):

- Traummitteilung (P);
- erste Intervention: Klärung durch Nachfragen (T);
- Klärung erfolgt durch Erläutern der Traumszenerie (P);
- Assoziationen zu einzelnen Traumteilen (P);
- Deutung (T).

Der Vergleich mit der aus Stunde 27 herausgearbeiteten Makrostruktur zeigt, wie nahe die Interaktanten in dieser dialogisch angelegten Traumanalyse dem Freud'schen Modell kommen. Der Aktivitätskomplex »Traumanalyse« beginnt mit dem von der Patientin berichteten Traum, der als fokales Element definiert wurde. Die Abgrenzung zur vorangehenden Aktivität bietet keine großen Schwierigkeiten, da die Erzählerin die Traummitteilung explizit mit den Begriffen »träumen« oder »Traum« markiert. Auch sind die Positionen zu Beginn relativ klar festgelegt: Die Patientin erzählt den Traum. Als erste Reaktion bzw. Intervention, also in der zweiten Position des gesprächsanalytischen Dreischritts, folgt darauf ein klärendes Nachfragen des Analytikers. Diesem kommt die Patientin nach, indem sie einzelne Traumszenen erläutert. Diese Sequenz wird in den untersuchten Traumstunden so oft realisiert, dass man hierbei kaum von einer Präsequenz (vgl. Deppermann 2001, S. 76) sprechen kann; sie ist vielmehr konstitutiver Bestandteil dieses Musters. Der erläuternde Teil, der zur Klärung für den Analytiker beitragen soll, geht dann in die nächste Sequenz über, in dem die Patientin Einfälle zum Traum äußert. Hier wird sie explizit dazu aufgefordert, was in den anderen Traumstunden selten der Fall ist. Zu beachten ist schließlich, dass die letzte und eigentlich essenzielle Sequenz des ganzen Traumdialogmusters, die Deutung, relativ selten in der von Freud als idealtypisch vorgelegten Form realisiert wird. Wenn überhaupt, ist es keine einseitige Realisierung durch den Analytiker, sondern wie im dargestellten Fall der Stunde 27 ein kooperativer Prozess. Diese Beobachtung deckt sich mit entsprechenden Befunden aus der Literatur: Die von Freud als »klassisch« bezeichnete Technik der Traumdeutung sei sozusagen »in Vergessenheit geraten« (Thomä/Kächele 2006a, S. 206). Der ganze Prozess der freien Assoziation werde vielmehr als gemeinsamer, auf einen Dialog hin angelegter Prozess verstanden, »wobei der Patient versucht, alle seine Gedanken und Gefühle in Worte zu fassen, und der Analytiker, von seinen eigenen Assoziationen geleitet, dem Patienten bei der Erfüllung dieser Aufgabe hilft« (ebd.). Die Autoren weisen darauf hin, dass in der umfassenden Monografie von Kris (1982) zum Thema kein einziges Beispiel einer klassischen Traumdeutung erscheint.

Solch komplexe Interaktionsmuster, in denen auch längere narrative Abschnitte vorkommen, werden aus gesprächsanalytischer Sicht als Handlungsschemata bezeichnet (Deppermann 2001, S. 53). Das oben dargestellte Muster des Traumdialogs im Sinne einer makroskopischen Gliederung eines speziellen Gesprächstyps ist durch eine Abfolge von aufeinander aufbauenden Handlungsschritten charakterisiert. So zeichnet sich der Ablauf einer Traumanalyse unter anderem dadurch aus, dass Patienten mit der Schilderung eines Traums einer Art impliziten Selbstverpflichtung (ebd., S. 69) unterliegen, dahingehend, dass nach einer Traumschilderung weitere Einfälle erwartet werden. Die Analyse des Handlungsschemas trägt nun auch dazu bei, spezifische Abweichungen von dem Muster dieses Gesprächstyps herauszuarbeiten. Die Stunde 27 wurde als Musterstunde bezeichnet, weil sie dem, was bei Freud als klassische Technik der Traumdeutung bezeichnet wird, am nächsten kommt. Dass die Realisierung dieses auf Kooperation und Dialogbereitschaft beruhenden Interaktionsmusters ein eher marginales Phänomen darstellt, werden die folgenden Ausführungen zeigen.

3.3 Trauminhalt versus kommunikative Funktion der Traummitteilung (Stunde 104)

Unter 3.1 wurde anhand des Verlaufs der ersten Traumstunde gezeigt, dass der Analytiker dem Traum eine Sonderstellung in der therapeutischen Interaktion zuweist, während er für Amalie eher als eine Gesprächsaktivität neben anderen erscheint. Als Konsequenz dieser unterschiedlichen Perspektive erscheint die erste Traumstunde als eine, die von wenig dialogischer Kooperation hinsichtlich des mitgeteilten Traums gekennzeichnet ist. Unter 3.2 wurde eine Stunde vorgestellt, in der die inhaltliche Arbeit am Traum als mustergültig dialogisch-kooperativ bezeichnet werden kann. Die für die weitere Arbeit leitende Annahme ist die, dass beide Interaktionspartner von unterschiedlichen Auffassungen ausgehen, was den Umgang mit dem Traum betrifft. Sie haben nach Moser (2003) unterschiedliche »implizite Traumtheorien«. Der Analytiker interessiert sich vorwiegend für den Inhalt, Amalie erzählt ihre Träume hingegen vorwiegend im Hinblick auf deren kommunikative und interaktive Funktion. Zur Illustration dieser unterschiedlichen Ausgangslage soll der Verlauf der Stunde 104 dienen.

In Stunde 104 spricht Amalie ziemlich am Anfang die Beziehung zum Analytiker an. Sie beschäftigt sich intensiv mit seiner Person. Anlass, um in dieser Stunde über ihre Beziehung zu sprechen, ist eine Passage in der vorangegangenen Stunde. Dort hat sie ihm gesagt, er sei momentan der wichtigste Mensch für sie. Sie spricht in der Anfangssequenz eine gewisse Irritation darüber an, dass er diese Äußerung, ihrem Verständnis nach, abgebogen oder umgeleitet, darauf gar nicht reagiert habe.

1	P:	ich muß doch (2) wenigstens hier? (-) abtasten dürfen (-) wer sind sie und wer bin ich beziehungsweise
2		ist nicht ganz richtig gefragt (.) wer sind sie .hh hh. ja das das das (.) das tangiert sehr (.) das (-) eh (-)
3		warum hört er mir zu. nicht? das ist eigentlich auch nochmal so ne frage. warum tut er das. (-) was ist
4		interesse.
5	T:	h=hm.
6	P:	was steckt da dahinter?
7	T:	h=hm.
8	P:	und und wann interessierts ihn und wann interessierts ihn weniger? das sind einfach h=hm ganz
9		natürliche fragen und und (.) wenn ich dann eben wie (lacht) gesagt das gefühl hab ähm sie möchten
10		das eh (2) irgendwie umleiten (---) dann frag ich mich natür- sicher muß man das umleiten auch
11		es muß doch auch da sein. ich mein ich kann ja nicht hierherkommen und und ihnen eben
12		nicht vertrauen. nicht dann dann ists eben aus.

Passage 7

Die Frage, die Amalie beschäftigt, ist die nach dem Interesse des Analytikers (Z. 4, 8), die sie mit derjenigen verknüpft, ob sie ihm vertrauen kann oder nicht (Z. 11f.). Der Analytiker bleibt in dieser Passage sehr zurückhaltend, die einzige Reaktion ist ein zustimmendes »h=hm« (Z. 5, 7). Im Anschluss an diese Passage über die Aussage Amalies und die Reaktion des Analytikers wechselt Amalie den Kontext und spricht kurz eine Szene aus dem Schulalltag an. Auch dort verhält sich der Analytiker äußerst zurückhaltend. Sie schließt diesen hier nicht wiedergegebenen Abschnitt mit der Bemerkung: »naja, kokolores«. Mit diesem die eigene Erzählung abwertenden Kommentar beschließt sie das Thema »Schule«. Unmittelbar darauf erzählt sie einen Traum. Der Traum handelt von ihren Brüdern, die beide mit einem schönen Dekolleté ausgestattet sind.

Es folgt ein ausführlicher Dialog über den Traum, an dem beide sehr angeregt beteiligt sind. Der Analytiker ist nun ausgesprochen aktiv im Vergleich zu vorher: Er fragt nach, stellt Bezüge zum Alltag her, knüpft inhaltliche Zusammenhänge zu anderen Kontexten. Es ginge um den Neid auf ihre Brüder. Im Traum unternehme Amalie den Versuch, die Brüder umzugestalten, penislos und zu Mädchen zu machen – und dann sei doch wieder Verzweiflung da, weil das nicht recht gelinge, diese mit dem schöneren Busen ausgestattet seien und Amalie selbst sozusagen auf ihrem ureigenen Gebiet, der Weiblichkeit, noch von ihren Brüdern geschlagen werde. Amalie präzisiert, verneint, denkt nach, ist verwundert über die scheinbare Normalität im Traum. Es ist ein inhaltlich sehr reichhaltiger Dialog über den Traum, in dem beide konzentriert arbeiten, ja man könnte diese Passage geradezu als weitere Musterpassage einer dialogischen Co-Konstruktion über den Trauminhalt bezeichnen.

Am Ende dieser Arbeit am Trauminhalt macht Amalie folgende Bemerkung:

1	P:	ja er war schon immer so der (--) ruhige aber strahlende mittelpunkt. (2) ja die mutter blüht eben sehr auf
2		wenn er kommt (3) für sie immer (doch/noch) das kind und (-) °wie gesagt ich hab mir immer vorgemacht
3		und geglaubt mir würde das überhaupt nichts ausmachen .hh ich würd mich genauso dran freuen°
4		(sehr schnell). °das stimmt natürlich nicht° (leise). (2) das macht mir natürlich was aus (2). mich wundert es eben
5		nur daß mein ältester bruder auch so gut wegkommt (--) im traum. (1) weil wenn ich mich mit ihm
6		vergleiche bin ich ja nicht so zufrieden (-) egal was er hat und tut. (28)
7		mein gott haben sie en langen tag. (12) jetzt komm ich mir ein bißchen vor wie auf abruf.
8	T:	bitte?
9	P:	ich sagt sie haben einen furchtbar langen tag ich komm mir ein bißchen vor wie auf abruf jetzt grad
10		weil (-) es stört mich irgendwie (.) so schön ich diese siebenuhrzeit finde.
11	T:	h=hm.
12	P:	einfach vom vom tag her.
13	T:	h=hm.
14	P:	sechs uhr finde ich immer schrecklich. sechs ist schrecklich (--) aber sieben (12).
15	T:	was ist denn da eingegangen in diesen gedanken grade das war ja ein gedankensprung zum.
16	P:	ja.
17	T:	(sie ha schrecklich sie sagen) schrecklich langen tag.

18	P:	für sie (.) ja.
19	T:	h=hm ah h=hm.
20	P:	was da eingegangen ist? ja (2) daß ich plötzlich (wieder kopfweh hab) (-) ich sag ihnen doch.
21	T:	h=hm (es ist) zu viel geworden.
22	P:	eh ja (-) ja ja ja ja ich ich bin hier lästig oder so.
23	T:	h=hm.
24	P:	irgendwie (2) lieg ich so ein bißchen auf dem nagelbett.
25	T:	mh.
		((11 Zeilen ausgelassen))
37	P:	ja das ist eben das thema von vorher.
38	T:	h=hm ja.
39	P:	nicht. da ich eben permanent die ganze stunde frage egal was ich rede.
40	T:	h=hm.
41	P:	und setzt er sich da hin und hört zu.
42	T:	h=hm.
43	P:	was interessiert den des? was ha- wie wie ist das denn wenn mich was interessiert? warum
44		interessiert mich das? und ich hab dann versucht alles mögliche (-) hinter das wort zu kommen und
45	T:	h=hm.

Passage 8

Mitten in die Gedanken zum Traum kommt ein auffälliger Bruch: »mein gott haben sie en langen Tag« (Z. 7). Plötzlich redet Amalie davon, dass sie sich vorkomme wie auf Abruf (Z. 7), sich lästig fühle (Z. 22), wie auf einem Nagelbett (Z. 24). Sie frage sich »permanent die ganze stunde« (Z. 39), »was interessiert den des« (Z. 43), was sie da erzähle? Damit wird die Eingangsfrage dieser Stunde 104 nochmals aufgegriffen: Interessiert sich der Analytiker für das, was ich erzähle? Wofür interessiert er sich eigentlich und warum? Sie versucht dies anzusprechen (vgl. *Passage 7*), erhält aber wenig Resonanz auf ihre direkte Nachfrage. Wenn man den weiteren Verlauf der Stunde im Zusammenhang mit dieser Frage, die ihr unter den Nägeln brennt, betrachtet, wird deutlich: Amalie initiiert verschiedene Gesprächskontexte, auf die der Analytiker mit kurzen Äußerungen, oft nur mit Bestätigungspartikeln reagiert. Mit der Eröffnung eines neuen Kontexts in Form einer Traumschilderung ändert sich dies. Aber für Amalie bleibt unbeantwortet, ob sich das Gegenüber für das, was sie sagt, interessiert. Diese Eingangsfrage wird nach einer Pause von 28 Sekunden am Ende der Stunde geäußert (Z. 7). Der Analytiker versteht nicht und fragt nach: »bitte?« (Z. 8). Auffällig ist die deutlich wahrnehmbare Überraschtheit und Irritation des Analytikers über diesen Kontextwechsel, den Amalie am Schluss anregt. Der Analytiker scheint nicht recht zu verstehen, worum es ihr jetzt geht, obwohl der Anfang des Gesprächs doch genau darauf abzielte. Jedenfalls gibt der Analytiker nicht zu erkennen, dass er sich an diese eingangs geäußerte Frage Amalies erinnern oder sich gar an ihr orientieren würde. Aber diese Frage stand von Beginn an im Raum. Das Erzählen des Traums ist für Amalie in Stunde 104 zuallererst ein Versuch unter anderen, das Interesse des Analytikers zu orten und gegebenenfalls zu wecken. Das macht sie mit diesem Kontextwechsel deutlich. Der Analytiker hingegen ist ganz am Inhalt des Traums orientiert, sodass er kaum versteht, welche interaktive und kommunikative Funktion diese Traummitteilung hat, welches Anliegen damit verknüpft ist.

Der Dialog über den Traum in dieser Stunde zeigt, dass Amalies Traummitteilungen nicht losgelöst von interaktiven und kommunikativen Zusammenhängen zu verstehen sind. Obwohl sich ein sehr reichhaltiger Dialog über den Traum entwickelt, besteht ein kommunikativ-funktionaler Rahmen, in dem sich der inhaltliche Diskurs abspielt. Hier in dieser Stunde geht es der Patientin darum, das Interesse des Analytikers zu erleben. Dabei ist die Traummitteilung wohl dadurch motiviert, nach einer »Frequenz« zu suchen, die »guten Empfang« (Resonanz) gewährleistet.

Die Stunde 104 zeigt, dass eine Untersuchung des Dialogs über den erzählten Traum beide Perspektiven umfassen kann: einerseits den Inhalt, anderseits die Funktion, die der Traummitteilung im aktuellen Beziehungskontext der analytischen Situation zukommt. Es zeigt sich anhand dieser Stunde auch, dass Inhalt und Funktion im Rahmen der analytischen Beziehung nicht ein Entweder-Oder bilden – vielmehr sind beide Aspekte bei der Traummitteilung und dem anschließenden Dialog darüber miteinander verschränkt.

3.4 Fazit

Diese ersten makroanalytischen Beobachtungen zum Umgang mit dem Traum in der analytischen Stunde führen zu folgender Feststellung: Die recht große Anzahl an erzählten Träumen zeigt, dass das Format der Traummitteilung für Amalie von Bedeutung ist. Es deutet sich jedoch bei der Analyse der ersten Traumstunde an, dass die Vorstellungen von Analysandin und Analytiker, wie mit dem Traum umzugehen ist, nicht deckungsgleich sind. Eine vertiefte Auseinandersetzung mit den erzählten Trauminhalten ist für Amalie jedenfalls nicht selbstverständlich. Von diesem Befund ausgehend stellt sich die Frage, warum eine Analysandin dennoch so viele Träume im Verlauf ihrer Analyse mitteilt. Was treibt sie dazu, in gut 500 Stunden knapp 100 Träume zu erzählen?[3] Oder etwas allgemeiner formuliert: Welche latenten interaktiven und kommunikativen Funktionen lassen sich in der Analyse von Amalie X im Zusammenhang mit der Traummitteilung und dem Dialog über den Traum erschließen?

Wenn im Folgenden schwerpunktmäßig die kommunikative und interaktive Funktion der Traummitteilung untersucht wird, dann ist einerseits der oben genannte Aspekt der gegenseitigen Verschränkung von Inhalt und Funktion mitzudenken, anderseits wird damit der Analysandin Amalie X und ihrer ganz spezifischen Art und Weise, wie sie Traumdialoge etabliert, Rechnung getragen.

3 Untersuchungen anderer PatientInnen hinsichtlich ihrer Traumtätigkeit zeigen, dass die Patientin Amalie überdurchschnittlich viele Träume mitgeteilt hat. Zum Vergleich: Die Patientin Frau W. erzählt in ihrer 326 Stunden umfassenden Analyse 27 Träume (Brändle 2008).

4 Funktionen der Traummitteilung

Wie aus der Literatur ersichtlich, ist eine große Bandbreite an verschiedenen Funktionen von Traummitteilungen denkbar. Im Verlauf dieser Untersuchung haben sich drei kommunikative und interaktive Funktionen der Traummitteilung als besonders relevant herausgestellt. Diese werden im Folgenden anhand verschiedener Gesprächsausschnitte hergeleitet und erläutert.

Noch ein Wort zur Auswahl der Gesprächspassagen: Es werden nicht alle der 72 Traumstunden vor den Augen des Lesers mikroanalytisch untersucht. Bei der Bearbeitung solch großer Datenmengen, wie sie hier vorliegen, kommt der Auswahl der zu untersuchenden Gesprächspassagen große Bedeutung zu. Im gesprächsanalytischen Paradigma werden die Gesprächsausschnitte nicht nach arithmetisch-systematischen Gesichtspunkten ausgewählt wie beispielsweise dem Kriterium »Jede fünfte Stunde wird untersucht«. Vielmehr wird das wichtigste Auswahlkriterium von der interessierenden Fragestellung abgeleitet, also: Welche Gesprächspassagen stehen in einem direkten Bezug zu den primären Untersuchungsfragen? Im Einzelnen werden einige Leitlinien aufgeführt, die für die Auswahl der Ausschnitte in dieser Arbeit richtungsweisend sind (vgl. Deppermann 2001, S. 36): Von besonderem Interesse sind Passagen, in denen sich die Gesprächsteilnehmer expressis verbis auf die interessierenden Phänomene beziehen. Das heißt für diese Studie, dass in einem ersten Schritt Stunden ausgewählt werden, in denen ein Traum oder mehrere erzählt wurden. Für die Analyse Amalies besteht dafür ein Trauminventar, das dieser Arbeit zugrunde liegt (Blumer/Dahler/Meier 2004). Nach Durchsicht dieser Traumstunden wurden für die Mikroanalyse Passagen ausgewählt, die möglichst zentrale und klare Fälle für die oben erwähnte Fragestellung darstellen; Passagen also, in denen paradigmatisch zum Ausdruck kommt, dass die Traummitteilung unter dem Vorzeichen interaktiver und kommunikativer Funktionen steht. Als weitere Faustregel für die Auswahl gilt, dass es sich um thematisch respektive handlungslogisch abgeschlossene Einheiten handeln soll, deren Grenzen von den Interaktanten deutlich markiert werden. Wenn solche natürlichen Einschnitte nicht berücksichtigt werden, ist die Gefahr der Fehlinterpretation relativ groß, da entscheidende Handlungsvoraussetzungen nicht beachtet werden und die kontextgebundene Motiviertheit einer Gesprächspassage nicht mehr zu rekonstruieren ist. In Fällen, in denen sich dieses Problem stellt, wird versucht, mit einer möglichst klaren Kontextanalyse die für das Verständnis notwendigen Voraussetzungen bereitzustellen.

Im Anschluss an die gesprächsanalytischen Befunde der ausgewählten Textpassagen werden diese in einem kurzen Fazit zusammengefasst und psychodynamisch interpretiert. So werden als Ergebnis verschiedene Interaktionsmuster respektive dynamische Prinzipien (Deppermann 2001, S. 77ff.) herausgearbeitet, die als interaktive und kommunikative Funktionen der Traummitteilung im psychoanalytisch-psychotherapeutischen Kontext präsentiert werden.

4.1 Die Traummitteilung als triangulierender Mitteilungsmodus

Die erste zentrale Funktion, die den Traummitteilungen in der untersuchten Analyse zukommt, wird als »triangulierender Mitteilungsmodus« bezeichnet. Ganz allgemein formuliert und unabhängig von der Traummitteilung ist mit dem Konzept der Triangulierung in der Psychoanalyse Folgendes gemeint: In einem Dreieck wird das Verhältnis zwischen zwei Polen durch die Bezugnahme auf den dritten Pol reguliert (Grieser 2003). Hintergrund dieses Verständnisses von Triangulierung ist ein Entwicklungskonzept, das in idealtypischer Weise die allmähliche Entstehung und Verinnerlichung von drei ganzen, das heißt ambivalenten Objektbeziehungen im Verlauf der ersten Lebensjahre bezeichnet (Schon 2000). Die drei Objektbeziehungen sind in der Regel die Beziehungen des Kindes zur Mutter und zum Vater und die Beziehung der beiden Elternteile zueinander. Diese drei Beziehungen werden intrapsychisch abgebildet und so zu einer inneren Beziehungsstruktur. In der psychoanalytischen Entwicklungspsychologie wird grundsätzlich unterschieden zwischen früher und ödipaler Triangulierung, wobei die frühe Triangulierung als notwendige Vorstufe und Voraussetzung für das Erleben und die Bewältigung des Ödipuskomplexes angesehen wird. Ergebnis eines vollständig gelungenen Triangulierungsprozesses sind ambivalente, das heißt positive und negative Aspekte der entsprechenden Repräsentanzen sowie der Beziehungen zwischen diesen drei Polen: Mutter, Vater und Selbst. Während die Triangulierung die Internalisierung dieser drei Beziehungsformen bezeichnet, beschreibt der Begriff der Triade die verschiedenen Interaktionen zwischen diesen drei Polen.

Der Begriff der Triangulation wurde von Mertens (2005/06) in Zusammenhang mit der Traummitteilung gebracht. Sein Gedanke, dass der Traummitteilung eine triangulierende Funktion zukommen kann, wird im Folgenden empirisch untersucht und anhand des klinischen Materials konzeptionell weiterentwickelt. Diese Ausarbeitung lohnt sich auch in praktisch-therapeutischer Hinsicht, da sich auf diesem Hintergrund neue Überlegungen zum Umgang mit Traummitteilungen in der analytischen Situation ergeben. Im Folgenden werden drei für diese Funktion prototypische Stunden ausführlich analysiert:

- Stunde 7
- Stunde 251
- Stunde 517

Die Auswahl der drei untersuchten Stunden soll zeigen, dass die genannte triangulierende Funktion von Traummitteilungen über den Verlauf der ganzen Analyse relevant ist: Stunde 7 steht ganz zu Beginn der analytischen Behandlung, sie beinhaltet den zweiten Traum, der erzählt wurde. Stunde 251 steht ziemlich genau in der Mitte und Stunde 517 bildet die letzte Stunde der Analyse überhaupt. Diese drei ausgewählten Stunden sind paradigmatisch für viele andere Stunden, in denen diese Funktion der Traummitteilung von Bedeutung ist.

4.1.1 Tanze ich aus der Reihe mit solchen Träumen? (Stunde 7)

Die Stunde 7 kann, was die Abfolge der einzelnen Gesprächsthemen betrifft, in folgende Abschnitte gegliedert werden:

- Bemerkungen über das Thema Schule;
- Ankündigung der Traummitteilung;
- erstmaliges Benutzen eines Tampons und die Schwierigkeiten damit;
- Traummitteilung: Entjungferung der Madonna;
- Klärung und Dialog über den Trauminhalt;
- Erstaunen Amalies über unverhüllt sexuelle Trauminhalte;
- Frage an den Analytiker: Sind meine Träume normal? Ist meine Sexualität normal?
- Hoffnung: Der Analytiker geht anders mit Sexualität um als die Theologen.

Nach einigen Bemerkungen über den Schulalltag erzählt die Patientin Amalie X ihrem Analytiker einen Traum, den sie folgendermaßen einleitet:

1	P:	ach ja mich beschäftigt aber noch was ganz anderes (2.0) und zwar (6.0) hm (15)
2	T:	ja
3	P:	jahaaa (lacht) ich ich genier mich sozusagen
4	T:	hm=m
5	P:	ach ja das war ein traum heut nacht [und]
6	T:	[ja]
7	P:	und ich will eigentlich wissen ob ich da (.) hm (7.0) sehr anders liege als eben andere leute (3.0)

Passage 9

Mit einer recht abrupt einsetzenden Traumankündigung wird ein konkretes Anliegen verknüpft, das schambesetzt ist (Z. 3). Dies zeigt sich bereits in Zeile 1 durch den Abbruch des Satzes und die darauf folgende lange Pause von 15 Sekunden. Die Fortsetzung erfolgt erst nach einem Bestätigungspartikel des Analytikers (Z. 2). Zeile 1 deutet darauf hin, dass es schwierig ist, das, was beschäftigt, vorzubringen. Das beschämende Anliegen wird explizit eingeführt, als Einschub vor der eigentlichen Traummitteilung, und zwar so, dass Amalie einen Wunsch formuliert, der darauf abzielt, etwas über sich – und andere – zu erfahren. Eigentlich handelt es sich um eine indirekte Frage, in die dezidiert und fordernd eine Wunschformulierung verpackt wird. Der Adressat dieses Wunsches ist, ohne dass er direkt angesprochen wird, der Analytiker. Es wird nicht explizit gesagt: »Ich will *von Ihnen* wissen.« Was ebenfalls vorerst offen bleibt, ist, worauf sich der Wissenswunsch eigentlich bezieht. Formal wird aufgrund der einzelnen Sequenzen deutlich: Das Anliegen (Z. 1 und Z. 7) bildet den kontextuellen Rahmen für die Traummitteilung (Z. 5). Die eigentliche Traummitteilung folgt dann erst im dritten Anlauf. In diesem Traum erscheint eine sinnliche Madonna, die in der Szene einer Hochzeitsnacht gleich von zwei Männern entjungfert wird. Jedenfalls versuchen beide dies. Beim ersten Mann klappt es aber nicht; er entpuppt sich als kleines Kind, das sich stillen lässt. Der Zweite »schafft es«, wie Amalie formuliert. Im sich an diese Traumschilderung anschließenden Gespräch äußert sie ihr Erstaunen darüber, dass ihre Träume so konkret und unverhüllt einen sexuellen Inhalt haben, und sie fragt sich, ob das normal sei, da Träume doch üblicherweise eher in verschlüsselter Form erscheinen. Erst etwas später taucht die ursprüngliche Frage wieder auf, das Anliegen an den Analytiker, das Amalie schon vor der Traummitteilung angekündigt hat.

1	T:	ja sie haben ja auch (.) eh vor dem traum noch (.) eh gesagt daß es ihnen peinlich ist und daß sie (.)
2		eigentlich doch auch gerne wissen möchten=
3	P:	ja
4	T:	ob eh (.) eh sie da aus der=
5	P:	reihe tanzen
6	T:	reihe tanzen.
7	P:	ja (-) das wollte ich wissen
8	T:	hm=m

Passage 10

Es ist der Analytiker, der die Ausgangsfrage (*Passage 9*, Z. 7) aufgreift und formuliert. Amalie nimmt dem Analytiker dann die Formulierung aus dem Mund, dass sie wissen will, ob sie mit ihren Träumen aus der Reihe tanze (Z. 5). Sie will vom Analytiker erfahren: Bin ich eine normale Träumerin, oder tanze ich mit diesen unverhüllten sexuellen Inhalten aus der Reihe? Damit erhebt sie ihren Analytiker zum Fachmann, dem sie eine Antwort auf ihre Frage zutraut. Sich selbst positioniert sie hingegen als Frau, die hinsichtlich ihrer Träume verunsichert ist, wenn sie letztere mit den Träumen anderer vergleicht.

Im Verlauf des weiteren Dialogs weitet sich die Frage nach der Normalität beim Träumen auf die Frage nach der Normalität hinsichtlich Sexualität überhaupt aus.

1	P:	aber also GANZ extrem und und und gar nicht irgendwie eben
2		das kind das war (.) irgendwie eine farce nicht?
3	T:	h=hm
4	P:	das war eben gar kein kind. (3) natürlich ist es genau (.) die frage die ich habe eben eh in punkto (-) sexualität und sinnlichkeit
		((7 Zeilen ausgelassen))
12		und deswegen frage ich mich eben. eh (--) ja wieweit das (-) ich
13		meine man kann vielleicht gar nicht so fragen wie ist es richtig
14		aber man frägt sich natürlich. (12)

Passage 11

In den ersten Zeilen (Z. 1–4) zeigt sich der fließende Übergang zwischen der Traumwelt und der Ausweitung auf die Bereiche »Sinnlichkeit und Sexualität« überhaupt. Zu Beginn (Z. 1–4a) ist die Rede vom Traumkontext, genauer vom Mann, der sich als kleines Kind entpuppt. In Zeile 4 ist gut zu erkennen, dass es immer noch um diese Traumfigur geht. Nach einer kurzen Pause findet dann eine Ausweitung statt, hinaus aus der Binnenwelt des Traums. In Zeile

13f. stellt sich die Ausgangsfrage, die ursprünglich auf den Traum bezogen war (vgl. *Passage 9*), für Amalie nun ganz grundsätzlich für den Bereich der Sexualität: »wie ist es richtig?« (Z. 13).

Amalie hakt nach, will eine Antwort auf ihre Frage(n), muss aber feststellen, dass sie keine bekommt. Der Analytiker verweigert eine konkrete Antwort, wechselt auf eine Metaebene, wie in *Passage 12* deutlich wird.

1	T:	es wäre (.) für sie eine entlastung (.) zu wissen (.) jetzt von mir (.) dass sie nicht aus der reihe tanzen
2		mit solchen träumen=
3	P:	aber natürlich=
4	T:	und [warum]
5	P:	[hehe (kurzes Lachen)]
6	T:	brauchen sie die entlastung?=
7	P:	ja DAS ist ja die frage [die]
8	T:	[h=hm]
9	P:	ich mir AUCH stelle.
10	T:	h=hm
11	P:	und deswegen vermut ich dass sie mir (dies ned?) SAgen=
12	T:	weil ich mir überlege warum sie die entlastung (so) brauchen und welche funktion sie da gerne
13		mir zuschreiben
14	P:	Genau
15	T:	h=hm
16	P:	ja und das ist ja immer wieder dasselbe um das ich rum(.)tanze.
17	T:	h=hm
18	P:	daß ich wissen sie (-) ganz ehrlich gesagt ich frag mich überhaupt immer wieder was was was will ich.
19	T:	h=hm
20	P:	und und eh warum gehe ich zum beispiel hierher und und warum gehe ich eben nicht weiter als als
21		braver katholik in den beichtstuhl hm? darf ich mal so sagen?

Passage 12

In Zeile 1 nimmt der Analytiker die Frage Amalies auf, beantwortet sie aber nicht. Vielmehr verbalisiert er ihren Akt des Fragestellens unter dem Aspekt, welche Funktion damit verbunden ist. Seine Aussage lautet: Es geht um Entlastung. Nun nimmt er einen Positionierungsakt vor. Die Fremdpositionierung Amalies in Bezug auf die ihm zugedachte Funktion expliziert der Analytiker: Er soll als entlastende Instanz fungieren. Dies formuliert er in Aussageform, nicht in Frageform. Dabei bedient er sich des Konjunktivs und zeigt damit an, dass der Wunsch nach einer Antwort auf die Frage hypothetischen Charakter hat. Eine Formulierung im Indikativ würde die Aussicht auf Beantwortung dieser Frage wahrscheinlicher machen. Damit macht der Analytiker deutlich, dass ihm die Erwartung Amalies bewusst ist, er diese aber nicht erfüllen wird. Hinsichtlich möglicher Folgeerwartungen ist dies eine dispräferierte Folge (Deppermann 2001): Der Analytiker löst die Erwartung einer klaren Antwort auf die Frage Amalies »Tanze ich aus der Reihe?« nicht ein, zeigt aber, dass er um ihre Erwartung weiß. Damit löst er die ihm zugedachte Fremdpositionierung auf und lehnt sie ab: Er wird nicht als entlastende Instanz fungieren, sondern positioniert sich als derjenige, der dieses Ansinnen erkennt und zusammen mit der Analysandin hinterfragen will. Syntaktisch auffällig ist der Nachtrag »jetzt von mir« (Z. 1), eine Betonung des Hier und Jetzt. In der Formulierung bei der Traumeinleitung (vgl. *Passage 9*, Z. 7) und auch später sagt Amalie nie: »Ich möchte *von Ihnen* wissen, ob meine Träume normal sind.« Diese direkte Anrede an das Gegenüber fehlt regelmäßig. Das übernimmt nun der Analytiker in seiner Reformulierung, durch Nachstellung, betont. Er spricht für sie diesen von ihr ausgelassenen Beziehungsaspekt aus. Ihre Reaktion (Z. 3) erfolgt formal als unmittelbarer Anschluss und inhaltlich als Zustimmung. Sie sagt nicht einfach »Ja«, sondern »aber natürlich«. Das kann so viel heißen wie: »ja klar wär das eine Entlastung, das ist doch selbstverständlich. Warum formulieren Sie das nochmals so betont und umständlich? Geben Sie mir doch einfach eine klare Antwort auf meine Frage.« Es liegt also eine mindestens latente Kritik an diesem Interaktionsverhalten des Analytikers und eine Betonung ihres Anliegens in dieser Entgegnung.

Wiederum folgt ein direkter Anschluss: Statt einer Antwort stellt der Analytiker eine Gegenfrage: »warum brauchen sie die entlastung?« (Z. 4–6) Damit ist die ursprüngliche Frage-Anwort-Rollenverteilung jetzt umgekehrt. Er ist nun der Fragende und erwartet Antwort. Auch darauf folgt in Zeile 7 ein unmittelbarer Anschluss, erneut als Zustimmung. Interessant ist, dass Amalie ja vom Analytiker in die Position der Befragten gebracht wurde und nun ebenfalls keine direkte Antwort auf seine direkte Frage gibt. Sie begibt sich zusammen mit ihm auf »seine« Metaebene, und es entsteht ein Metadiskurs über die Frage: Warum brauche ich Entlastung? Ihre ursprüngliche Frage nach der Normalität ihrer unverhüllt sexuellen Träume ist dieser Frage gewichen. Sie übernimmt die Perspektive des Analytikers und macht seine Frage zu ihrer eigenen.

In Zeile 11 nimmt sie die ursprüngliche Frage nochmals auf, nicht indem sie sie ein weiteres Mal stellt, sondern indem sie die Verweigerung des Analytikers aufgreift. Sie macht sich Gedanken, warum er keine Antwort gibt, und äußert eine Vermutung dazu. Aufgrund der kausalen Partikel »deswegen« wirkt es so, als ob sie eine Vermutung über den Grund der verweigerten Antwort habe. Aber es bleibt unklar, worauf sich das »deswegen« bezieht. Der Analytiker fragt nicht nach, wie dies variationsanalytisch denkbar wäre. Anstatt nachzufragen antwortet er – und zwar auf eine Frage, die gar nicht gestellt wurde, nämlich: »Warum geben Sie mir eigentlich keine Antwort?« Er antwortet, indem er einen Einblick in seine Selbstreflexion gewährt: »weil ich mir überlege«. Als These formuliert: Der Analytiker macht hier eine Konzession an die Erwartungshaltung Amalies, die immer mit einer direkten Frage verbunden ist und ihm dadurch im Sinne einer konditionellen Relevanz eine Antwort abverlangt (Deppermann 2001, S. 68). Er gibt etwas von sich preis, wenn auch keine direkte Stellungnahme. Seine formal als Antwort deklarierte Äußerung, die aber eigentlich eine Frage einschließt, zielt nun wieder direkt auf die Beziehung: Welche Funktion wird ihm von seiner Analysandin zugeschrieben? Die direkte Frage nach einer Rollen- bzw. Funktionszuweisung führt im weiteren Verlauf zu einer für die Anfangsphase der Analyse zentralen Frage: Bin ich hier auf der Couch oder im Beichtstuhl (vgl. Z. 16ff.)? Verbunden damit ist die Befürchtung, dass der Traum zu konkret, die Sexualität zu direkt ist und Amalie dem Analytiker ebenso ausgeliefert ist wie den Theologen, die, wie sie in dieser Stunde des Öfteren betont, sie in dieser Frage in die Klemme gebracht haben. Mit der Frage »Couch oder Beichtstuhl?« ist die Frage nach dem Gegenüber verknüpft: Was kann ich diesem Gegenüber erzählen? Was erträgt er, wie reagiert er, insbesondere auf meine Schilderungen über Sexualität?

Fazit

Es zeigt sich in diesem Stundenverlauf und im Dialog über den Traum, dass Amalie weniger am konkreten Inhalt ihres Traums interessiert ist oder an der Frage, was er für sie bedeuten könnte. Vielmehr erzählt sie ihn vorwiegend im Hinblick auf ihre Ausgangsfrage: Sie will wissen, ob sie mit solchen Träumen aus der Reihe tanzt oder nicht. Damit verknüpft ist die Frage: Tanze ich mit meiner Sexualität aus der Reihe oder nicht? Eine Frage, die sie, so die hier vertretene Auffassung, dem Gegenüber in dieser Direktheit wahrscheinlich nicht losgelöst vom Traum stellen würde. Was nun die kommunikative Funktion der Traummitteilung betrifft, kann also festgehalten werden, dass der Traum als Erzählplattform gewählt wird, um über Beschämendes sprechen zu können. Das Mitteilungsformat des Traums und die ganze Einleitung ermöglichen es, verschiedene Aspekte, die nach Mitteilung und Klärung drängen, unter einen Hut zu bringen: Bin ich im Vergleich mit anderen normal, was meine Träume und meine Sexualität betrifft? Untrennbar damit verknüpft, wird diese Frage in den Beziehungskontext eingebettet: Wie geht der Analytiker mit dem Thema

Sexualität um? Die Traummitteilung fungiert hier als Kompromiss zwischen dem Wunsch, über Sexualität zu reden, und der Beschämungsangst, dies allzu direkt zu tun. Durch den Rekurs auf einen Traum wird ein fernes drittes Moment eingeführt, ein nächtliches Erlebnis, das außerhalb der eigenen Verantwortbarkeit stattgefunden hat und den Dialog über diese Themen initiieren hilft.

Um den Themenbereich der Sexualität geht es auch in der nächsten zu untersuchenden Stunde.

4.1.2 Wie ein Voyeur bei einer Vergewaltigung (Stunde 251)

Die Makrostruktur des Stundenverlaufs lässt sich in folgende Abschnitte gliedern:

- Erste Traummitteilung: Mord an Helikopterpilotin;
- Analytiker fokussiert auf letzte Stunde: »gerne zusehen«; Voyeurismus;
- Amalie: Fantasien, Zuschauen bei Vergewaltigungsszene: »ist nicht so schlimm«;
- Zweite Traummitteilung: Tanzende Frau erhebt sich von der Psychiatercouch;
- Analytiker deutet Zusammenhang zwischen Voyeurismus (erster Traum) und Exhibitionismus (zweiter Traum);
- Amalie lehnt diese Deutung ab;
- Einfall, Erinnerung: Mutter spricht mit kleinem Bruder über Sexualität;
- Analytiker: Sie wollen nicht festgelegt werden durch Mutters Erotik;
- Amalie: reagiert gereizt;
- Analytiker stellt Bezug zum ersten Traum her: Phantom – Krimiserie;
- Amalie: Ausgestaltung und Vergegenwärtigung der Traumszenerie.

Eines Abends schaut sich Frau Amalie X vor dem Zubettgehen einen Krimi im Fernsehen an, weil sie das »so schön entspannt«, wie sie am anderen Tag berichten wird. Mit dem Ausschalten des TV-Geräts ist der Film auf dem Bildschirm zwar zu Ende, der Film auf der »inneren Leinwand« sollte sich aber nachts im Schlaf noch fortsetzen: Sie hat in jener Nacht einen Traum, den sie am nächsten Tag ihrem Analytiker erzählt. Es ist bereits die 251. Stunde im Rahmen der laufenden psychoanalytischen Behandlung und es handelt sich um den 50. Traum, der im Rahmen dieses analytischen Settings berichtet wird. Die Träumerin gibt die Erinnerung an das nächtliche Traumgeschehen zu Beginn der Stunde in folgenden Worten wieder:

1	P:	hm (28) ich hatt heut nacht einen ganz bösen traum. wirklich erschreckend ( ).
2	T:	ja?
3	P:	und zwar war ich zu hause und da waren fernsehscheiben und da wurde es praktisch live gezeigt wie
4		wie son wie son phantom? verbrecher hat er sich genannt oder was da
5	T:	phantom? verbrecher [so nannte er sich]
6	P:	[verbrecher ja.] ja ich glaube.
7	T:	h=hm
8	P:	er hatte so rote so rote scheuklappen und=
9	T:	h=hm
10	P:	es war kalt da (.) eine (--) ne helikopterpilotin. langsam (unter?) und die stand? da noch so
11		und er kam von hinten und hat sie bloß? so eigentlich leicht auf den kopf geschlagen unds hat sich
12		dann zum kampf entwickelt und es war so ganz? deutlich in allen details und schließlich hat
13		ers glatt erschossen.( )
13	T:	h=hm
14	P:	und er STAND gleichzeitig bei uns dann im wohnzimmer (.) und hat ganz? normal geredet wie
15		wie fein er das gemacht hat und er hats gleichzeitig selber gesehen und und irgendjemand von der
16		bundespost hat ihn sehr bewundert daß er das so gut kann (-) da sei die bundespost nicht dagegen
17		da GING er dann wieder. und kurz darauf hats geläutet (.) und mein vater hat die tür aufgemacht?
18		und gleichzeitig meine mutter und ich haben die stimme von dem erkannt (-) meine mutter schrie
19		dann bloß noch um gottes willen der kommt zurück (.) was tut er mit der alten frau . da war nämlich
20		meine großmutter plötzlich wieder bei uns (.) und ich wollte zum fenster raus und es ging nicht.
21		und dann kam der zur tür rein und hatte zwei FREMDE bei sich (.) ein ehepaar und es schien
22		als seien sie uns bekannt und die hat er fast wie so ne geisel vor sich hergeschoben (-) ich wollte ihm
23		dann den hals. ( ) ABdrücken oder er mir. das weiß ich eben nicht mehr. ich weiß bloß daß ich

24	gerufen? hab und zwar nach meinem vater (.) und ich bin dann aufgewacht und in dem moment
25	hat dann irgendwas bei mir in der wohnung? geknallt oder ist runtergefallen (-) ich weiß es nicht (.)
26	es war aber wirklich nichts und dann unter ganz großem schrecken raus und hab wirklich irgendjemand herein gehört. was da gewesen sei.
27	ich war klatschnaß. es war ganz scheußlich. (6.0)
28	so aufregende träume habe ich nämlich ganz selten mehr. (14)
29	ich kam mir dann wie son ZUschauer vor der sensationsgierig bei anderer leute elend dabeisitzt.

Passage 13

Unter den zahlreichen Möglichkeiten, auf die Traumschilderung zu reagieren, richtet der Analytiker seine Aufmerksamkeit auf den letzten in *Passage 13* geäußerten Satz. Er hakt nach:

1	T:	anderen leuten? eh=
2	P:	elend nicht (.) wenn [der da]
3	T:	[h=hm]
4	P:	sitzt und [so live]
5	T:	[hm=m]
6	P:	überfallen wird und so (2.0) mehr wie son spieler da (5.0) (eben?) nicht mehr (7.0)
7	T:	ja sie haben gesagt in der letzten stunde daß sie doch (.) gern? auch eh (.) sehen beobachten.
8	P:	ja (.) manchmal SEHR gern
9	T:	h=hm h=hm
10	P:	furchtbar gern aber mir kommt das vor beinahe wie bei einer seuche
11	T:	h=hm

Passage 14

Der Analytiker fragt nach, was es mit dem letzten Satz auf sich hat, indem er eine Formulierung Amalies aufnimmt anstatt eine ganze Frage zu formulieren (Z. 1). Sie reagiert darauf mit der fehlenden Ergänzung »Elend«, die sie mit einem Post-completer »nicht« (Z. 2) versieht, also um Verständnis beim Analytiker wirbt. Dieses Werben um Verständnis wird umso relevanter, wenn ihre weiteren Ausführungsversuche betrachtet werden (Z. 4ff.), deren Sinn sich kaum erschließen lässt. Der Analytiker reagiert, indem er gerade *nicht* Bezug darauf nimmt. Er hebt die lokale Kohärenz auf, setzt neu ein (Z. 7) und knüpft an die letzte Stunde an. Damit stellt er einen Zusammenhang her zwischen dieser vorangegangenen Sitzung und dem jetzigen Gespräch über die Traumschilderung. Somit betont er einerseits die Kontinuität des analytischen Prozesses, anderseits bedient er sich auch eines Verstehenshorizonts, der außerhalb der gerade eben geäußerten Ausführungen Amalies liegt, was nochmals das schwer Verständliche dieser Passage herausstreicht. Sie reagiert betont affirmativ (Z. 8) und macht dann einen interessanten Schwenk vom neutralen Elativ »sehr gern« (Z. 8) zu »furchtbar gern«, dessen pejorative Färbung sich in der Formulierung »wie bei einer seuche« fortsetzt (Z. 10). Damit wird ein erster möglicher Zusammenhang angedeutet zwischen dem Wunsch, dass dieser Einfall verstanden werden möge, und dem Inhalt, der moralisch mit abwertenden Attributen konnotiert wird. Nur wenig später sagt der Analytiker:

1	T:	ja wie ein voyeur? kommen sie kamen sie sich vor oder kommen sie sich vor (4.0)
2	P:	ja und zwar (1.5) DAS war glaub ich nachher das schlimme weil ich dann (1.0) im wachsein
3		dachte irgendwann kam mir das alles so vor? ich dachte dann, das kann ich nie? erzählen hier. (1.5)
4		es war dann wie so ein druck heute morgen auch während der schule dachte ich immer wieder=
5	T:	sie meinen den- was [Ihnen einfiel]?
6	P:	[den traum]
7	T:	[können sie] nicht erzählen. oder warum was ihnen dazu einf-
8	P:	[ja, ja, we- wegen wegen dem, was mir] dazu einfiel,
9	T:	h=hm
10	P:	ich dachte immer? wieder du mußt was tun. tu jetzt NICHTS andres. du mußt was tun. sei kein solcher
11		feigling. und zwar fiel mir nachher ein (.) grad an dem wort voyeur (.) das haben sie ja auch mitge-
12		mitgekriegt, eh - daß ich eruption auslöse, auch DAS ist seltener als früher, oder auch zu beginn der
13		behandlung. daß ich selbst? manchmal solche (.) solche phantasien hab daß jemand?
14		andere vergewaltigt und da bin ich dann auch wie ein voyeur dabei (1.0) das kommt schon? vor.
15	T:	h=hm
16	P:	(ich halt es?) für richtig ( )
17	T:	h=hm

18	P:	es war (.) es ist immer so (.) das ist für mich das gefühl wie wenn es gar nicht für DASJENIGE das
19		vergewaltigt wird gar nicht so schlimm? sein muss.

Passage 15

Der Analytiker führt die in *Passage 14* angedeutete Thematik fort und bezeichnet Amalie als Voyeur, was ihre eigenen pejorativen Formulierungen aufgreift. Allerdings schwächt er seine Aussage in doppelter Hinsicht ab: einerseits durch Tonhebung bei dem Ausdruck »Voyeur«, womit er diesen Ausdruck in Frageform kleidet, anderseits durch ein Oszillieren in der Wahl des Tempus zwischen Präsens und Vergangenheit und dann wieder Präsens (Z. 1). Der moralische Grundton bleibt in der Reaktion der Patientin erhalten: Irgendetwas wird mit dem Traum als schlimm assoziiert, und zwar als so schlimm, dass dessen Mitteilung infrage gestellt war (Z. 2f.). Dies hat sie bis in den Tag begleitet, noch am Morgen war ein Druck da. Aber was ist eigentlich das Schlimme, das Amalie kaum erzählen kann? Diese Frage stellt sich auch der Analytiker (Z. 5). Erst will er auf den Traum Bezug nehmen, dann bricht er diesen Gedanken ab und bezieht sich auf das, was Amalie zum Traum einfiel. Im Folgenden kommt es mehrfach zu Überschneidungen im Redewechsel; die sonst relativ klare Organisation des Sprecherwechsels wird für einige Zeilen außer Kraft gesetzt. Erst am Schluss dieser kurzen Sequenz wird klar, dass das Schlimme nicht der Traum ist, sondern das, was Amalie dazu einfiel (Z. 8). Genau betrachtet ist es also nicht der Traum, der mit den Attributen »ganz böse« und »wirklich erschreckend« eingeleitet wird. Vielmehr bezieht sich »das Schlimme« auf das, was ihr zu diesem Traum in den Sinn kommt. Es handelt sich um zuweilen auftauchende Fantasien, dass jemand andere vergewaltigt und sie sei wie ein Voyeur dabei (Z. 13f.). Das ist aber noch nicht alles. Mit dieser voyeuristischen Fantasie ist der Eindruck verbunden: Für *das*jenige, das vergewaltigt wird, ist es gar nicht so schlimm (Z. 19), wobei an dieser Formulierung der eigentümliche Gebrauch des Neutrums für das weiter oben klar als weiblich bezeichnete Opfer auffällt. Damit macht Amalie am Ende dieser Passage deutlich, wieso die Einfälle moralisch als prekär eingestuft werden und sie um Verständnis des Analytikers wirbt.

Vom Traumgeschehen im engeren Sinne haben sich Analysandin und Analytiker bereits etwas entfernt, was für eine psychoanalytische Sitzung, in der die Maxime des freien Assoziierens gilt – also das zu erzählen, was einem gerade spontan in den Sinn kommt – nichts Außergewöhnliches darstellt. Auffallend ist allerdings, dass über den Traum selbst bisher relativ wenig gesprochen wurde. Auch der Analytiker nimmt ja in seiner ersten Reaktion nach der Traummitteilung nicht direkt auf den Traum Bezug, sondern auf einen Einfall

Amalies. Der sequenzielle Ablauf der Anfangsphase dieser Stunde lässt sich folgendermaßen beschreiben: Erst wurde ein Traum erzählt. Im Anschluss daran ging es um Einfälle, die zum Stichwort »Voyeurismus« führten, um eine Fantasie, die eine Vergewaltigungsszene umfasst, und ein damit verbundenes Gefühl. Die weitere Beschäftigung mit dem Trauminhalt ist damit vorerst erledigt. Erst ganz am Schluss der Stunde wird er nochmals aufgegriffen.

1	T:	und SIE haben einen krimi gesehen gestern abend. eh (.) da gibt es so eine serie [die phantom]
2	P:	[nein]
3	T:	gibt es
4	P:	nein das seh [ich nie an. gottes willen]
5	T:	[phantom] aber es gibt so eine serie (.) nicht (.) so phantom eh=
6	P:	ja (.) ich kann (.) ja es könnte sein. also ich glaub
7	T:	h=hm
8	P:	mein mein neffe hat mal so was gesagt oder meine schü-
9	T:	ja.
10	P:	nein das schau ich nicht an das war der derrick da gestern.
11	T:	h=hm
12	P:	und krimi entspannt mich so schön.
13	T:	h=hm
14	P:	ich s- (.) ich mach's nicht REGELMÄSSIG daß ich KRIMIFAN bin aber ab und zu
15	T:	ja.
16	P:	find ich's ganz entspannend. ((Autohupen))
17	T:	h=hm
18	P:	und da ging's ums übliche schema mord
19	T:	Ja
20	P:	zu anfang und dann [aufklärung].
21	T:	[ja.]
22	P:	das war eben nur wahrscheinlich diese (.) ganze (.) kulisse. obwohl die war total wirklich wahr es war
23		wirklich (2.0) ist niemand geflohen (4.0) nein der sah auch auch nicht aus wie irgend so'n n wüstes
24		was weiß ich phantasie (.) eh
25	T:	h=hm
26	P:	phantomgebilde, der hatte eben diese roten
27	T:	Ja
28	P:	SCHEUKLAPPEN oder OHRENSCHÜTZER oder was das war. er wirkte eigentlich ganz

29	T:	so eh eine kappe
30	P:	Beinah
31	T:	so wie mephisto manchmal (.) eh (.) oder
32	P:	oder eher wie PFERDE die haben doch solche
33	T:	Ja
34	P:	klappen. [scheuklappen? nicht.]
35	T:	[h=hm h=hm]
36	P:	und sonst war er ganz normal? und klopfte eigentlich auch bloß auf den kopf zuerst und (.) war alles
37		so ganz leicht und (.) wie gesagt dann sch- (11.0)
38	T:	zeit noch?
39	P:	ne woche?
40	T:	ja. ja.
41	P:	ja.
42	T:	ja. eh am mittwoch, eh=
43	P:	ja.

Passage 16

Die Initiative geht vom Analytiker aus. Er ergreift von sich aus die Gesprächsinitiative unter Aufhebung der lokalen Kohärenz, indem er die im Traum auftauchende Figur des Phantoms anspricht. Er redet aber nicht direkt von der Traumfigur, sondern von einer ihm bekannten gleichnamigen Krimiserie, die er in Verbindung setzt mit der Aussage Amalies, dass sie vor dem Schlafen einen Krimi gesehen habe. Amalie distanziert sich explizit von dieser Krimiserie, die der Analytiker ins Gespräch gebracht hat. Sie verleiht dieser Distanzierung Nachdruck, indem sie einen umgangssprachlichen affektbesetzten Ausdruck benutzt (Z. 4: »gottes willen«). Vom wiederholten Erwähnen dieser Serie durch den Analytiker setzt die Patientin sich in einem zweiten Schritt ab, indem sie diese der Sphäre ihres Neffen respektive ihrer Schüler zuweist. Damit positioniert sie den Analytiker als einen, der sich für »Kinderkram« interessiert, von dem sie sich als »Derrick«-Zuschauerin abhebt. Nach dieser Dialogpassage, die so deutlich eine Differenz zum Analytiker markiert (Z. 1–10), stellt sie nun von sich aus einen Zusammenhang zum Traum her, indem sie die Krimiszenerie als »Kulisse« für den Traum betrachtet (Z. 22). Dass es von da an um den Traumkontext geht, zeigt sich an Merkmalen des sprachlichen Duktus, die für die Suchbewegung des Traumberichtens charakteristisch sind (vgl. zur Traumrhetorik unter 1.1.6). Wörter und Ausdrucksweisen wie »wahrscheinlich« (Z. 22), »irgend«, »was weiß ich« (Z. 23, 24) sowie oftmals abgebrochene syntaktische Gebilde und Tonhebungen am Ende von Wörtern (Z. 34, 36) markieren, dass es in diesem Abschnitt um den Versuch einer Vergegenwärtigungsleistung geht, die nicht ohne Weiteres abrufbar ist. Es ist diese Art von Dialog über den Traum, der eigentlich unmittelbar im Anschluss an die Traummitteilung zu erwarten wäre: ein Versuch, sich die eben geschilderten flüchtigen Bilder und Szenen nochmals zu vergegenwärtigen, nochmals einzutauchen in die Traumszenerie, nochmals etwas davon zu fassen zu bekommen. Wie bei der Analyse von Stunde 27 herausgearbeitet (vgl. unter 3.2), setzt im Anschluss an eine Traummitteilung eine Art Suchprozess ein, ein Abtasten verschiedener Elemente, Szenen und Figuren, die dann auf irgendeine Art und Weise mit dem alltäglichen Leben und/oder früheren Erinnerungsspuren in Verbindung gebracht werden. Das besondere Kennzeichen dieser miteinander in recht lockerem Zusammenhang stehenden Äußerungen ist im Allgemeinen eine gewisse Offenheit, die dem Zuhörer ermöglicht, aus seiner Sicht eine Verbindung zwischen den vorgebrachten Elementen herzustellen. Darin besteht die implizite Erwartungshaltung, mit der jemand einem Gegenüber von seinem Traum berichtet – jedenfalls dann, wenn man davon ausgeht, dass den Erzählenden ein Deutungswunsch zum Erzählen treibt (vgl. 1.2.1). Daraus könnte dann im Sinne einer dialogischen Arbeit zwischen Traumerzähler und Zuhörer etwas entstehen, das alleine nicht oder nicht so zu erreichen, aber auch nicht von vornherein absehbar ist. Der ganze Duktus in diesem letzten Abschnitt ist gekennzeichnet von dieser aus traumrhetorischer Sicht typischen Suchbewegung, die auf ein dialogisches Komplettieren seitens eines mitbeteiligten Gegenübers gerichtet ist. Die Besonderheit besteht darin, dass diese Passage am Ende der Stunde steht. Die Zeit ist abgelaufen, der Analytiker beendet die Stunde relativ abrupt (Z. 38). Mit der Zeile 43 aus *Passage 16* ist die Stunde beendet.

Fazit

Im Hinblick auf den Stundenverlauf drängt sich die Frage auf: Wieso wird erst am Schluss nochmals in dieser Weise über den Traum gesprochen? Er wurde ja ganz zu Beginn der Stunde erzählt, es wäre genügend Zeit gewesen, das eine oder andere zu vertiefen. Eine Betrachtung auf der formalen Ebene des Gesprächs, die von der Frage ausgeht, wann und wie über den Traum gesprochen wird, zeigt, dass der Traum ganz zu Beginn und ganz am Schluss explizit eine Rolle spielt, die meiste Zeit dazwischen jedoch nicht. Amalie erzählt ihren Traum am Anfang der Sitzung. Anschließend berichtet sie von den entsprechenden Fantasien. Sie betont, sich etwas überwinden zu müssen, ihre Einfälle zum Traum zu erzählen. Dabei fällt auf, dass es sich nicht um Assoziationen handelt, die jetzt und hier in der analytischen Situation in Form freier, spontaner Einfälle entstehen. Vielmehr sind sie quasi schon »vorproduziert« worden, offensichtlich gleich nach dem Aufwachen (vgl. *Passage 15*). Und diese Kette »Traum – voyeuristische Fantasie bei Vergewaltigungsszenen – Gefühl, dass das nicht so schlimm sei« ist auch am Vormittag in der Schule bei der Lehrerin Amalie X sehr präsent. Am Anfang der Stunde, als noch viel Zeit vorhanden ist, einen offenen dialogisch und kooperativ angelegten Prozess durch entsprechende Äußerungen zu initiieren, wird von der Analysandin ein in sich relativ geschlossener »präparierter« Einfall präsentiert, der vom Analytiker so zur Kenntnis genommen wird. Die wesentlich offeneren Äußerungen zum Traum, die im Hier und Jetzt der analytischen Situation entwickelt werden und viel eher auf Partizipation des Gegenübers angelegt sind, erfolgen jedoch erst ganz zum Schluss der Stunde. Als der Analytiker ansetzen könnte, etwas zu ihrem Traum zu sagen, ist die Sitzung um.

Ausgehend von diesem spezifischen Umgang mit dem Traum im Stundenverlauf stellt sich auch hier die Frage nach der Funktion der Traummitteilung: Amalie erzählt zwar ihren Traum und es zeigen sich Ansätze, dass von ihrer Seite ein Deutungswunsch – aufgrund der von Bartels (1979) beschriebenen Motivlage – besteht. Sie leitet ihre Traummitteilung ein mit Attributen, die das destabilisierende Potenzial dieses nächtlichen Geschehnisses nahelegen. Es handle sich um einen »ganz bösen Traum, wirklich erschreckend« (*Passage 13*, Z. 1). Diese einleitende Beschreibung suggeriert, dass das nächtliche Erlebnis, das als außerordentliches Ereignis Angst einflößend und bedrohlich war, die Integrität infrage gestellt hat. Mit anderen Worten: Es muss ein Ort gefunden werden, von dem aus Integration geschehen könnte. Die analytische Situation *ist* gemäß analytischem Selbstverständnis ein solcher Ort, und die Schilderung des nächtlichen bösen Traums hat genau dort ihren Platz. Ein genauerer Blick auf diese Stunde am Tag nach dem nächtlichen Traum, auf den ganz spezifischen Umgang der Träumerin mit ihrem Traum zeigt dann aber ein erstaunlich anderes Bild. Da ist nicht mehr viel zu erkennen von einem Deutungswunsch, der darauf drängt, einen erlebten Bruch zwischen Traumwelt und Wachwelt zu heilen. Es wird kein Bedarf dahingehend deutlich, dass ein interpretierendes Gegenüber etwas dazu beitragen soll, die infrage gestellte Sinnhaftigkeit und Ordnung wiederherzustellen. Ja, es entsteht gar kein interaktiver und kommunikativer Raum, in dem das Gegenüber etwas aus der potenziell vorteilhaften Distanz zum berichteten Traumgeschehen im Sinne von Verständnis- und somit Integrationshilfe beitragen könnte. Ein wirklich gemeinsames dialogisches Zusammenarbeiten an diesem Traum findet nicht statt.

Der Traum verschwindet relativ bald hinter den erwähnten voyeuristischen Fantasien. Es wurde deutlich, dass diese von Amalie selbst mit Attributen moralischer Verwerflichkeit verknüpft werden. Erneut erweist sich damit der Modus der Traummitteilung als geeignet, um sozusagen Anlauf zu nehmen, damit über diese Fantasien gesprochen werden kann. Deutlicher als in Stunde 7 zu Beginn der Analyse zeigt sich hier, dass dieser Einsatz des Traums als triangulierendes Element zur Folge hat, dass wenig Raum für ein dialogisches Erschließen offenbleibt. Die Analysandin Amalie nutzt den Erzählmodus »Traummitteilung« hinsichtlich seines großen Freiheitsgrades, was die Selbstaneignung betrifft, um über etwas reden zu können, was sonst vielleicht verschwiegen werden müsste. In Form einer Paraphrase: »Was kann ich denn dafür, dass ich nachts solch üble Träume am Hals hab … aber wenn wir schon mal dabei sind, da gibt es diese Fantasien, von denen muss ich Ihnen unbedingt berichten …«. Dieses Nutzbarmachen der Traummitteilung hat zur Folge, dass es in der Stunde wenig Raum für den Analytiker gibt, etwas Neues und für Amalie nicht Absehbares beizutragen.

Dass dies so ist, ist nicht allein auf die mehr oder weniger explizite Initiative Amalies zurückzuführen. Vielmehr wird dieser spezifische Stundenverlauf interaktiv hergestellt. In *Passage 14* (Z. 1, 7) zeigt sich, dass sich die erste Reaktion des Analytikers eigentlich nicht auf den Traum bezieht, sondern auf den ersten Kommentar Amalies zum Traum. Aus variationsanalytischer Sicht könnte er genauso wie in Stunde 27 seine Analysandin auffordern, mitzuteilen, was ihr zu diesem Traum einfällt. Er tut dies aber zunächst nicht, sondern erst am Ende der Stunde – und zwar in der oben beschriebenen modifizierten Art und Weise, dass er selbst ein bestimmtes Element, die Figur des Phantoms, aus dem Traum herausgreift und aktiv ins Gespräch bringt. Damit wird deutlich, dass der Umgang mit dem Traum in Form interaktiver Verschränktheit hergestellt und nicht von einer Seite aus vorgegeben wird.

In der Abschiedsstunde (Stunde 517) zeigt sich der in Stunde 251 an einzelnen Passagen beobachtbare kompetitive Dialogstil noch deutlicher. Dabei geht es darum, wie mit dem Traum umgegangen werden soll, allenfalls auch um die Frage, wer den relevanten Gesprächskontext definiert (vgl. Deppermann 2001, S. 67), also die Frage, wer bestimmt, was besprochen werden soll und was nicht.

4.1.3 Wie verabschiedet man sich von seinem Analytiker? (Stunde 517)

Es ist die letzte Stunde der Psychoanalyse von Frau Amalie X. Wie macht man das in der allerletzten Stunde? Wie verabschiedet man sich von seinem Analytiker, nach über fünf Jahren und mehr als 500 Stunden?

Die Stunde 517 kann, von der Sukzession der einzelnen Gesprächsthemen her betrachtet, in folgende Abschnitte gegliedert werden:

- Eröffnungssequenz mit Fragebogen zur Evaluation;

- erster Traumbericht: »Alte Damen auf dem Friedhof«;
- Assoziationen zum ersten Traumbericht;
- zweiter Traumbericht (letzter Traum in der Analyse);
- Fortsetzung der Assoziationen zum ersten Traumbericht;
- Assoziationen zum zweiten Traumbericht;
- Thematisierung der Beendigung;
- Abschiedssequenz.

Die ausgewählte Passage steht ziemlich am Anfang dieser Stunde, nachdem der Analytiker Amalie einen Fragebogen mitgegeben hat, den sie ausfüllen möge zum Zwecke der Evaluation. Diese Sequenz wird abgeschlossen durch *Passage 17*.

1	P:	oh (hh.) (3) (hh.) (hh.) ohje; (hh.) (14) wie sagen politiker so
2		schön wenn sie geburtstag haben, (1) ein ganz normaler arbeitstag. (.hh) (hh.) (2)
3		ganz normaler arbeitstag (53) hm (.hh) (hh.) (sehr tiefes Ausatmen) (2) ich
4		erzähl Ihnen noch einen traum;
5	T:	Hm
6	P:	hm; (4) soll ja patienten geben die dann einfach wegbleiben die letzte stunde ich
7		nahe dran des zu tun; (2) oder (1) nichts mehr sagen (-) kann man auch machen (2)
8		kann man alles machen sicher (7) ich habe geträumt dass (1) irgendwo doktor *171
9		ging, (-) NEIN (-) stimmt doch gar nicht *59 (3) unter kollegen und (2) ich weiß nicht
10		ich lachte über den oder man lachte über den (-) so wie der des macht oder so
11	T:	ging also wegging=
12	P:	nein er lief.
13	T:	(-) h=hm ja.
14	P:	aber ich glaub es war die frau *95 gemeint und es ging um (.) analysen aufhören und und (.hh) äh
15		irgendwie wurde es (.) belacht wie der das macht ah ja klar DER

Passage 17

Was rein formal auffällt, ist die Eröffnung (Z. 1) in einer betont zögerlichen, von stöhnenden und leidenden Lauten und Äußerungen geprägten Art. Mit der

Aussage in Zeile 2f. macht Amalie deutlich, dass sie diesen besonderen Anlass, die letzte Stunde ihrer Analyse, so normal wie möglich über die Bühne bringen möchte. Durch den Vergleich zwischen ihr und ihrer letzten Analysestunde mit dem Geburtstag von Politikern positioniert sie sich als bedeutsame Person an einem bedeutsamen, nicht alltäglichen Anlass. Erst auf dem Hintergrund dieser doppelten Wichtigkeit wird der Ausspruch »ein ganz normaler arbeitstag« etwas Besonderes: nämlich ein Versuch der Bagatellisierung eines an sich speziellen Ereignisses, der in paraphrasierter Form etwa folgendermaßen lauten könnte: »Ach Leute (Presse, Fotografen, Journalisten etc.), nun macht doch mal nicht so ein Aufheben, ich hab ja jedes Jahr wieder Geburtstag, und dazu trag' ich gar nichts bei, also lasst mal die Aufregung.« Mit anderen Worten, erst auf dem Hintergrund, dass andere Leute den Geburtstag als solchen wahrnehmen, Gratulationen, Geschenke und Blumen bringen, erst von dieser Fremdpositionierung aus, dass der heutige Tag etwas Besonderes ist und zur Feier Anlass gibt, kann von der Normalität des Arbeitstages gesprochen werden. Vor diesem Hintergrund erscheint die auffällige nonverbale Eröffnung, die anzeigt, dass es sich um alles andere als einen ganz normalen Arbeitstag handelt, schlüssig. Um nochmals zu paraphrasieren, was Amalie damit ausdrückt: »Ich weiß ganz genau, dass es sich nicht um eine normale Stunde handelt, aber ich würd' gern so tun, als sei es so. Und ich würd' gern so tun, als käme das Außergewöhnliche, das Besondere der letzten Stunde, nicht von mir, sondern von meinem Analytiker. Der findet das vielleicht außergewöhnlich. Für ihn ist die letzte Stunde vielleicht etwas Besonderes, für mich ist sie normal.« Mit dem Beginn der Traummitteilung (Z. 8) realisiert sie jedoch gerade die »normale Analysestunde« und bedient sich ihres favorisierten Mitteilungsmodus, wenn es darum geht, die Beziehungsdynamik im Hier und Jetzt zu regulieren. Wie schon mehrmals beobachtet, wendet sie sich von der direkten Beziehungsebene zum Analytiker ab und ihrem Traum zu. Vorher fügt sie aber noch eine Sequenz (Z. 6–8) ein, in der sie auf andere Arten der Gestaltung einer letzten Stunde zu sprechen kommt (»einfach wegbleiben«, »nichts mehr sagen«), die sie als mögliche Varianten präsentiert, aber nicht realisiert.

Erst in Zeile 14 wird klar, dass der Traum zwar formal als eine Art der Distanzierung vom Hier und Jetzt wirkt, inhaltlich jedoch genau das Thema des Beendens von Analysen behandelt. Dies gilt jedenfalls für die Eröffnungssequenz. Danach geht es weiter mit einer Friedhofsszenerie mit alten Damen und Schuhlöffeln. Amalie assoziiert selbstständig und reichhaltig zu diesem ersten Traum. Die folgende Passage bildet den vorläufigen Schlusspunkt des Dialogs zum ersten Traum.

P: ich kann nur wiederholen dass ihre frau =
T: h=hm

3 P: gut in schuh reinpaßte. (--) und ich nur mit hilfe eines schuhlöffels das tun konnte. (1) (stöhnt)

4 T: es war auch eine frage wieviel hilfe sie bekommen haben hier und (1.5) ähm

5 P: wissen sie ich wollt noch schnell sagen was ich heut nacht [geträumt hab]

6 T: [h=hm]

(([4]P: unter vielen andern Dingen. als an meiner, an meiner, ich hab ja so ne, Anlage so ne Türöffner so mit Telefon und da hat es geläutet und eh da sagte jemand, ›ich möchte nur von Ihnen wissen was Interpretation ist, oder wie man interpretiert‹. und dann sagt ich noch ›sind Sie Akademiker‹. und dann sagte die Stimme ›ja‹ und dann hab ich auf den Knopf gedrückt, und dann kam nicht diese Frau die Treppe rauf wie ich es erwartet hatte, von der Stimme her sondern eine Familie. ganz viele Leute, Männer, Frauen, meistens so ja schon älter. und, und das, sie sagten wir sind alles Anthroposophen und unten hat sich schnell unter mir das war also zu Haus in meiner Wohnung der Traum und, hat sich eine Tür geöffnet und die *239 hat ein Buch rausgegeben und hat gesagt ›da wissen Sie alles über Interpretation‹. und dann wie sie vor meiner Tür standen sagten sie ›also wir sind Anthroposophen‹. und dann stand in meiner Wohnung ein ganz großer Flügel und die war plötzlich völlig: unaufgeräumt des war entsetzlich! da lag, ein Kleid auf dem Glastisch, und da lag, ne Unterhose auf dem Sofa. und es war schlimm und ich dachte noch im Traum ich hab doch aufgeräumt als *197 kam und, es war, dann doch wieder nicht so daß ich es also, furchtbar tragisch nahm ich hab dann einfach was unter das Sofakissen gestopft. und hab versucht so ein bißchen aufzuräumen. und dann haben wir uns unterhalten über, Hermeneutik oder, es es ging dann glaub plötzlich jemand an's Klavier ich weiß nicht mehr. auf jeden Fall sah es in meiner Wohnung nicht nach Gästen aus. das war schon erstaunlich. gestern abend hatte ich ein Telefongespräch mit einer Kollegin sie erzählte mir, sie sei eingeladen gewesen und da sei es, da erstaunlich. hätt es so gestunken und nach Katze und sei alles rumgefahren, Hosen, ne Sporthose vom Mann auf dem Tisch und, es sei furchtbar gewesen. ne schmutzige Wohnung. das war also gestern abend noch ein

4 Die nachfolgende Passage enthält die Traummitteilung, die nicht im Einzelnen gesprächsanalytisch untersucht wird, als Kontextinformation aber von Relevanz ist. Die hier in Klammern wiedergegebene Passage wurde gemäß den Transkriptionsregeln nach Mergenthaler (1986) angefertigt.

		Gespräch und. so sah es da in meiner Wohnung aus wie es sonst nie aussieht. und neulich traf ich beim Röntgen, sehr interessanten Mann der war Anthroposoph, von der *955. (stöhnt) und die Treppe rauf.))
7	P:	aber sie wollten glaub ich noch was anderes sagen (2.0) wie viel ich mitbekommen hab wolln sie des
8		in gramm und komma wissen? kann ich ihnen keine [antwort geben].
9	T:	[h=hm] nein und nicht daß ichs wissen wollte es war (.) ihnen eingefallen. und es-s war (.) ein gedanke
10		zum (.) schuhlöffel (.) zur hilfe.
11	P:	ja (h.) (5.0)

Passage 18

Mitten im Kontext des Dialogs über den ersten erzählten Traum, in dem alte Damen und Schuhlöffel vorkommen, stellt der Analytiker einen Bezug zur Situation der Abschiedsstunde her. Anknüpfend an die Formulierung Amalies, sie sei im Traum bloß mithilfe eines Schuhlöffels in den Schuh gekommen (Z. 3), greift er das Stichwort »Hilfe« auf, bezieht es auf die aktuelle Situation »hier« (Z. 4) und verlässt somit den Kontext der Traummitteilung. Seine Äußerung in Zeile 4 schließt nicht weniger als eine implizite Aufforderung zur Beurteilung des Therapieerfolgs ein (vgl. auch Deppermann/Lucius-Hoene 2008). Die Formulierung im Präteritum kann als Indiz für einen distanzierenden Aussagemodus verstanden werden (Zint 2001). Die Deklarierung dieser Äußerung als Frage suggeriert, dass es nicht der Wunsch des *Analytikers* ist, von seiner Analysandin zu erfahren, wie viel Hilfe sie von ihm bekommen hat, sondern dass dies ihre Frage ist. Gleichzeitig wirkt diese formal als Deutung zu qualifizierende Aussage als Aufforderung ans Gegenüber. Was die Erwartungen des Analytikers betrifft, wäre eine präferierte Folge dieser Äußerung ein Eingehen auf seine Aufforderung und ein dankbares Votum, dass die Therapie viel geholfen und der Therapeut seine Sache gut gemacht hat. Amalie jedoch geht in ihrer Reaktion mit keiner Silbe auf diese Aufforderung ein, sie ignoriert die Folgeerwartung des Analytikers. Anstatt seine Erwartungen zu erfüllen, erzählt sie einen weiteren Traum. Dass sie die zweite Traummitteilung mit den Worten » ich wollt noch schnell sagen was ich heut nacht geträumt hab« einleitet (Z. 5), zeigt, dass sie auch beim letzten Traum nicht vorsieht, sich diesem zusammen mit dem Analytiker ausführlich zu widmen. Diese Ankündigung des Traums klassifiziert ihn als Ereignis, das in aller Kürze und wie beiläufig mitgeteilt wird. Die Funktion ist dabei der ersten Traummitteilung sehr ähnlich. Hier wie dort steht die Bewältigung einer kommunikativen Aufgabe im Zentrum, derer sich Amalie mit der Mitteilung eines Traums entledigt. Sie wird nicht über das Thema Abschied sprechen, und erst recht nicht darüber, ob und inwiefern ihr diese Therapie geholfen hat.

Dies ist der Stand des Dialogs, bevor der Traum erzählt wird. Nach der Schilderung des letzten Traums in der Analyse (vgl. 4.3.3 zum Inhalt dieses Traums) kommt Amalie dann nochmals auf die implizite Aufforderung des Analytikers (Z. 4) zu sprechen. In einer unmissverständlichen Fremdpositionierung weist sie dabei dem Analytiker die Initiative für diese Frage zu (Z. 7) und verweigert sich damit zugleich der impliziten Fremdpositionierung des Analytikers (Z. 4), dass es ihre Frage sein könnte. Diese Wiederaufnahme nach der Traummitteilung schließt so nahtlos an Zeile 4 an, dass man den Traumbericht glatt weglassen und Zeile 7 gleich an Zeile 4 anfügen könnte, ohne dass sich ein Bruch im Gesprächsverlauf ergeben würde. Die Traummitteilung hat an dieser Stelle die Funktion eines Moratoriums, das nach selbst gewählter Distanzierung eine Wiederannäherung ermöglicht, wenn auch nicht im Sinne der oben definierten Folgeerwartung. Sie nimmt die Frage nach dem »wie viel« wörtlich und beantwortet sie in ironisch-spöttischer Weise, als ob dies in physikalischen Kategorien gemessen werden könnte (Z. 8). Gegen diese von ihr selbst als absurd dargestellte Form des »wie viel« kann sie nun jeden Antwortversuch von vornherein als unmöglich darstellen und ablehnen. Die Reaktion des Analytikers besteht in einer zweifachen Verneinung. Er lässt diese Fremdpositionierung nicht gelten, sondern gibt den Ball wieder zurück an Amalie: Die Frage nach dem Ausmaß der Hilfe sei ein Einfall von ihr. Dies darf nach sorgfältiger Lektüre der Stunde 517 als Unterstellung taxiert werden. Nirgends wird von Amalie erwähnt, dass die Frage, wie viel sie hier in der Analyse bekommen habe, *ihre* Frage ist. Der zweite Antwortteil, es sei ein Einfall zum Traum und zum Schuhlöffel, macht nun die Vermutung explizit, dass der Analytiker diesen Zusammenhang benutzt, um seine Frage nach einer Evaluation beantwortet zu bekommen. In seiner Replik negiert er allerdings diese von Amalie wohl zu Recht geäußerte Fremdpositionierung.

Fazit

In beiden Fällen wird die Traummitteilung in der letzten Analysestunde ganz spezifisch eingesetzt. Auch hier wird der Traum als triadisches Element verwendet. Vom Stundenverlauf her und aus der Dynamik der letzten Stunde heraus betrachtet, wird der Traum aber nicht mitgeteilt, um über ein anderes wichtiges Anliegen zu sprechen, wie dies in Stunde 7 und 251 der Fall war. Vielmehr dient die Traummitteilung dazu, über etwas anderes *nicht* sprechen zu müssen: Themen wie Abschied und evaluierender Rückblick könnten damit umgangen werden. Interessant ist jedoch, dass beide Themen nicht wirklich mit der Traumschilderung erledigt sind. Der erste Traum dreht sich in der

Eingangssequenz explizit um den aktuellen Gesprächskontext: »Wie beendet man Analysen?« Bei der zweiten Traummitteilung wird nach der Darstellung des Traums explizit der Redebeitrag des Analytikers vor dem Traum aufgenommen, wenn auch nicht im Sinne der präferierten Folgeerwartung. In beiden Fällen dient also der Traum als spezifisch triangulierendes Element, um den dyadischen Raum zu öffnen und über den Umweg des Traums wieder auf das ursprüngliche Gesprächsthema zurückzukommen.

4.1.4 Die Traummitteilung eröffnet kommunikative Möglichkeiten

Die Traummitteilung wird in allen drei Stunden so verwendet, dass durch den Rekurs auf den Traum etwas mitgeteilt werden kann, was nicht in dieser Art und Weise oder überhaupt nicht hätte mitgeteilt werden können. Das Erzählen des Traums steht in allererster Linie im Dienste der Wegbereitung, als einleitende Vorbereitung, um besser oder überhaupt über bestimmte Dinge reden zu können. Die Traummitteilung soll dafür eine Art Atmosphäre schaffen. Der Modus der Traummitteilung eignet sich ganz ausgezeichnet für diesen Zweck. Irgendwie geschieht das Träumen nachts, nirgendwo anders als in einem selbst. Und doch fühlt es sich nicht so an, als würde man das Ganze selbst produzieren. »Mir hat geträumt«, diese Passivformulierung bringt die Sache auf den Punkt. Es gibt kein Subjekt, kein Ich, das sich als Urheber der nächtlichen Szenen versteht. Vielmehr wird das Geträumte als ein von außen kommendes Widerfahrnis erlebt, was im subjektiven Erleben dazu führt, »dass das Träumen prinzipiell eine verantwortungslose Angelegenheit ist« (Bergmann 2000, S. 45).

Und doch: Niemand anderes als der Träumende selbst ist Regisseur und Produzent dieses kurzen, oft surrealen Films, der da nachts auf der inneren Traumleinwand abläuft. Er ist nie bloß unbeteiligter Zuschauer – obwohl es sich oft gerade genauso anfühlt. Das Irritierende ist das Kontra-Intuitive: auf etwas angesprochen werden, für das man sich nicht verantwortlich fühlt, wobei man sich aber der Tatsache nicht erwehren kann, dass man damit selbst einiges zu tun hat. Anders formuliert: Traummitteilungen sind gekennzeichnet durch »Offenbarung von Intimität im Modus des Fremdseins« (Boothe 2006a, S. 163). Intimes, das verdrängt und damit unbewusst wird, kann nur im Modus des Fremden erscheinen, das funktioniert gar nicht anders. Von daher rührt auch die verantwortungslose, »naive« Distanzierung vom eigenen Traumgeschehen. Es kommt in der Tat von »woanders« und doch von einem selbst. Das ist so, weil die Produktions- und die Erzählbedingungen unterschiedlichen Bewusstseinszuständen entstammen: dem Schlaf und dem Wachsein.

Es hat sich gezeigt, dass Amalie sich gerne und oft dieses triangulierenden Erzählmodus bedient, der kommunikative Räume eröffnet. Sie nutzt den großen Freiheitsgrad hinsichtlich der Selbstaneignung, um über etwas reden zu können, was sonst vielleicht nicht ausgesprochen werden könnte. Die unverhüllt sexuellen Träume, die als gegeben übernommen werden und »für die man ja nichts kann«, dienen als willkommener Anlass, um über das beschämende Thema »Sexualität«, das mit viel Unsicherheit verbunden ist, überhaupt sprechen zu können (Stunde 7). Der Helikoptertraum, bei dem man wie vor dem Fernseher zusehen kann, wie jemandem Gewalt angetan wird, bietet eine ausgezeichnete Vorlage, um über die selbst als moralisch verwerflich empfundene Fantasie sprechen zu können, dass man zuschaut, wie jemand vergewaltigt wird, und man dies, vielleicht zum eigenen Entsetzen, gar nicht so schlimm findet (Stunde 251). Und schließlich, wenn es um Abschied geht, um die Frage, wie man eine Analyse am besten beendet, und wenn der Analytiker gar noch wissen will, was er einem mit auf dem Weg gegeben hat, ist es äußerst vorteilhaft, wenn man einen, ja zwei Träume zur Verfügung hat, die man erzählen kann, um die heikle und schwierige Abschiedszeremonie leichter hinter sich zu bringen (Stunde 517).

Übertragungsdeutung – Der Traum führt ins Hier und Jetzt (Stunde 31)

Diese eben beschriebene und illustrierte Funktion des Traumberichts als Mitteilungsformat, um über schwierige Dinge sprechen zu können, ist zwar als Potenzial gegeben. Das heißt aber nicht, dass diese Funktion tatsächlich immer gewährleistet ist. Anhand der folgenden Passage aus Stunde 31 soll gezeigt werden, wie der als entfernter Dritter eingeführte Traum unvermittelt ins Hier und Jetzt der analytischen Situation führen kann.

Amalie meint im Anschluss an eine Traummitteilung, das Schlimme sei die immer wiederkehrende Zurückweisung. Das käme in jedem Traum seit Wochen vor, jede Nacht, es gäbe kein Entrinnen mehr. In diesem in Stunde 31 berichteten Traum bekam sie immer wieder Angebote, die aber gleich wieder zurückgenommen wurden, und zwar immer von demselben Mann, einem »Scharlatan«.

1	P:	und er hat dann noch (.) so medizinisches blabla gesagt und das hat sie (.) überhaupt nicht (2.0) hh.
2	T:	also mit der [scharlatanerie ist wahrscheinlich dann]
3	P:	[das war ihr !EGAL!::]
4	T:	meinen Sie auch die psychotherapie mit dargestellt und der psychotherapeut als scharlatan. (2.5) oder?

5	P:	(2.0) wahrscheinlich ja:
6	T:	und (-) [wahrscheinlich]
7	P:	[ja]
8	T:	Dann deshalb- auch deshalb dann nicht darüber sprechen wollen (3.0) könnte sein nicht? (---)
9	P:	NEIN das IST so.
10	T:	hm=m (1.5)
11	P:	(gegenteil)
12	T:	ja (2.5)
13	P:	(seufzt) (--) hh (-)
14	T:	hm=m ja.(Stühle rücken) (4.0) und ob auch wichtig dass sie jetzt nach hause fahren nicht? (2.0)
15	P:	ja vermutlich. auf wiedersehn. (--)

Passage 19

In dieser Szene zeigt sich, wie schwierig es wird, den Traum zu erzählen und über die latente Bedeutung des Traums zu sprechen, wenn die Beziehungskomponente – respektive die Übertragung – bewusst wird. Der Analytiker macht hier gegen Ende der Stunde, eingeleitet durch die Bemerkung »medizinisches blabla« (Z. 1), eine Übertragungsdeutung, die von Amalie abschwächend bestätigt wird (»wahrscheinlich ja«, Z. 5). Variationsanalytisch betrachtet interessiert in diesem Zusammenhang die Wortwahl des Analytikers. Durch die Wahl des abstrakten Substantivs »Scharlatanerie« (Z. 2) statt »Scharlatan«, was viel personaler und konkreter wäre, findet eine Stilisierung der Verfremdung und Vagheit statt. Analog dazu erfolgt die Wortwahl »psychotherapie« (Z. 4) im ersten Anlauf, erst danach der personale Ausdruck »psychotherapeut«. Außerdem fällt auf, dass der Analytiker den letzten Schritt der Deutung nicht ausformuliert, der wiederum im Sinne einer Variationsanalyse lauten könnte: »Und der Psychotherapeut bin ich«. Die vom Analytiker angebotene Vagheit und Offenheit der Deutung wird von Amalie mit der Partikel »wahrscheinlich« (Z. 5) aufgegriffen und vom Analytiker weitergeführt (Z. 6). Des Weiteren verbalisiert er ihre Unlust, darüber zu sprechen, und zwar auch im Modus der Rückversicherung mit dem Nachlaufelement (Post-completer) »oder?« (Z. 4), einer Partikel, die eine klassische Bestätigungsaufforderung darstellt. Amalies Bemerkung ist wohl nicht als Ablehnung zu verstehen, sondern als Bekräftigung. Als Paraphrase formuliert: »Nein, das *könnte* nicht nur so sein, das *ist* so« (Z. 9). Das heißt, verneint wird der Aussagemodus im Konjunktiv, nicht der Aussageinhalt. Anstelle des Konjunktivs wird dezidiert-betont der Indikativ gestellt. Indem der Analytiker schließlich verbalisiert, erneut mit einem Post-completer »nicht?« (Z. 8), dass es ihr entgegenkommt, dass die

Stunde jetzt gleich um ist und sie nach Hause kann, gibt er ihr zu verstehen, dass er die Schwierigkeit der aktuellen Situation erkennt. Die Schwierigkeit besteht in dem, was nicht in letzter Konsequenz ausgesprochen wird, aber implizit die ganze Stunde über mitschwingt. Es ist die finale Konsequenz dieser Übertragungsdeutung: Wenn der Scharlatan im Traum etwas mit dem Analytiker zu tun hat, dann gerät er selbst in die Rolle dessen, der Amalie zwar immer wieder Angebote macht, sie aber gleichzeitig auch zurückweist. Sie erlebt ihren Analytiker als einen der männlichen Protagonisten im immer wieder gleichen Drama um Annäherung und Zurückweisung. Die Stunde ist geprägt von diesem Zusammenhang, der sich nicht mehr wegschieben lässt.

Es ist an dieser Passage gut zu beobachten, dass der Traum sein Potenzial als vorteilhaftes Mitteilungsformat zu verlieren droht, wenn, durch die Initiative des Analytikers oder durch Kontextualisierung der Patientin selbst, der Übertragungsaspekt des Traums so deutlich wird. Der Versuch, durch Rekurs auf den Traum als Ereignis, das außerhalb der Beziehung zum Analytiker angesiedelt ist, die aktuelle Beziehungs- respektive Übertragungskonstellation zu modulieren, wird hier vom Analytiker durch dessen Intervention, eine aktualgenetische Übertragungsdeutung, wieder auf das Hier und Jetzt bezogen. Damit führt er den durch die Traummitteilung etablierten triadischen Raum in einen dyadischen zurück. Durch diese Übertragungsdeutung wird die Traummitteilung in ihrer Qualität eines dritten Referenzpunktes ausgeschaltet.

Interaktionsmuster des Traumdialogs

Die spezifische Qualität der Traummitteilung als Mitteilungsformat kann im Anschluss an diese Passage und die Überlegungen dazu nun nochmals deutlicher und konturierter gefasst werden: Durch die Einführung einer Traummitteilung wird aus einem dyadischen ein triadischer Kommunikationsraum, was gleichbedeutend ist mit einer Form von Beziehungsregulation zwischen Analytiker und Analysandin. In dieser Richtung lässt sich nun als Zusammenfassung der untersuchten Traumstunden ein Interaktionsmuster im Sinne einer makroprozessualen Gestalt formulieren, das für die meisten Traumdialoge zwischen Amalie und ihrem Analytiker handlungsleitend ist. Aufgrund der Komplexität des Traumdiskurses ist es sinnvoller, das dynamische Prinzip für die makroprozessuale Entwicklung im Sinne einer rekursiven Erzeugungsregel zu beschreiben, als detailliert die einzelnen Bausteine eines allfälligen Sequenzmusters herauszuarbeiten (Deppermann 2001, S. 77f.).

In vielen Fällen führt Amalie ein Traumnarrativ ein, um die direkte Beziehung zum Analytiker über das triadische Moment des Traums zu modulieren und zu regulieren. Das ist nicht nur eine Distanzierung vom Hier und Jetzt, sondern oftmals eine gelungene Kompromissleistung insofern, als es im Traum weiter um die analytische Beziehung geht, aber eben im Modus des Traums und damit im Modus größerer Distanz und weniger Verantwortung. Anhand verschiedener Passagen wird ein interaktives Muster deutlich, das zeigt, wie eine vorübergehende Distanzierung vom Hier und Jetzt der therapeutischen Beziehung über den Umweg des Traums zu einer neuerlichen Annäherung wird, die es erlaubt, auch über heikle, unliebsame oder beschämende Dinge zu sprechen. Indem dieser Umweg über den Traum als ein Drittes im Sinne eines »fremden« Widerfahrnisses von außen gewählt wird, kann ziemlich offen auch über manch schwieriges Thema gesprochen werden, ohne dass dies von Amalie als zu direkt und damit zu beschämend erfahren wird. Der Mitteilungsmodus der Traumerzählung lässt sich als sprachliche Inszenierung interpretieren, die eine spezifische Art der Beziehungsmodulierung und -regulierung kennzeichnet.

Strategische Nutzung des Modus »Traummitteilung«

Da es sich bei Traummitteilungen im psychoanalytischen Setting im Allgemeinen um erwünschtes Material handelt und dieser Analytiker im Speziellen bereits ab der ersten Stunde deutlich gemacht hat, dass er für Traumschilderungen ein offenes Ohr hat, handelt es sich um eine durchaus willkommene kommunikative Gattung, die allerdings in ihrer spezifischen Funktion eingesetzt wird. Somit handelt es sich hier um einen Anwendungsfall dessen, was Deppermann als »Strategische Nutzung« bezeichnet (2001, S. 101). Eine solche liegt dann vor,

> »wenn die mit ihr verbundenen erwartbaren, regelbasierten Reaktionen oder Inferenzen von Gesprächspartnern dazu benutzt werden, um andere, nicht offengelegte Ziele zu erreichen […]. [D]er Erfolg strategischer Nutzung spricht dafür, dass das postulierte Muster so stabil und verbindlich ist, dass der strategische Nutzer auf regelhafte Konsequenzen vertrauen kann« (ebd.).

Amalie benutzt den Modus der Traummitteilung in einer triangulierenden, beziehungsregulierenden Funktion. Dies kann als implizites, nicht offengelegtes Ziel verstanden werden. Der Analytiker macht ab der ersten Stunde deutlich, dass er von Folgendem ausgeht: Wenn ein Traum erzählt wird, dann untersuche ich möglichst gemeinsam mit der Analysandin den Inhalt dieser Traummitteilung. Dies kann als erwartbarer, regelbasierter Umgang mit Träumen in Analysen gelten. Und manchmal, wenn auch nur marginal, wird dieser regelbasierte Umgang mit dem Traum in der Stunde auch realisiert (vgl. Stunde 27).

In ihrer psycholinguistischen Studie untersucht Zint (2001) ebenfalls einige der Traumstunden aus der Analyse von Amalie X. Bezogen auf den eben dargestellten Befund kommt sie zu einem ähnlichen Schluss: Das Moment der Distanzierung und der Verantwortungslosigkeit beim Einsatz einer Traummitteilung spielt eine entscheidende Rolle. Durch den Traum wird eine Geschichte über Dritte etabliert, für welche die Träumerin jedoch keine Verantwortung übernehmen muss, da ihr diese im Schlaf zugestoßen sei. Als Grundlage für den Dialog entstehe eine Erzählung von im Traum Handelnden, über die es gelinge, das dargestellte Geschehen in die Distanz zu schieben und dann von außen zu betrachten. Daraus folgt eine Funktionsbestimmung der Traummitteilung als eines Sicherheit gewährleistenden »Schutzmechanismus«, der für »intermedialen Abstand« (ebd., S. 187) sorgt, sodass die Träumerin sich im Traum eher Konfliktsituationen stellen, Lösungsmöglichkeiten ausprobieren und Wünsche zum Ausdruck bringen könne, als wenn sie sich dieses Mitteilungsformats nicht bedienen könnte.

Grundsätzlich ist festzuhalten, dass der spezifische Umgang mit dem Traum keineswegs in immer gleicher Art und Weise vor sich geht. Während Amalie wie gesehen den Traum vorwiegend in kommunikativem Interesse einsetzt, geht der Analytiker davon aus, dass es nach dem berichteten Traum darum geht, sich dessen inhaltlicher Bedeutung zu widmen. Dass er mit diesem Ansinnen oft alleine dasteht und nur in Ausnahmefällen mit der Kooperation seiner Analysandin rechnen kann (vgl. die Musterstunde 27), dass also, um mit Moser (2003) zu sprechen, beide grundlegend unterschiedliche implizite Traumtheorien vertreten, diese Konstellation, dieses »Nicht-Matching« wird in den untersuchten Traumstunden nie verhandelt.

4.1.5 Diskussion: Der Traum als dritter Pol – Eigen und doch fremd

Dass Träume in der psychoanalytischen Tradition nicht ausschließlich aus inhaltlicher Perspektive betrachtet werden, sondern auch eine kommunikative Funktion besitzen, ist bekannt (vgl. 1.3). Überraschend aber ist vielleicht, dass bereits Freud, der ja mit seinem Dekonstruktionsprogramm der Traummitteilung als narrativer Gestalt eher skeptisch gegenüberstand, auch schon im Ansatz bestimmte Fälle beschrieb, bei denen die Traummitteilung eher in kommunikativer Sicht zu verstehen sei. In einem Text über die Technik der Traumdeutung (Freud 1923) stellt er einen Spezialfall des Traumes dar, den er als unübersetzbar taxiert. Es handle sich dabei um freie Bearbeitungen der zugrunde liegenden latenten Traumgedanken, ähnlich wie künstlerisch überarbeitete Dichterwerke, bei denen die Grundmotive zwar noch durchschimmern, aber in freier Umwandlung erscheinen. Das Entscheidende ist nun, dass Freud diesen Träumen eine bestimmte Funktion beimisst: »Solche Träume dienen in der Kur als Einleitung zu Gedanken und Erinnerungen des Träumers, ohne daß ihr Inhalt selbst in Betracht käme« (1923, S. 303).

Binswanger und Körbitz (2000) konkretisieren diesen bei Freud eher am Rand auftauchenden Ansatz. Sie betrachten Träume, die ganz zu Beginn einer Analysestunde erzählt werden, grundsätzlich aus einer funktionalen und weniger aus einer inhaltlichen Perspektive:

> »Wenn ich also einen Traum am Anfang bringe, liefere ich keine Assoziationen. Da kommt zuerst der Traum und dann kommt irgendetwas in der Erzählung des Analysanden, das er so nicht hätte erzählen können oder überhaupt nicht erzählt hätte ohne den Traum. Ein Traum am Anfang der Stunde ist zunächst nicht dazu da, gedeutet zu werden, sondern schafft die notwendige Atmosphäre, damit danach Dinge erzählt werden können, deren Besprechung ohne den Traum nicht möglich gewesen wäre« (Binswanger/Körbitz 2000, S. 30).

Dass es sich bei der Traummitteilung um einen Modus mit dem Charakter eines Verweises auf etwas Drittes handelt, wird durch Untersuchungen zur Traumrhetorik belegt: Nach Boothe (2000a) berichten wir Träume, indem wir kommunikativ deutlich machen, dass wir auf ein Ereignis verweisen. Wir artikulieren eine Referenz auf ein Ereignis, das sich ohne unser Zutun, absichtslos, in unserer Vorstellungswelt während des Schlafs vollzogen hat. Das Erzählen der Träume kann also dazu dienen, im Modus des Verweisens auf ein fernes Drittes etwas zur Sprache zu bringen, was in dieser Weise nicht ohne die Traumschilderung hätte gesagt werden können. Dieser Verweis auf etwas Drittes, das vom Träumenden zwar selbst produziert wurde, aber zum Zeitpunkt des Erzählens nicht als solches wahrgenommen wird, erscheint umso relevanter, wenn man einen Blick auf die Diskussion darüber wirft, wie das Erzählen eines Traums im psychoanalytischen Behandlungssetting verstanden wird und welche Schlussfolgerungen für den klinisch-therapeutischen Umgang damit verknüpft sind.

Der Traum wird von Pontalis (1974) auf spezifische Art und Weise verortet, und zwar als »no man's land« zwischen Analytiker und Analysiertem. Die Einführung eines Traums wird bei aller Verschiedenheit hinsichtlich seiner möglichen Funktionen doch als willkommenes Ereignis bewertet. Betont wird der entspannende Charakter, der dadurch zustande komme, »daß am Horizont unseres doppelten Blicks und unseres doppelten Gehörs – die je nach Position verschieden sind – sich etwas Abwesendes vergegenwärtigt und sich vergegenwärtigt, indem es abwesend bleibt« (ebd., S. 211). Diesen

Umstand des Rekurses auf ein Abwesendes nicht anzuerkennen, oder anders gesagt, das Äquivalentsetzen von Traum und Sitzung läuft nach Pontalis »in der Praxis Gefahr, einen Terrorismus – der Verfolgung und der Hörigkeit – zu begründen, deren Folgen die Klein-Schule, wie es scheint, nicht immer zu ermessen vermag« (ebd., S. 209).

Unterstützt wird diese Haltung durch den Aufsatz von Laplanche (2000), der zwischen einem subjektivistischen und objektivistischen Traumverständnis unterscheidet. Subjektivistisch oder intersubjektiv ist eine Auffassung, die den Traum in dessen Mitteilung aufgehen lässt. Gemeint ist damit eine phänomenologische Reduktion, also eine »Aufhebung jeder referentiellen Dimension des Diskurses«. Infolgedessen sei es vollkommen gleichgültig, ob sich der Diskurs des Analysanden auf einen Traum, eine Fantasie, ein Alltagsereignis oder die Äußerungen einer dritten Person beziehe. Wende man diese Auffassung, die jede Bezugnahme auf etwas Drittes außerhalb des analytischen Gesprächs aufhebt, konsequent an, dann würden, so Laplanche, etwa drei Viertel des Freud'schen Werks hinfällig. Betont ist auch hier die Wichtigkeit, ein Drittes anzuerkennen. Freuds Haltung sei, in Abgrenzung zur vorher dargestellten subjektivistischen, eine objektivistische. Wesentlich dabei ist, dass Freud, gemäß Laplanche, davon ausgehe, dass der »geträumte Traum« existiere, dass die Erinnerung an den Traum etwas anderes darstelle und die Traummitteilung noch einmal etwas anderes sei. Mit einem lapidar klingenden Zitat Freuds wird dieser wichtige Unterschied in diesem Zusammenhang verdeutlicht: »Ich meine, es ist überhaupt gut, gelegentlich daran zu denken, daß die Menschen auch schon zu träumen pflegten, ehe es eine Psychoanalyse gab« (Freud 1923; zit. nach Laplanche, S. 54). Diese Unterscheidung zwischen Traum und Traummitteilung anzuerkennen und zu betonen, bedeutet, anzuerkennen, dass es ein Traumobjekt gibt, das unabhängig von seiner Einbettung in die Übertragung etwas enthüllt. Dieser Umstand wiederum geht mit der Konsequenz einer technischen Haltung der Traumschilderung gegenüber einher, die sich unterscheidet von jedem anderen Diskurs in der psychoanalytischen Kur. Der Rekurs auf eine solche objektivistische oder, wie Laplanche sie auch nennt, eine »technologische« Sichtweise, soll nicht bedeuten, dass man zum Verständnis des Trauminhalts auf die Dimension der Übertragung verzichten kann und soll. Aber der Traum als psychische Realität und Referenz eines Diskurses kann nicht in seiner Erzählung aufgelöst werden.

Die Auseinandersetzung zwischen der französischen Psychoanalyse, in Gestalt der beiden Vertreter Laplanche und Pontalis, und der Klein-Schule um die Positionierung des Traums als eines referenziellen Moments, also eines Dritten, ist nicht nur von theoretischem Interesse. Sie hat vielmehr hohe klinisch-therapeutische Relevanz. Versteht der Therapeut die Hinwendung des Patienten zu einem Traum als einen Widerstand, der von der aktuellen Beziehungsdynamik wegführt? Oder anerkennt er sie als Versuch, einen zu bedrängenden dyadischen Raum zu einem triadischen hin zu öffnen, im Sinne einer letztlich auch für den therapeutischen Prozess förderlichen Beziehungsregulierung?

Anhand dieser Befunde zeigt sich, wie wichtig die Frage nach dem Traum als eines abwesenden dritten Moments ist. Dabei scheint gar nicht so klar zu sein, dass der Traum in erster Linie ein seelisches Produkt des Patienten darstellt. Ogden (2001), der in der Tradition Bions steht, bezeichnet den Traum zwar auch als »ein Drittes«, verortet ihn aber gerade nicht in einem »no man's land« außerhalb der Beziehung Analysand – Analytiker, wie Pontalis dies explizit tut. Vielmehr sei ein im Verlauf einer Analyse geträumter Traum die Manifestation des »intersubjektiven analytischen Dritten« (Ogden 2001, S 97). Damit wird zwar der hier vertretene Gedanke des Traums als eines Dritten aufgenommen, aber anders interpretiert: nicht als etwas, das durch den Rekurs auf etwas Drittes Distanz schafft, sondern als etwas gemeinsam Hergestelltes. Der Traum (des Analysanden wohlgemerkt) erscheint bei Ogden als eine gemeinsame Konstruktion, die durch das Zusammenspiel des Unbewussten des Analytikers mit dem Unbewussten des Analysanden entstanden ist. Dass es Träume gibt, die viel mit dem analytischen Geschehen zu tun haben, wird wohl von niemandem bestritten. Fraglich ist allein die Konzeptualisierung dieses Gedankens als Conditio sine qua non für die Traumentstehung. Durch dieses Verständnis wird die Bedeutung des Traums als eines dritten Referenzpunktes jenseits der analytischen Situation ausgehebelt.

Weniger was die Traumentstehung betrifft, als vielmehr bezogen auf den technisch-therapeutischen Umgang mit Träumen, denkt auch Ermann (1998), ein Vertreter einer strikt übertragungsbezogenen Traumanalyse, konsequent von der analytischen Situation aus (vgl. 1.3.2). Ermann geht davon aus, dass alles Geschehen im Stundenverlauf potenziell Übertragungs- respektive Gegenübertragungsmanifestation ist. In Bezug auf traumanalytische Arbeit heißt dies: Der spontan berichtete Traum hat die Bedeutung eines gewöhnlichen freien Einfalls in der Behandlungsstunde. Entscheidend ist die Funktion der Traummitteilung als Symptom der Übertragung, das heißt, die Traummitteilung bietet im Hier und Jetzt einen Dialog über die Übertragung an. Eine Traummitteilung ist, so Ermann, immer auch eine Einstellungsreaktion, das heißt eine Veränderung in der Nähe-Distanz-Regulation. Es tauche plötzlich ein anderer als der unmittelbar mit dem Analytiker geteilte Erfahrungsbereich auf. Das sei eine Distanzierung aus dem Hier und Jetzt. Die interessante Frage ist nun, wie der Therapeut mit dem Phänomen umgeht, dass mit der Traummitteilung als einer vom Patienten etablierten triadischen Kommunikationsform eine Veränderung der Nähe-Distanz-Regulierung stattfindet. Ermann entscheidet sich für einen strikt beziehungsanalytischen Ansatz. Die Analyse der Traummitteilung behandelt immer die gleiche Frage: Was sagt der Analysand über unsere Beziehung, indem er jetzt gerade dieses Bild benutzt? Gemäß Ermann steht der Traum ganz im Dienste der Beziehungsanalyse, was den Rekurs auf einen Kontext außerhalb der analytischen Beziehung quasi ausschließt. Mit anderen Worten: Die in diesem Abschnitt herausgearbeitete Funktion der Traummitteilung als etwas Drittes, das entscheidend ist für die Beziehungsregulierung, wird durch diese technische Haltung wieder auf ein zweidimensionales Setting zurückgeführt. So wird der seinen Traum erzählende Analysand, der vielleicht gerade deshalb seinen Traum erzählt, um der aktuell zu forcierten Dyade zu entkommen, wieder in diese zurückgeholt. Nach der hier vertretenen Auffassung muss die Beziehungsanalyse im Dienste der Traumanalyse stehen, und nicht umgekehrt. Der Traum erschöpft sich nicht in dem jetzt aktuellen Beziehungskontext zum Analytiker, sondern weist darüber hinaus, transzendiert diesen zeitlich (die spezifischen sich in der Übertragung aktualisierenden Beziehungsmuster haben eine Geschichte) und räumlich (es gibt ein aktuelles Leben außerhalb der Analyse).

Neben den Vertretern der französischen Psychoanalyse (Pontalis 1974; Laplanche 2000) setzt sich auch Mertens (2005/06) mit diesem strikt übertragungsorientierten Ansatz der Traumanalyse Ermanns in ähnlicher Weise auseinander, wenn er danach fragt, ob der Inhalt eines Traums in jedem Fall von der gegenwärtigen Beziehung wegführe und damit eine Abwehrbewegung darstelle oder ob er nicht viel eher eine Erläuterung des bisherigen Beziehungsgeschehens sei: »Kann er nicht auch eine Möglichkeit darstellen, Übertragungsanspielungen gleichsam ›durch die Blume‹ – mit Hilfe eines Traumes – auszudrücken?« (Mertens 2005/06, S. 48). Und weiter: »Denn Träume zu erzählen, kann von manchen Analysanden wie ein Triangulierungsversuch verstanden und gewünscht werden: Darf ich mich einem Dritten zuwenden oder verübelst du mir das?«

Aufgrund dieser Befunde stellen sich für die klinisch-therapeutische Arbeit mit Träumen neue Fragen. Es liegt auf der Hand, gerade bei der Abschlussstunde 517 die Funktion der Traummitteilung als Widerstand zu sehen. Eigentlich ginge es doch jetzt um die Interaktion im Hier und Jetzt. Die Mitteilung eines Traums führt von der gegenwärtigen Beziehung weg und stellt damit eine Abwehrbewegung dar. Die genaue Analyse der Passagen zeigt, dass es sich aber nicht nur um ein Abwenden vom gegenwärtigen Beziehungsgeschehen handelt, sondern auch um eine Erläuterung mithilfe des Traums. Dieser ist also sozusagen eine Möglichkeit, »etwas durch die Blume« auszudrücken.

Der Therapeut ist gefordert, sein hermeneutisches Repertoire zu erweitern. Versteht er dieses Vorgehen grundsätzlich als Widerstand? Oder versteht er es als unerlässliches rhetorisches (Hilfs-)Mittel, um über etwas sprechen zu können, was sonst gar nicht oder nicht so hätte mitgeteilt werden können? In der Analyse einzelner Passagen des Transkripts konnte herausgearbeitet werden, wie wichtig und zentral diese Strategie ist und welche weiteren Möglichkeiten sie eröffnet, die durch eine vorschnelle dyadische Einengung zunichtegemacht würden. Es hat sich gezeigt, dass über den Umweg und den erneuten Anlauf des Traums erstaunlich offen über die therapeutische Beziehung und andere heikle Themen gesprochen werden kann. Die Beurteilung dieser triadischen Funktion der Traummitteilung ist damit aber noch nicht abgeschlossen. Vielmehr stellt sich im Anschluss an diese Erläuterungen erst recht die Frage, ob Träume nicht auch im Dienste des Widerstandes erzählt werden können. Es gilt bei Traummitteilungen also herauszufinden: Handelt es sich um eine Erweiterung des kommunikativen Repertoires oder um ein Widerstandsphänomen?

4.2 Traummitteilung und Widerstand

Das Moment, mit der Traummitteilung über ein kommunikatives Instrument zu verfügen, mit dem man in Eigenregie und kontrolliert die analytische Beziehung regulieren kann, spielt bei Amalie eine wichtige Rolle. In den drei Stunden zu Beginn (7), in der Mitte (251) und am Schluss (517) wird die Traummitteilung immer als drittes Moment in das Gespräch eingeführt; es wird regelmäßig ein triadischer Raum eröffnet. Es hat sich aber gezeigt, dass die Funktion dabei hinsichtlich der Beziehungsdynamik respektive der Beziehungsregulation recht unterschiedlich ist. Während zu Beginn in Stunde 7 der Traum eingeführt wird, um über etwas (anderes) besser oder überhaupt sprechen zu können, dient die Traummitteilung in Stunde 517 gerade dazu, über etwas *nicht* zu sprechen, worüber angesichts der aktuellen Situation eigentlich gesprochen werden sollte, nämlich über den Abschied vom Analytiker und über den Rückblick auf die Analyse. In der mittleren Stunde 251 spielen beide Momente eine Rolle: Der Traum dient dazu, etwas hinter dem Traum Stehendes zu besprechen, die Art und Weise, wie darüber gesprochen wird, ist aber von Widerständigkeit geprägt.

Es stellt sich also die Frage, ob ein Traum auch im Dienste des Widerstands mitgeteilt werden kann. Damit wird die von Freud diskutierte Frage des Widerstands im Zusammenhang mit dem Traum erweitert. Es geht nicht mehr nur darum, ob bei der Arbeit am Traum Widerstand auftritt, sondern es gilt zu beantworten, ob schon die Traummitteilung an sich an einem ganz bestimmten Punkt des analytischen Gesprächs ein Widerstandsphänomen darstellt. Das letzte Beispiel aus Stunde 517 scheint dafür zu sprechen: Statt sich der aktuellen Beziehungsaufgabe zu stellen, sich vom Analytiker zu verabschieden und auf die Analyse zurückzublicken, erzählt Amalie einen Traum, der als Ausweichmanöver erscheint (vgl. auch Grimmer/Luif/Neukom 2008; Deppermann Lucius-Hoene 2008).

Thomä und Kächele (2006a) gehen davon aus, dass Widerstandsphänomene in therapeutischen Interaktionen *beobachtet* werden können, ganz im Gegensatz zu intrapsychisch zu verortenden Abwehrvorgängen, die erschlossen werden müssen (ebd., S. 124). Freud hat in seiner *Traumdeutung* (1900) eine relativ einfache Beschreibung dessen, was als Widerstand gilt, formuliert: »Was immer die Fortsetzung der Arbeit stört, ist ein Widerstand« (ebd., S. 521). Damit verbunden ist die implizite Folgerung, dass es dem wachsamen Auge des Analytikers obliegt, Widerstandsaktivitäten zu erkennen, bewusst zu machen und nach Möglichkeit aufzulösen. Ausgehend vom idealtypischen Ablauf einer Traumanalyse, wie sie anhand der Stunde 27 beschrieben und als entsprechendes Interaktionsmuster herausgearbeitet wurde, lässt sich die Freud'sche Formulierung im Bezug auf die gemeinsame Arbeit am Traum konkretisieren: Alles, was die gemeinsame traumanalytische Arbeit stört, ist ein Widerstand. Von dieser Grundlage ausgehend lassen sich drei Arten des Widerstands im Zusammenhang mit der Traummitteilung und der Traumanalyse beschreiben:

1. der Widerstand, den Traum zu erzählen,
2. der Widerstand gegen die dialogische Erschließung des Traums,
3. die Traummitteilung im Dienste des Widerstands.

4.2.1 Widerstand, den Traum zu erzählen (Stunde 8)

Amalie beschreibt mehrmals ihr Widerstreben, einen Traum zu erzählen. Die Gründe dafür sind verschieden. Meist geht es ihr darum, und dies zeigt sie dem Analytiker auch an, dass sie bereits Vermutungen zur Bedeutung eines Traumes hat und ihr das Sprechen über allfällige Zusammenhänge mit ihrem Leben schwerfällt. In anderen Fällen ist die aktuelle interaktive Dynamik zwischen ihr und dem Analytiker dafür verantwortlich, dass ein Traum kaum erzählt werden kann, wie ein Ausschnitt aus Stunde 8 zeigt.

Etwa in der Mitte der Stunde erwähnt der Analytiker eine Gesprächssequenz aus der vorangehenden Stunde, in der Amalie einen Traum erwähnt, ihn aber nicht erzählt hat.

1	T:	ja sie haben ja doch diesen traum (-) eh irgendeinen traum den sie (.) eh der irgendetwas
2		mit beziehungen zu tun hat und eh (.) nicht erwähnt nicht erzählt.
3	P:	nein ich möchte auch nicht.
4	T:	h=hm h=hm aber vielleicht ist da etwas enthalten von dem=
5	P:	Sicher
6	T:	h=hm (54)
7	P:	ich würd ihn vielleicht eher malen als aus (.) aussprechen
		((15 Zeilen ausgelassen; Gespräch über das Malen))
21	T:	und deshalb haben sie gar nicht (P lacht) mehr gemalt (-) h=hm (32)
22	P:	der traum war hh. ((stöhnt)) war vor ner woche glaube ich (--) ja (-) und der wird immer immer (.)
23		deutlicher weil ich natürlich
24	T:	h=hm
25	P:	mich unter dem zwang fühle den
26	T:	[ja]
27	P:	[eben jetzt DOCH] zu erzählen
28	T:	h=hm (7)
29	P:	das spielt ja aufm friedhof

Passage 20

Die Einführung des Kontexts aus einer vorhergehenden Stunde erfolgt relativ unvermittelt. Nur das »ja« (Z. 1) markiert so etwas wie ein Signal, dass jetzt ein anderer Kontext aktiviert werden soll. Kontextanalytisch betrachtet bezieht sich diese Äußerung auf die Endphase der Stunde 7, in der Amalie einen Traum angekündigt, aber nicht erzählt hat. Sie weist bereits in Stunde 7 deutlich darauf hin, dass sie nicht über diesen Traum sprechen möchte, und bemerkt scherzhaft, dass es ja nicht immer 45 Minuten sein müssten, mit anderen Worten, jetzt, da ihr dieser Traum einfällt, die Stunde ja auch einmal etwas früher beendet werden könnte. Auf die Frage, warum das Berichten dieses Traums so schwerfalle, antwortet sie, dass in diesem Traum eben reale Figuren vorkämen, die sie kenne. Es handelt sich um ein ziemlich ausführliches Gespräch über diesen nicht erzählten Traum am Ende der Stunde 7, der nun vom Analytiker mitten in der Stunde 8, also nicht am Anfang, wieder aufgenommen wird. Mit dem vom Analytiker initiierten Kontextwechsel hin zum erwähnten Traum ist die entsprechende Folgeerwartung verbunden, dass Amalie nun diesen so ausführlich thematisierten Traum auch erzählt. Mit ihrer ersten Reaktion darauf (Z. 3) realisiert sie die Position der dispräferierten Folge: Sie »möchte« den Traum nicht erzählen. In einem weiteren Schritt, der dritten Position, begründet nun der Analytiker, warum es aber doch sinnvoll sein könnte, den Traum zu erzählen (Z. 4). Diese Äußerung liegt auf der gleichen Ebene wie die bereits zu Beginn angedeutete Bemerkung (Z. 2), dass der Traum etwas mit Beziehungen zu tun habe und damit möglicherweise für das Verständnis des aktuellen Gesprächskontextes von Bedeutung sei. Mit dieser Bemerkung legitimiert der Analytiker einerseits den von ihm initiierten Kontextwechsel, andererseits wirbt er nochmals aktiv darum, dass Amalie den Traum erzählen möge. Sie bestätigt die Äußerung (Z. 4), dass der Traum etwas zum aktuellen Gespräch beitragen könnte. Nach einem kurzen Affirmationssignal und einer langen Pause (54 Sekunden), mit welcher der Analytiker seine Folgeerwartung nochmals unterstreicht, zeigt Amalie an, dass sie sich dieser immer noch aktuell bestehenden Folgeerwartung bewusst ist. Sie reagiert darauf, indem sie mitteilt, dass sie die Darstellung des Traums in einem anderen als dem verbalen Medium bevorzugen würde: Malen statt Sprechen, vielleicht (Z. 7). Nach einem Abschnitt, in dem über die Tätigkeit des Malens gesprochen wird, kommt Amalie nach einer längeren Pause wieder auf den ursprünglichen Kontext des Traums zurück. Mit deutlich vernehmbarem Stöhnen (Z. 22), der Bemerkung, dass sie sich unter einem Zwang (Z. 25) fühle und der Betonung des »DOCH« (Z. 27), das hier konzessiven Charakter hat, zeigt sie an, dass sie der Folgeerwartung des Analytikers nun doch nachkommt, aber eben nur unter großem Widerstand. Es folgt der erste Satz der Traummitteilung (Z. 29). Die Gesprächsaktivität des Analytikers ist in diesen letzten Sequenzen (ab Z. 21) von Zurückhaltung geprägt. Er schweigt und beschränkt sich dann darauf, mit affirmativen Elementen den Gesprächsfluss Amalies zu fördern, was letztlich dazu führt, dass seine präferierte Folgeerwartung realisiert wird und Amalie den Traum, um dessen Preisgabe ein regelrechtes »interaktives Gerangel« entstanden ist, mitteilt oder besser gesagt: enthüllt. Denn so wirkt diese Passage um diesen dritten erzählten Traum: wie ein Spiel um Enthüllung und Preisgabe eines wertvollen Schatzes. Der Analytiker macht keinen Hehl daraus, dass ihm viel daran liegt, diesen Traum erzählt zu bekommen. Seine Haltung ist nicht die des mit gleichschwebender Aufmerksamkeit Zuhörenden, sondern die des aktiv und engagiert Interessierten, der diesen Traumschatz bergen will. Und je mehr Amalie Gesprächsaktivitäten entwickelt, die diesen Traum dem analytischen Feld zu entziehen drohen, desto mehr Gesprächsaktivität entfaltet der Analytiker, um gerade diesen Traum zu hören.

Passage 20 zeigt, dass und wie das *Erzählen* eines Traums mit Widerstand verbunden sein kann, mit welchen sprachlichen und paraverbalen Mitteln die Analysandin diesen Widerstand manifestiert und wie der Analytiker als Interaktionspartner sich verhält, um trotz des Widerstands den Traum erzählt zu bekommen, was seiner präferierten Folgeerwartung entspricht. Im folgenden

Beispiel ist der Widerstand auf einer späteren Ebene als dem Erzählvorgang angesiedelt, und zwar im Kontext der Traumanalyse.

4.2.2 Widerstand gegen die dialogische Erschliessung des Traums (Stunde 328)

In Stunde 328 erzählt Amalie zwei Träume. Im ersten geht es um eine Kindsentführung, im zweiten um einen Brutalo-Schauspieler. An einem bestimmten Punkt verschließt sich Amalie gegenüber jeglichen Verstehensbemühungen ihres Analytikers. Sie tut sich sichtlich schwer, sich mit ihren Träumen zu befassen und seufzt mitten im Nachdenken darüber: »oh lassen Sie mich raus aus der Traumklammer.« Diese Äußerung bildet den unmittelbaren Kontext der folgenden Passage. Ganz am Anfang stellt der Analytiker diesen intertextuellen Bezug her.

1	T:	wie eine klAmmer fühlten sie (so) als wärs eine eine klammer da die sie nicht (-) aus der sie nicht
2		rauskommen (dies-).
3	P:	hm=m
4	T:	es ist ihr EIgenes klammern (15) ihr EIgener zugriff. (24)
5	P:	hm=m. (104)
6	T:	vielleicht gesteigert durch die (.) zurückweisung. (6.0)
7	P:	hh. (9.0)
8	T:	und sie hatten sich ja auch mit dem gedanken befaßt ob s- (---) die blumen und sie in den blumen
9		zurückgew- wiesen würden.
10	P:	ich kann dazu nichts sagen. (43)
11	T:	hm=m.
12	P:	muß erst drauf krabbeln. (836)
13	T:	ist es gut wenn sie ihre gedanken ins wochenende mitnehmen? sie sagten vorhin sie brauchten da
14		etwas zeit.
15	P:	ja ich glaub schon.
16	T:	hm=m.
17	P:	ist son punkt wo ich
18	T:	hm=m.
19	P:	glaube, daß ich selber das weiß.
20	T:	hm=m.
21	P:	wohins läuft und.

22	T:	hm=m.
23	P:	wo ich einfach nicht drüber sprechen möchte.
24	T:	hm=m.
25	P:	ich halts auch nicht für notwendig.
26	T:	mhm. (16) und sie denken (.) ich weiß es auch (4.0)
27	P:	offen gestanden (3.0) he (lächelt leise) (12) hh. ich finds grad gar nicht so wichtig.
28	T:	hm=m.
29	P:	was sie jetzt denken und was ich.
30	T:	hm=m.
31	P:	ob das sich (.) trifft.

Passage 21

Bereits bei einem flüchtigen Blick auf die ersten Sequenzen (Z. 1–9) fällt die Rollenverteilung hinsichtlich der Gesprächsaktivität der beiden Interaktionspartner auf. Der Analytiker redet, Amalie quittiert seine Beiträge mit einem »h=hm«. In der meisten Zeit der Analyse ist diese Rollenverteilung genau umgekehrt. Erst ab Zeile 10 ändert sich dies, allerdings nach einer sehr langen Gesprächspause von fast 14 Minuten. Mit der Äußerung in Zeile 4 nimmt der Analytiker Bezug auf die dieser Passage vorausgehenden Aussage Amalies: »oh lassen sie mich raus aus der Traumklammer.« Er reformuliert und verändert damit die Positionierung innerhalb dieser von Amalie benutzten Metapher der »Traumklammer«. Nicht er umklammere Amalie, sondern sie selbst habe sich aktiv im Klammergriff. Ohne im Detail auf den Inhalt dieser Passage einzugehen, wird doch deutlich, dass der Analytiker den Kontext anders bestimmt als Amalie, und zwar in einer Weise, welche die Interaktion grundlegend beeinflusst. Nicht er ist der Täter und sie das Opfer, nicht er müsste loslassen, damit sie frei wird. Sie selbst ist Täterin, und zugleich Opfer. Von der Äußerungsgestaltung und Formulierungsdynamik her betrachtet steht dieser Ausspruch sozusagen wie in Stein gemeißelt: keine Abbrüche, keinerlei Verzögerungssignale oder Abschwächungen, nicht in Frageform und ohne Nachlaufelemente oder Bestätigungsaufforderungen oder andere Hinweise auf dialogische Gestaltung formuliert, wirkt diese Aussage in ihrer Wucht unwidersprechbar: So ist es und nicht anders! Die zwei langen Sprechpausen verleihen der Aussage nichts Relativierendes, eher eine fast religiös-apodiktische Feierlichkeit wie etwa das Zitieren der Zehn Gebote. In analoger Beziehung zu diesem Pathos stehen auch Fragen der moralischen Zuschreibung. Zusammen mit der inhaltlichen Botschaft, mit der sich der Analytiker jeglicher Verantwortung gegenüber der Qualität der aktuellen Interaktion entzieht und gleichzeitig die ganze

Last der Verantwortung auf die Schultern Amalies lädt, erhält die Beobachtung der weiteren interaktiven Konsequenzen besondere Brisanz. Eine Folgeerwartung ist schwierig zu bestimmen. Als konsequenteste Variante ließen sich, aufgrund der formalen und inhaltlichen Ausprägungen dieser fokalen Äußerung als Reaktion Amalies, zustimmende Unterwerfung und Auflösung der blockierenden Klammer und somit ein flüssigerer Verlauf der Gesprächsaktivität formulieren. Dies findet aber nicht statt, im Gegenteil. Wie eingangs erwähnt, reagiert Amalie mit kurzen Affirmationssignalen und langem Schweigen – genau jenen sprachlichen Merkmalen, mit denen der Sprachduktus des Analytikers über weite Passagen charakterisiert werden kann. Die Realisierung dieser dispräferierten Position veranlasst ihn dazu, in einer weiteren Runde zu explizieren, was er mit seiner fokalen Äußerung gemeint hat. Bereits mit dem ersten Wort (»vielleicht«, Z. 6) erfolgt eine Abschwächung, der apodiktische Rededuktus wird aufgeweicht und im Weiteren konkretisiert (Z. 8). Amalie äußert nun explizit, dass sie nichts dazu sagen könne und »drauf krabbeln« (Z. 12) müsse. Darauf folgt die längste Pause aller Traumstunden: 836 Sekunden. Diese ausgedehnte Pause bringt in doppelter Hinsicht eine Wende innerhalb dieser Gesprächspassage. Zum einen reguliert sich die Gesprächsstruktur, was die Rollenverteilung betrifft. Nun ist es Amalie, der die Gesprächsaktivität zukommt, und der Analytiker ist derjenige, der den Redefluss durch affirmative Signale unterstützend verfolgt. Zum anderen positioniert sich der Analytiker nach dieser Pause als empathischer und dialogbereiter Helfer, indem er die Frage stellt, ob das gut sei, wenn sie ihre Gedanken mit ins Wochenende nehme (Z. 13). In den folgenden Sequenzen macht Amalie klar, dass sie nicht gewillt ist, zum aktuellen Kontext etwas zu sagen. Sie sagt, sie wisse selbst, wohin es laufe – der Analytiker wird damit ausgeschlossen (Z. 15–23). Sie sagt ihm auch explizit, dass sie es nicht als notwendig erachtet, ihn an ihren Gedanken zu beteiligen (Z. 25). Er versucht sich zwar noch in den Dialog einzuklinken (Z. 26), aber mit einem leisen Lächeln (Z. 27) gibt sie ihm zu verstehen, dass seine Gedanken und Beiträge für sie momentan nicht von Relevanz sind (Z. 29). Sie positioniert sich als autonome Analysandin, die über sich selbst nachdenkt und den Dialog mit ihrem Analytiker ablehnt. Der Analytiker wird ausdrücklich als nutzloser und überflüssiger Dialogpartner fremdpositioniert und vom interaktiven Prozess ausgeschlossen.

Der hier nicht wiedergegebene Schluss der Stunde 328 ist im Kontext dieses Positionierungsakts konsequent: Mit der Bemerkung »deshalb geh ich jetzt auch« verlässt Amalie die Sitzung auf eigene Initiative und vor dem eigentlichen Ende der Stunde. In der darauffolgenden Stunde 329 bringt Amalie dem Analytiker einen Blumenstrauß mit.

Fazit

Die Stunde 328 zeigt auf eindringliche Art und Weise einen Fall von Widerstand gegen das dialogische Erschließen eines erzählten Traums. Nachdem die Analysandin bereits im Vorfeld der untersuchten Passage dem Analytiker deutlich gemacht hat, dass sie sich nicht weiter im Kontext der Traummitteilung bewegen will (»oh lassen Sie mich raus aus der Traumklammer«), diesen vielmehr als Einengung versteht, nimmt der Analytiker Bezug auf diese metaphorische Aussage. Es geht also weniger um den Trauminhalt als vielmehr um die mangelnde Bereitschaft Amalies, über den Traum zu sprechen. Von der psychoanalytischen Technik aus betrachtet, handelt es sich bei der fokalen Äußerung in *Passage 21* (Z. 1–4) um eine Interventionsform, die sich gegen den aktuellen Widerstand richtet, verbunden mit der angesprochenen Folgeerwartung, dass dieser geklärt werde und sich auflöse. Es wurde deutlich, dass genau dies nicht geschieht. Die Betrachtung der weiteren interaktiven Konsequenzen zeigt, dass ein Beharren in der Position des Widerstands auszumachen ist, der schließlich im aktiv herbeigeführten Abbruch der Interaktion durch Amalie kulminiert. Dies zeigt sich an der spezifischen Rollenumkehr der Gesprächsaktivität, den langen Pausen und am expliziten Inhalt der Äußerungen Amalies, verbunden mit den entsprechenden Positionierungsakten. Dass es sich in dieser Passage und der weiteren Entwicklung bis zum Abbruch der Sitzung um eine außergewöhnlich explizite, ja drastische Form von Widerstandsentwicklung handelt und Amalie dies selbst auch so registriert, zeigt die Geste in der nächsten Stunde, in der sie ihrem Analytiker einen Blumenstrauß überreicht – ein Reparaturversuch, der ausbügeln helfen soll, was sich in Stunde 328 ereignet hat.

4.2.3 Die Traummitteilung im Dienste des Widerstands (Stunden 54, 177, 503 und 517)

Eine dazu kontrastierende, eher subtile Form des Widerstands soll im folgenden Abschnitt diskutiert werden. Es ist die im Rahmen der Untersuchung der Funktion der Traummitteilung interessanteste Frage: Können Träume auch im Dienst des Widerstands erzählt werden? Damit wird wiederum die Frage nach dem Bewusstheitsgrad ausgeklammert und der Fokus vorwiegend darauf gelegt, wie die beiden Gesprächspartner mit der Möglichkeit, den Traum in dieser Art kommunikativ einzusetzen, umgehen.

Im Rahmen der Analyse von Stunde 517 wurde bereits ein solcher Fall diskutiert. Das Fazit dort lautete aber, dass es sich eben nicht um ein Widerstandsphänomen handelte, sondern um eine Traummitteilung im triangulierenden Sinne. Grund dafür ist, dass Amalie nach der Einführung der zweiten Traummitteilung den davor aktuellen Gesprächskontext wieder aufnimmt und explizit auf die Folgeerwartung des Analytikers eingeht. Jener Fall wurde als vorübergehende Distanzierung und Wiederannäherung bezeichnet. In den folgenden Ausschnitten verhält es sich anders.

In Stunde 54 erzählt Amalie einen Traum, in dem sie ihren Bruder sucht, aber nicht findet. Sie gelangt durch eine Krankenhauspforte, findet sich dann aber in einer Art Kloster wieder, wo sie Beichte über ihr Sexualleben ablegt. Der Pförtner, dem gegenüber sie beichtet, ist gar kein richtiger Mönch, sondern ein ihr bekannter Arzt, der zum Schluss »ganz fröhlich« meint, er werde heiraten. Wenige Sequenzen nach der Traummitteilung steht folgende Passage:

1	P:	und mir ist auch noch in erinnerung daß ich offensichtlich nicht aufwachen wollte (--)
2		es muß auch dann
3	T:	h=hm.
4	P:	um die zeit mein wecker runtergegangen sein.
5	T:	mh.
6	P:	und dann träumte ich nochn traum (-) an den.
7	T:	und es war im traum schön (.) und sie wollten mehr noch (-) noch länger eigentlich etwas davon haben.
8	P:	ich wollte nicht aufwachen weil ich gestern abend noch dachte (--) werde ich darüber sprechen.

Passage 22

Den Kontext dieser Passage bildet der oben zusammengefasste Traum. In den wenigen Sequenzen, die zwischen der Traummitteilung und *Passage 22* liegen, geht es primär darum, dass die Redebeiträge Amalies im Traum sehr realistisch gewesen seien, also so, wie sie auch im Wachzustand sprechen würde. Wenn Amalie nun zu Beginn der *Passage 22* davon spricht, dass sie nicht aufwachen wollte (Z. 1), wiederholt sie etwas, was sie bereits vor der Traummitteilung erwähnte. Sie deutet dort an, dass sie gar nicht hier herkommen wollte, um über den Traum zu sprechen. Lieber hätte sie weitergeträumt, was der Wecker jedoch verhindert hat (Z. 4). In Zeile 6 folgt dann die für diese Passage zentrale und somit fokale Äußerung Amalies. Kurz nachdem sie den ersten Traum mitgeteilt und die erwähnten Bemerkungen angefügt hat, kündigt sie die Erzählung eines zweiten Traums an. Sie wechselt den Kontext des erzählten Traums, womit die Folgeerwartung verknüpft ist, dass der Analytiker diesen Kontextwechsel mitmacht. Der Analytiker hingegen durchbricht die von Amalie neu initiierte lokale Kohärenz ohne Fokuswechseloperatoren oder eine entsprechend vorausweisende

Einschubsequenz, indem er sich auf den ursprünglichen Kontext des ersten Traums bezieht. Diese Aufhebung der lokalen Kohärenz ohne entsprechende sprachliche Markierung lässt sich variationsanalytisch dadurch verdeutlichen, dass etwa folgende Bemerkung möglich wäre: »Bevor wir uns einem weiteren Traum zuwenden, lassen Sie uns doch den ersten noch etwas genauer betrachten.« Durch die Unterlassung derartiger Marker wird die Äußerung des Analytikers zu einer ignorierenden Folge, gemessen an der Folgeerwartung Amalies. Seine Aufhebung der lokalen Kohärenz bezieht sich allerdings nur auf die eben getätigte Äußerung Amalies (Z. 6). Er reagiert auf Amalies nächstältere Aussage (Z. 1) und reformuliert den von ihr selbst angedeuteten hedonischen Charakter des Traums (Z. 7). Mit der Aufnahme dieses Moments knüpft er an die von Amalie wiedergegebene affektive Traumstimmung an und es gelingt ihm, den für ihn relevanten Gesprächskontext des ersten Traums zu bestimmen. Amalie reagiert in präferierter Weise, indem sie auf den ersten Traum Bezug nimmt (Z. 8). Sie betont nochmals das Motiv des Widerstands dagegen, über den Traum zu sprechen, realisiert jenen aber nicht in den weiteren interaktiven Konsequenzen. Der Dialog über den erzählten Traum bildet den relevanten Gesprächskontext; der angekündigte zweite Traum wird nicht erzählt.

In Stunde 177 erzählt Amalie einen Traum, der davon handelt, dass sie ihrem Analytiker intensiv hinterherläuft. Im Verlauf des Gesprächs über diesen Traum thematisiert der Analytiker die »Nachlaufwünsche« Amalies – gemeint ist der Wunsch, jemanden zu kriegen und ihn auch festzuhalten –, gegen die sie sich merklich sträubt. Insbesondere betont Amalie, dass sie sofort aufhört, jemandem nachzulaufen, wenn sie merkt, dass es nicht geht, sie den Betreffenden nicht kriegt. Dieses durch den Traum aufgerufene Thema bildet den Kontext der folgenden Passage.

1	T:	hm (--) hm. fangespiele (.) gibt es.
2	P:	ja (-) das gibt es. es gibt aber auch daß ( ) schließlich übrig bleibt nicht? das gibt es auch.
3		einen außenseiter muß es immer geben (4.0) dringend.
4	T:	hm. geht es noch um den traum oder um anderes?
5	P:	um einen anderen traum.
6	T:	um einen anderen.
7	P:	und damit von anderen dingen.
8	T:	hm. und was ist im anderen?

Passage 23

Durch seine Beiträge im Anschluss an die Traummitteilung hat der Analytiker das an sich kontext- und dadurch harmlose Bild, dass Amalie seiner Figur im Traum nachläuft, zugespitzt in dem Sinne, dass sie als Frau ihm als Mann nachläuft, ihn kriegen und festhalten will. Der aktuelle Beziehungskontext ist also höchst brisant. Diese Brisanz zeigt sich daran, dass Amalie sich in den Sequenzen vor diesem Abschnitt als vernünftige Frau positioniert, die, sobald sie merkt, dass ein Mann nicht zu haben ist, diesem nicht mehr nachläuft. Sie sucht nach Beispielen und Argumenten, die dies unterstreichen. Mit dem Stichwort »fangespiele« (Z. 1) verlagert der Analytiker den gerade auch durch den Traum brisant gewordenen Kontext auf eine andere, eine spielerische Ebene. Damit betont er den lustvollen Aspekt des im Traum aufgetauchten Motivs, jemandem hinterherzulaufen. Er entschärft damit die aktuelle Ernsthaftigkeit der erwachsenen Frau Amalie, die sich im Moment gegen den im Traum dargestellten Wunsch zur Wehr setzt, ihren Analytiker als potenziellen männlichen Partner zu betrachten, dem sie hinterherläuft, um ihn zu kriegen. Gleichzeitig mit dieser Sichtweise, das Nachlaufen in seiner spielerischen Komponente zu betrachten, positioniert der Analytiker Amalie im Bereich des kindlichen Spiels. Für die Analyse der Folgeerwartung lässt sich seine Äußerung (Z. 1) als neue Bewertung des aktuellen Kontexts verstehen, der die derzeit brisante Beziehungsqualität etwas relativiert und die weitere Erkundung des Nachlaufwunsches ermöglicht. Gleichzeitig positioniert er damit Amalies Nachlaufbewegung im Bereich spielender Kinder. Sie bestätigt ganz sachlich die Existenz von Fangspielen, ohne aber die implizit nahegelegte Figur des mit spielerischer Lust andere Spielkameraden fangenden Kindes in Betracht zu ziehen. Sie übernimmt zwar die Szenerie des Spielplatzes, fokussiert diesen Kontext aber auf ihre Weise und korrigiert dadurch die Äußerung des Analytikers: Es gibt immer einen Außenseiter beim Spielen, jemanden, der übrig bleibt. Es wird aufgrund der schlechten Aufnahmequalität dieser Passage nicht deutlich, ob es bei dieser Äußerung überhaupt ein Subjekt gibt (Z. 2), das »übrig bleibt«. Doppelt betont wird jedenfalls die Notwendigkeit eines solchen übrig gebliebenen Außenseiters (»muss«, »dringend«). Damit zeigt Amalie an, dass sie den Kontext Fangen spielender Kinder übernimmt, aber anders fokussiert und bewertet. Mit dieser dispräferierten Folge geht sie nicht weiter dem Nachlaufen, Fangen und Festhalten nach, sondern der Möglichkeit, dass dieses Spiel misslingt und jemand übrig bleibt und zum Außenseiter wird. Interessant ist dabei, dass konsequent betrachtet derjenige, der beim Fangen spielen übrig bleibt, also nicht gefangen wird, der Gewinner ist. In der Betrachtung Amalies geht es jedoch um jemanden, der beim aktiven Fangen übrig bleibt, also buchstäblich keinen Fang macht. Damit nimmt sie mitten in dieser Metapher einen impliziten Selbstpositionierungsakt vor, der sie als Außenseiterin darstellt, die eben noch keinen »Fang« gemacht hat, noch keinen Mann hat. Nun muss sich der Analytiker hinsichtlich der ontologischen Ebene vergewissern und fragt explizit nach dem aktuellen Gesprächskontext (Z. 4). Amalie antwortet, dass sie von einem anderen Traum spricht (Z. 5) und damit von »anderen dingen« (Z. 7). Sie macht deutlich, dass mit dem neuen Traum ein neuer, anderer Gesprächskontext gelten soll. Die Rückfrage des Analytikers bezieht sich bereits auf diesen angekündigten neuen Traum. Damit zeigt er, dass er den Kontextwechsel akzeptiert.

Fazit

Mit der Einführung eines zweiten Traums verschwindet der erste mitsamt dem Kontext der »Nachlaufwünsche« von der Bildfläche der Interaktion und wird bis zum Schluss der Stunde kein Thema mehr. Der Analytiker, dies zeigt sich in der interaktiven Konsequenz, trägt dazu bei, dass dieses Thema nicht mehr behandelt wird. Anders als in *Passage 22* folgt er nun seiner Analysandin beim Kontextwechsel. Wieso er dies hier tut und dort nicht, kann aus gesprächsanalytischer Sicht nicht beantwortet werden. Aufgrund des initialen Redebeitrags (Z. 1), der eine Verlagerung auf eine kindliche Spielebene bedeutet, nimmt er einiges an Brisanz aus der gegenwärtigen Interaktion heraus. Gerade diese Abschwächung macht aber Amalie nicht mit, im Gegenteil, sie spitzt die Problematik der übrig gebliebenen Außenseiterin zu, was in diesem Zusammenhang so viel heißt wie »Ich hab bezüglich Männern noch keinen großen Fang gemacht«. In den nächsten Sequenzen wechselt sie dann den Kontext. Sie verdeutlicht ihrem Gegenüber, dass sie nun von »anderen dingen« (Z. 7) sprechen will. Die Akzeptanz dieses Kontextwechsels durch den Analytiker ist keineswegs selbstverständlich, könnte er doch variationsanalytisch betrachtet genau an dieser Stelle eine Widerstandsbewegung vermuten und den von seiner Analysandin beabsichtigten Kontextwechsel als einen solchen Widerstandsimpuls ins Gespräch bringen. Es wird an diesem Beispiel deutlich, dass die Initiierung eines Kontextwechsels als einer möglichen Variante des Widerstands nicht nur durch die Analysandin in Eigenregie realisiert werden kann wie in *Passage 21*, einem prototypischen Schema der Verweigerung dialogischer Zusammenarbeit, sondern in bestimmten Fällen durch die Reaktion des Analytikers mit hergestellt wird.

In Stunde 503 werden gleich fünf Träume erzählt. Mit dem Hinweis auf die Abwesenheit des Analytikers und den entsprechenden Unterbruch der Analyse bemerkt Amalie, dass sie viel geträumt und davon viel vergessen habe. In der aktuellen Nacht hatte sie gleich drei Träume hintereinander und diese auch sofort aufgeschrieben. In einem Traum kommt die Figur Helmut Schmidt vor, der in den 1970er Jahren amtierender deutscher Bundeskanzler war. Darauf nimmt der Analytiker Bezug.

1	T:	den schmidt überlisten. ah.
2	P:	ja (.) de. oder.
3	T:	hm.
4	P:	ha (.) ich kanns au net so am schmidt festmachen (--) der saß eben dort und war versorgt.
5	T:	ja (-) h=hm (.) h=hm. der (.) der (.) denselben vornamen wie ich [äh (-) h=hm].
6	P:	[ich wollt grad sagen das war (-)] ei jo. jetzt fällts. sehen sie ja natürlich. ah. da war nämlich,
7		ich sagte ja vorher, das MUSS in derselben nacht alles gewesen sein. da war nämlich nochmal ein traum
8		mit ihnen (--) also da traten sie ganz klar auf. und das weiß ich eben alles nicht mehr.

Passage 24

Die fokale Äußerung wird in Z. 5 verortet. Dort weist der Analytiker auf eine Parallele hin zwischen der Traumfigur Helmut Schmidt und seiner eigenen Person: Beide haben denselben Vornamen. Damit verknüpft er den Traumkontext mit der analytischen Situation. Ohne dass er dies explizit äußert, ist doch davon auszugehen, dass eine implizite Folgeerwartung damit verbunden ist: Mit dem Hinweis auf diese Parallele bringt er zwei Kontexte in Verbindung. Die sehr offen gehaltene Formulierung soll das Gegenüber anregen, sich zu dieser Parallele zu positionieren, weiterzudenken und möglichst auch Ideen zu äußern, ob und was der Helmut des Traumes mit dem Helmut der Analyse zu tun hat. Mit einer gewissen Verzögerung, mitbedingt durch das überlappende Sprechen, gibt Amalie zu erkennen, dass ihr dieser Zusammenhang gerade im Moment des Sprechens deutlich wird. Mit zahlreichen Affirmationssignalen, die durch die Vielzahl beinahe etwas übertrieben, ja theatralisch wirken (Z. 6), bestätigt sie die Auffälligkeit dieser Namensgleichheit. In der weiteren Folge verschiebt sich allerdings der aktuelle Kontext, der die implizite Frage enthält: Was bedeutet die Gleichheit der Vornamen? Amalie geht nicht direkt auf diese implizite Frage ein, sondern führt einen neuen Kontext in Form eines weiteren Traums ein. In diesem kommt die Figur des Analytikers vor, sodass die von ihr realisierte Position weder als eindeutig bevorzugte noch als dispräferierte Folge eingeordnet werden kann. Die Vielzahl der Affirmationssignale und das mehrfache Bestätigen des vom Analytiker hergestellten Zusammenhangs verdecken die Tatsache, dass mit dem neuen Traum ein neuer Kontext geschaffen wird, sodass von einer klar präferierten Position nicht die Rede sein kann. Immerhin tritt der Analytiker, der direkt angesprochen wird (Z. 8), ganz klar auf, im Gegensatz zum Helmut-Schmidt-Traum, in dem nur sein Namensvetter auftritt, so ist diese Äußerung wohl zu verstehen. Mit diesem Hinweis zeigt Amalie, dass sie die Folgeerwartung des Analytikers erkannt hat. Die Frage, was die beiden Figuren miteinander zu tun haben, wird aber nicht unmittelbar konsequent weiterverfolgt, sondern mit einem neuen Traum beantwortet, bei dem sich diese Frage gar nicht stellt, weil dort der Analytiker unverstellt erscheint. Was durch die Abfolge dieser Sequenzen zuerst als Erweiterung der Folgeerwartung erscheint, wird allerdings von Amalie selbst gleich wieder eingeschränkt: Es gibt zwar einen Traum, in dem der Analytiker vorkommt, aber von dem weiß sie »alles nicht mehr«, sodass in diesem zweiten Teil der interaktiven Konsequenz die realisierte Position eher als dispräferierte zu bezeichnen ist. Dies gilt umso mehr, als die Stunde gleich nach dieser fünften Traummitteilung vorbei ist und keine Gelegenheit mehr besteht, den Helmut-Traum oder den letzten Traum, in dem die Figur des Analytikers vorkommt, genauer zu betrachten.

Fazit

Fünf Traummitteilungen in einer Stunde bringen es notwendigerweise mit sich, dass keine vertiefte Analyse stattfinden kann. Aus variationsanalytischer Sicht fällt auf, dass sich der Analytiker bei jedem der fünf Träume auf die Inhalte der Träume bezieht. Kein einziges Mal erfolgt ansatzweise eine Bemerkung auf formaler Ebene, welche die große Anzahl der in einer einzigen Stunde erzählten Träume thematisiert. So könnte man sich beispielsweise vorstellen, dass nach der Schilderung des vierten oder fünften Traums ein Kommentar wie etwa der Folgende nicht ungewöhnlich wäre: »Meine Güte, fünf Träume auf einmal, das ist aber eine ganze Menge, da können wir wohl kaum alle in einer Stunde genauer anschauen.«

4.2.4 Ein Muster kompetitiver Interaktion

Analog zur Beschreibung eines Interaktionsmusters für die triangulierende Funktion der Traummitteilung lässt sich auch für die Traummitteilung im Dienste des Widerstands die entsprechende makroprozessuale Gestalt formulieren. Anders als dort (vgl. 4.1.4) lassen sich hier einzelne gesprächsanalytische Bausteine eines Sequenzmusters identifizieren (Deppermann 2001, S. 77f.). Anhand dieser Elemente lässt sich wenigstens ansatzweise erkennen, wie die Gesprächspartner das als psychoanalytisches Konzept formulierte Phänomen »Widerstand« sprachlich herstellen. Als These formuliert: Widerstand zeigt sich in den untersuchten Passagen in Form von Interaktionen, die von einer *kompetitiven statt kooperativen Dynamik* gekennzeichnet sind.

Als neues interaktives Muster lässt sich in diesem Zusammenhang im Verlauf der fortschreitenden Analyse Amalies ein weiterer spezifischer Befund für die Funktion der Traummitteilung formulieren: Amalie teilt den Traum mit, lässt ihn als Fundstück stehen, wendet sich dann aber ab und verweigert sich der Kooperation im Dienst des Erschließens (Formulierung nach Boothe 2008, mündliche Mitteilung). Statt der dialogisch-kooperativen Bereitschaft im Dienst einer gemeinsamen Arbeit der Traumanalyse entsteht ein *kompetitiver* Dialog über den Traum. Das Moment des »Kompetitiven« wird von der Gesprächsanalyse im Rahmen der Frage nach dem Timing des Sprecherwechsels diskutiert. Wenn es zu Überlappungen der Redebeiträge kommt, ist zu prüfen, ob diese kooperativ (bestätigend, vorwegnehmend etc.) geschehen oder eben kompetitiv (Deppermann 2001, S. 61). Die Gestaltung des Sprecherwechsels ist in der Interaktion dieser beiden Gesprächspartner hinsichtlich dieser Frage allerdings nicht sehr relevant. Vielmehr zeigt sich der kompetitive Charakter im Rahmen der Kontextanalyse und der Analyse der Folgeerwartungen.

Aufhebung der lokalen Kohärenz (Kontextwechsel)

Immer dann, wenn Amalie mehr als einen Traum pro Stunde erzählt, ist genau zu beobachten, zu welchem Zeitpunkt der zweite (dritte, vierte) Traum erzählt wird. Meist handelt es sich dabei um eine Aufhebung der lokalen Kohärenz und damit um einen aktiv herbeigeführten Kontextwechsel. So geschieht dies beispielsweise in Stunde 54: Amalie setzt an, einen zweiten Traum zu erzählen *(Passage 22)*. In diesem Fall macht der Analytiker den Kontextwechsel nicht mit, sondern bezieht sich mit seiner Rückfrage auf den ersten Traum. Damit veranlasst er Amalie, sich diesem ersten Traum noch ausführlicher zuzuwenden. Der kompetitive Charakter dieser Passage kommt also dadurch zustande, dass die beiden Gesprächspartner sich nicht einig sind, welcher Gesprächskontext nun gerade gilt. In Stunde 177 ist dies anders. Der dort von Amalie initiierte Kontextwechsel hin zum zweiten Traum wird vom Analytiker unterstützt *(Passage 23)*. Dies zeigt die Analyse der dritten Position deutlich: Seine Rückfrage bezieht sich auf den neuen Traum.

Beide Fälle kommen vor: Der Analytiker kann den neuen Kontext akzeptieren und sich auf den neuen Traum einlassen, oder er kann den neuen Kontext implizit ablehnen, indem er deutlich markiert, dass er sich mit seinen Äußerungen noch auf den ersten erzählten Traum bezieht. Die Antwort auf die Frage, welche Motive ihn dabei leiten, jeweils so oder anders zu reagieren, liegt jenseits der gesprächsanalytischen Möglichkeiten. Es kann daher bloß als Vermutung geäußert werden, dass der Analytiker durch seine Reaktion auf den initiierten Kontextwechsel anzeigt, wie er diese bestimmte Art der Gesprächsaktivität Amalies, eben den Kontext zu wechseln und einen neuen

Traum zu erzählen, einschätzt: Lehnt er den Kontextwechsel ab, könnte er diesen als Widerstandsmanöver betrachten, stimmt er ihm zu, könnte er den neuen Traum als erweiternden Einfall und assoziative Anreicherung des ersten Traumes verstehen. Es wird an dieser Diskussion deutlich, dass eine konsequent gesprächsanalytische Untersuchung nicht aus der dritten Perspektive des Untersuchers schließen kann, ob etwas ein Widerstandsphänomen darstelle. Sie kann nur anhand der Reaktion des Analytikers Vermutungen darüber anstellen, was dieser in der aktuellen Situation als Widerstand oder aber als dem analytischen Prozess dienlichen Redebeitrag einschätzt.

Besonders interessant ist in diesem Zusammenhang *Passage 23*: Auch dort akzeptiert der Analytiker den von Amalie initiierten Kontextwechsel, weg von einem brisanten aktualisierten Interaktionskontext. Es wurde gezeigt, dass die Annahme eines Widerstandsphänomens an dieser Stelle naheliegt. Warum spricht der Analytiker dies nicht an, wie im Sinne einer variationsanalytischen Sicht vorgeschlagen? Oder anders gefragt: Folgt der Analytiker immer dieser oben beschriebenen Logik, wenn er einen Kontextwechsel mitmacht, oder gibt es auch Fälle, in denen bei ihm selbst so etwas wie ein Widerstand sichtbar wird, ein eigenes Interesse an Beziehungsregulierung? Immerhin rückt ihm seine Analysandin mit ihren Nachlaufwünschen ziemlich dicht »auf die Pelle«. Ist es ihm da vielleicht nur recht, wenn sie sich aktiv von dieser Thematik fortbewegt und von einem neuen Traum, »anderen dingen« (Z. 7), zu sprechen beginnt, die wegführen von der aktuellen Brisanz?

Eine weitere Möglichkeit der Gestaltung eines kompetitiven Dialogs eröffnet sich dann, wenn die beiden Gesprächspartner über den Trauminhalt reden. Jeder Redebeitrag, der sich auf den erzählten Traum bezieht, ist aus gesprächsanalytischer Sicht eine Kontextannahme. Wie verständigen sich die Interagierenden über ihre jeweiligen traumbezogenen Äußerungen? Rivalisieren sie um die Definition des relevanten Kontexts? Werden Kontextannahmen einseitig durchgesetzt, ausgehandelt oder dezidiert vage gehalten (Deppermann 2001, S. 67)? Die Fallbeispiele für diese Variante sind so zahlreich, dass sie nicht im Einzelnen aufgeführt werden. In jeder Stunde, in der über einen Traum gesprochen wird, kann untersucht werden, ob und inwiefern Äußerungen des Analytikers zum Traum Amalies eher in zustimmender oder ablehnender Haltung zu ratifizieren sind.

Einen Sonderfall stellt Stunde 328 dar, in welcher der Analytiker ein Gespräch darüber initiiert, warum Amalie den Traumkontext verlässt und um »Entlassung aus der Traumklammer« bittet. Es zeigte sich, dass Amalie diesen vom Analytiker eingeführten Kontext, der in einer Art Metakommunikation über den Traumkontext besteht, als für sie momentan irrelevant betrachtet (vgl. *Passage 21*). Sie tut dies durch außerordentlich langes Schweigen sowie durch explizite Äußerungen der Ablehnung. Es wurde anhand dieser Passage deutlich, dass diese Form der kompetitiven Gesprächsgestaltung, die in die Verweigerung und den Abbruch des Dialogs mündet, von Amalie selbst als Verletzung kommunikativer Regeln interpretiert wird, die einen Reparaturversuch (Blumenstrauß) nötig macht. Diese Interaktion ist deshalb von so großer Bedeutung, weil daran deutlich wird, dass der völlige Abbruch der Dialogbereitschaft nicht das Ziel des kompetitiv-rivalisierenden Gesprächshandelns sein kann, sondern eine Panne, die ausgebügelt werden muss, damit das Gespräch weitergehen kann.

Folgeerwartungen – ein Spiel mit den Erwartungshaltungen des Gesprächspartners

Eine dritte Form kompetitiver Interaktionsgestaltung lässt sich schließlich anhand der Analyse der Folgeerwartungen eruieren. Es konnte verschiedentlich gezeigt werden, dass die Gesprächspartner nicht immer auf präferierte Weise reagieren, selten aber ignorierend. Eindrücklich zeigt sich dies in Stunde 54 *(Passage 20)*, die geradezu als Spiel mit den Folgeerwartungen des Analytikers bezeichnet werden kann. Die Bewegung von der dispräferierten Folge (ich erzähle den Traum nicht) hin zur präferierten Folgeäußerung (ich erzähle den Traum nun doch, weil ich mich gezwungen fühle, dies zu tun) macht deutlich, dass sich Amalie der präferierten Folgeerwartung des Analytikers bewusst ist und diesen Spielraum auch nutzt, um sich den Erwartungen des Analytikers zu widersetzen. Hier, in *Passage 20*, gibt sie schließlich nach, in *Passage 21* jedoch nicht.

Damit ist bereits angedeutet, dass es sich auch hier wie schon bei der triangulierenden Funktion der Traummitteilung (vgl. 4.1.4) um eine *strategische Nutzung* des Traumdialogs handelt. Wieder dient der Umgang mit dem Traum als Instrument, um interaktive Prozesse darzustellen. Dabei geht es nun nicht mehr um die Möglichkeit, sich über ein drittes Moment vom Gegenüber zu distanzieren und sich ihm dann wieder anzunähern. Es geht nicht mehr um die Eröffnung kommunikativer Möglichkeiten. Vielmehr steht die Dynamik des Gegeneinanders im Vordergrund. Der Analytiker soll nicht mehr in erster Linie auf Distanz gehalten werden, sondern als Sparringpartner zur Verfügung stehen. Es geht um das Leisten von Widerstand gegen die Erwartungshaltung des Analytikers, um einen Wettstreit mit ihm, wer darüber bestimmt, worüber gesprochen wird, um ein Rivalisieren um die Deutungshoheit. Der Traumdialog wird zur Wettkampfarena, in der es Sieger und Verlierer gibt. Dies kann als strategische Nutzung bezeichnet werden, weil Amalie von einem regelbasierten Umgang mit ihren Traummitteilungen ausgehen kann, der sich dadurch auszeichnet, dass der Analytiker an einer dialogisch-kooperativen

Erschließung ihrer Träume interessiert ist. Mit dieser Funktionsbestimmung der Traummitteilung als im Dienste des Widerstands stehend etabliert Amalie eine direktere Form der Interaktion zwischen ihr und dem Analytiker. Der Traum soll nicht mehr die zu nahe Beziehung regulieren. Er dient quasi als Medium, um einen Wettkampf zu inszenieren, wie etwa ein Fußball oder Boxhandschuhe dies in den jeweiligen Sportarten tun.

Die Funktionsbestimmung der Traummitteilung im Dienste des Widerstands stößt in verschiedener Hinsicht an ihre Grenzen, wenn sie rein gesprächsanalytisch bleiben soll. Es wurde gezeigt, wie Formen von Widerstand als kompetitive Dynamik in einzelnen Gesprächspassagen interaktiv hergestellt werden. Es konnte aber nicht erklärt werden, warum das so ist und welche Motive für die Beteiligten jeweils eine Rolle spielen, eine Widerstandsaktivität durchzusetzen oder diese im Sinne einer Metakommunikation zum eigenen Gesprächskontext zu machen. Diese Art von Gesprächsaktivität ist, was die Rollenverteilung betrifft, regelmäßig beim Analytiker anzusiedeln, nicht bei der Analysandin. Die breite Palette an Gestaltungs- und Reaktionsvarianten zeigt, dass sich der Analytiker nicht immer in dieser analytischen Haltung positioniert und vermutete Widerstandsaktivitäten analysiert. Im folgenden Abschnitt, dem dritten und letzten Versuch einer Funktionsbestimmung der Traummitteilung, wird die Frage nach dem Widerstand nochmals aufgegriffen und in einen psychodynamischen Zusammenhang gestellt. Dabei werden wieder einzelne Passagen herausgegriffen und gesprächsanalytisch untersucht, dann aber – mehr als bis anhin – mithilfe psychoanalytischer Konzepte interpretiert.

4.3 Die Traummitteilung im Dienste der Wunscherfüllung

Unter 4.1 wurde deutlich, dass Amalie den Traum als einen dritten Referenzpunkt einsetzt, und zwar vorwiegend im Dienste der triangulierenden Beziehungsregulierung. Unter 4.2 wurde eine kompetitive Dynamik im Umgang mit der Traummitteilung herausgearbeitet, die als Variation von Widerstandsphänomenen verstanden wurde. Dabei stellt sich die Frage, wie es kommt, dass eine Analysandin dem Analytiker ihre Träume mitteilt, sich dann aber wiederholt der dialogisch angelegten Kooperation im Dienste des Erschließens verweigert, ja mehr noch, die gemeinsame Traumanalyse als Wettkampfarena etabliert, in der Rivalität statt Kooperation vorherrscht. Für den Aspekt des Widerstands bei der traumanalytischen Arbeit könnte man sich vorstellen, dass mit dem Wunsch nach Selbsterkenntnis im Spiegel der eigenen Träume auch die

Angst vor diesem enthüllenden Moment eine Rolle spielt und allein dadurch ein gewisses Zurückschrecken, das als Widerstand erscheint, nachvollziehbar wäre. Allerdings deutet die Art und Weise, wie Amalie den Umgang mit dem Traum im dargestellten kompetitiv-rivalisierenden Modus etabliert, nicht auf eine solch defensive Strategie hin. In diesem Abschnitt wird gezeigt, dass diese Art von Widerstand in einem offensiveren Sinne zu verstehen ist und im Rahmen einer ganz bestimmten Konfliktdynamik Amalies steht. Es soll der Frage nachgegangen werden, welche Dynamik den dargestellten Widerstand am Leben erhält. Ein Traum, so die zentrale Annahme dieses dritten Versuchs einer Funktionsbestimmung der Traummitteilung, kann auch im Dienste der Wunscherfüllung in den analytischen Dialog eingebracht werden. Auch diese Funktion wird anhand des analytischen Materials untersucht. Ihr Fundort liegt ziemlich genau in der Mitte der Analyse Amalies, in Stunde 224. Die für die Fragestellung relevante Schlüsselpassage findet sich ganz zum Schluss dieser Stunde. Um die Dynamik und den Kontext verstehen zu können, ist es unabdingbar, die Entwicklung des Stundenverlaufs bis zu dieser Passage nachzuvollziehen. Aus diesem Grund werden von dieser Stunde gleich mehrere Abschnitte analysiert, um Schritt für Schritt zu verdeutlichen, welcher Kontext für die Kernpassage wesentlich ist.

4.3.1 Eine Abtretungsforderung als Restitution (Stunde 224)

In dieser Stunde werden drei Träume erzählt. Gleich zu Beginn der Stunde wird Folgendes berichtet:

1	P:	und zwar hab ich mich am samstagmittag ziemlich abgeschossen hingelegt und hab get geträumt daß
2		ich mittags eh mindestens des berufs nichts tue und zwar drei drei träume dann hatte. in meiner straße
3		da gibts ne sehr enge kurve da kommt ein ganz großer laster. und der fuhr auf mich drauf und es gab
4		dann ich hab dann richtig geschrien weil der gar nicht hören wollte ( ) und das merkwürdige isch
5		da vermischt sich wirklich ich hab neulich so ein laster kam mir entgegen mußte dort zurückweichen
6		das das kommt. aber das war genau so ein riesenbrummer und ich bin dann mittags anschließend weg
7		mit jemand im auto und als ich nach hause fuhr hats gerotzt. und ich hab jetzt hinterher richtig das

8		gefühl ich hätt es gewollt daß da einer in mich reinfährt. es isch blöd aber es s je länger ich darüber nachdenk wie das wirklich war
9	T:	[im traum?] im traum? [hat der]
10	P:	[nein] ich habe gestern wirklich ( )
11	T:	ja h=hm
12	P:	ist wirklich einer in mich reingekahren bin
13	T:	beinahe oder?
14	P:	nein wirklich nein ein auto- (laut)
15	T:	ah ja
16	P:	nein wirklich ich hab einen unfall dann gehabt.
17	T:	hm=m WANN war das?
18	P:	am selben mittag hm.
19	T:	am sonntag? [am samstag?]
20	P:	[am samstag]
21	P:	ja.
22	T:	ja. vor vor dem traum?
23	P:	nein nach [dem traum]
24	T:	[nach?]
25	P:	nach dem traum.
26	T:	h=hm.
27	P:	und eben drum hab ich das gefühl.
28	T:	ja.
29	P:	ich habe das gewollt. das war ganz [eigenartig]
30	T:	[und was ist da] was ist passiert, eh.

Passage 25

Nach der ersten von drei angekündigten Traummitteilungen (Z. 2) folgt gleich die Schilderung eines realen Autounfalls (Z. 3), den Amalie hatte. Der Analytiker muss sich erst zurechtfinden und fragt nach (Z. 9). Auf der Ebene der Formulierungsdynamik und der Äußerungsgestaltung (vgl. Deppermann 2001, S. 56ff.) fällt auf, dass der Analytiker kurze und prägnante Fragen stellt, auf die Amalie ganz kurz, laut und schnell antwortet. Diese Art der Dialoggestaltung ergibt einen eindrücklichen Kontrast zu der sehr leisen, ja fast flüsternden Stimme in der ersten Passage, in welcher der Traum erzählt und vom darauf folgenden realen Unfall berichtet wird (Z. 1–8). Der Analytiker muss sich zunächst in der Erzählebene orientieren: Hat der berichtete Autounfall im Traum oder im Realen stattgefunden? Im der Traummitteilung folgenden Dialog muss zuerst die ontologische Modalität geklärt werden (vgl. Lucius-Hoene/Deppermann 2004, S. 179ff.), also die Frage: Reden wir jetzt über den Traum oder über die Realität in der Außenwelt? Der

Analytiker fragt zweimal nach und schiebt ein »beinahe?« (Z. 13) hinterher, was bedeutet, dass er erst gar nicht recht glauben kann, was da passiert ist: Amalie hatte tatsächlich einen Autounfall (Z. 10ff.), nicht nur im Traum. Diese Gesprächspassage mit den zahlreichen Rückfragen zur Orientierung hinsichtlich der ontologischen Modalität ist durch die von Amalie gewählte Reihenfolge der Schilderungen geprägt, die in Anbetracht der Ereignisse sehr spezifisch ist: Zu Beginn schildert sie den Traum von einem Autounfall (Z. 1–4), erst dann erzählt sie vom realen Unfall (Z. 4–7). Wie schon unter 4.1 gesehen, wird auch hier der Modus der Traummitteilung als Einleitung verwendet, in diesem Fall, um über ein schwer wiegendes Ereignis in der realen Außenwelt zu berichten. Dieses Erzählmuster, dass eingangs ein Traum als Einleitung berichtet wird und dann erst die Schilderung eines relevanten anderen folgt, das mit dem Traum in Beziehung gebracht wird, ist offenbar so stabil, dass sogar etwas hoch Bedeutsames wie ein Autounfall nicht als Erstes, sondern als Zweites nach dem Traum erzählt wird. Prompt wird die Prioritätensetzung Amalies durch den Analytiker umgekehrt. Er fragt intensiv nach und will alles über den realen Autounfall ganz genau wissen, und zwar die Fakten (Z. 17ff.). Er geht vorerst gar nicht auf das Psychische ein, auf die von Amalie zweimal angebotenen Kommentare (Z. 7f., 29), sie glaube, diesen Unfall gewollt zu haben. In der zweiten Passage begründet sie diesen Eindruck damit, dass sie den realen Unfall nach dem Traum hatte (Z. 23, 25). Zweimal macht sie deutlich, im Anschluss an ihre Mitteilung des Traums und des realen Autounfalls nun über die Rolle ihres Motivs bei diesem Unfall sprechen zu wollen. Der Analytiker hingegen definiert den relevanten Kontext anders, indem er sich zuerst nach den Fakten des Unfallhergangs erkundigt (Z. 30). Zwei unterschiedliche Kontextbezüge stehen einander gegenüber, die im weiteren Verlauf von Amalie kompromissartig gelöst werden. Im Anschluss an *Passage 25* folgt, auf die Nachfrage des Analytikers hin, ein Abschnitt detaillierter Schilderung des realen Unfallhergangs (Z. 30). Dabei bleibt Amalie nicht beim sachlichen Berichten des Unfalls stehen, sondern kommentiert immer wieder, wie sie diese Ereignisse versteht. Damit reagiert sie auf die Folgeerwartung des Analytikers, der weitere Informationen zum Unfall fordert, in präferierter Weise, verliert aber nie das eigene Interesse am für sie relevanten Kontext aus den Augen, nämlich den Umstand, dass sie den Unfall nicht passiv erlitten, sondern auf eigenartige Weise (Z. 29) aktiv gewollt habe. Das ist aus positionierungsanalytischer Sicht von großem Interesse, weil Amalie sich damit als aktiv Beteiligte selbstpositioniert und nicht bloß als passives Opfer, während der Analytiker sie durch sein Nachfragen implizit mehr in dieser letztgenannten Richtung fremdpositioniert.

Die primäre Aufgabe im Anschluss an die Anfangserzählung, in der Traum und Alltagserzählung vermischt dargeboten werden, besteht für den Analytiker wie gesehen darin, die ontologische Modalität zu klären. Dadurch gerät ein interessantes Detail der Unfallschilderung Amalies aus dem Blick. In Z. 12 formuliert sie in eigenartiger Konfundierung von Subjekt und Objekt den Unfallhergang. Wer ist in wen hineingefahren? Der erste Teil von Z. 12 beginnt so, dass der andere Autofahrer in sie hineingefahren ist. Der zweite Teil hingegen klingt, als sei sie in den anderen hineingefahren. Dieser Eindruck kommt durch die eigenartige Formulierung »einer in mich reingekahren bin« zustande. Der weitere Verlauf der Stunde zeigt, dass dies nicht die einzige Stelle ist, an der diese eigenartige Konfundierung von aktivem Subjekt und passivem Objekt eine Rolle spielt. Bereits in der kompetitiv realisierten Definition des relevanten Kontexts im Anschluss an Traummitteilung und Unfallschilderung ergibt sich aufgeteilt auf die beiden Gesprächspartner diese Spannung zwischen der Rolle des faktisch passiven Unfallopfers und derjenigen, die diesen Unfall selbst aktiv mit herbeigeführt haben will.

Im weiteren Verlauf, nachdem die Details des Unfallhergangs geklärt worden sind, macht Amalie deutlich, was sie damit meint, wenn sie sagt, sie habe den Unfall gewollt. An einer Stelle sagt sie, der andere am Unfall Beteiligte »dringt da ein«. Mit dieser Wortwahl bringt sie zum Ausdruck, dass sich dieser Unfall wie eine sexuelle Penetration angefühlt habe. Damit macht sie in einer weiteren Runde ihrem Analytiker deutlich, worüber sie eigentlich sprechen möchte: nicht über die Fakten des Unfallhergangs, sondern über ihr subjektives Gefühl, ihre (sexuelle) Fantasie, die sie dabei hatte. Dabei wird das Auftreten dieser Vorstellung sowohl zeitlich als auch inhaltlich ausgeweitet. Nicht erst anlässlich dieses Unfalls sei der Wunsch nach einem Auffahrunfall entstanden, sondern schon vorher habe sie sich manchmal während des Autofahrens gewünscht, ein anderer möge in sie hineinfahren. An einer Stelle wird dieser Wunsch ins Aktive gewendet: »wie schön wär das wenn man da jetzt mal auf jemand drauffahren könnte.« Während die passiven Wendungen dieser Wunschfantasie aufgrund der Wortwahl Amalies bereits als sexuell konnotierte Fantasie beschrieben wurden, ändert sich mit der Wendung vom Passiven ins Aktive auch die inhaltliche Tönung der Fantasie: Jetzt als Aktive, fände sie es schön, auf jemand anderen »drauffahren« zu können und dabei etwas kaputt zu machen. Dieses destruktive Element war in den bisherigen passiv formulierten Schilderungen noch nicht vorhanden. Erst in der folgenden Passage wird der von Amalie als relevant definierte Kontext genauer betrachtet.

1	P:	aber irgendwie hh. ich weiß nicht. ich weiß auch nicht mehr was ich hinterher jetzt denke und sehe
2		und was wirklich war. ich weiß bloß daß von ihm überhaupt keine bremsspur gibt und von mir eine
3		ganz kurze (11) finds irgendwie schlimm das ganze nicht wegen meiner reaktion sondern
4		daß ich ( ) mir sowas offensichtlich wünsche oder so
5	T:	hm was g- ist in diesem wunsch st- steckt [da drinn, was (meinen sie?)]
6	P:	[ja das isch eben] das was dann hinterher ( )((Störgeräusch))
7	T:	h=hm.
8	P:	aber dann die ganze zeit (-) und am sonntag auch so (.) phantasien so (--) es war wirklich dann so
9		sexuell ( ) und deshalb hats mich so.
10	T:	sexuell?
11	P:	ja so durcheinander bringt.
12	T:	h=hm.
13	P:	das kam aber alles erst hinterher dringt in jem- mich (.) in jemand (.) mich
14	T:	h=hm.
15	P:	( ) ach pfui.
16	T:	pfui? [was pfui?]
17	P:	[und dann wissen sie]
18	P:	ja was so pfui ist ist ich hab schon ganz früher och das war lang vor dem kloster hatte ich
19		immer so in der kirche solche solche phantasien und das hat sich jetzt auch wieder eingestellt daß da
20		jemand rumläuft und ich seh dann ach das ist schlimm. bei jedem pfarrer und bei jedem ministrant da
21		da seh ich dann durch die kleider durch und und das ist einfach nicht wegzukriegen.
22	T:	h=hm.

Passage 26

Nun wird der schon mehrfach geäußerte Gedanke, dass der Unfall mit den eigenen Wünschen Amalies in Zusammenhang steht (Z. 4), vom Analytiker zum ersten Mal aufgegriffen (Z. 5). Er fragt direkt nach und erfüllt damit endlich Amalies Folgeerwartung. Auf seine Nachfrage hin qualifiziert Amalie den Wunsch explizit als einen sexuellen. Sie setzt dann an, den sexuellen Wunsch genauer zu beschreiben, vorher aber betont sie, dass sie das alles durcheinanderbringt. Die folgende Äußerung (Z. 13) ist von großer Bedeutung; sie greift etwas von dem auf, was bereits in *Passage 25* als Umkehr von einer passiven Formulierung in eine aktive gekennzeichnet wurde. Hier entsteht nun in der Tat erneut ein Durcheinanderbringen von Passivem und Aktivem, und zwar in Bezug auf das sexuell verstandene Eindringen in jemanden. Bloß: Wer ist Subjekt (aktiv), wer Objekt (passiv) im grammatikalisch-syntaktischen Sinne? Der bruchstückhaft geäußerte Ansatz wird erst wiederholt, schließlich aber mit einem »ach pfui« abgebrochen. Die Unklarheit hinsichtlich der Bestimmung von Subjekt und Objekt führt zu einer ähnlich unverständlichen Wendung wie in *Passage 25* (Z. 12). Worauf sich die Interjektion »ach pfui« bezieht, ist nicht sicher. Dass sie eine Reaktion auf »schmutzige« Fantasien im Zusammenhang mit dem Unfall darstellt, ist zu bezweifeln, denn über diese möchte sie schon lange sprechen. Es dürfte sich also noch um etwas anderes handeln, das in Form dieser Zensurformulierung verurteilt wird. Auch der Analytiker fragt nach, indem er das »ach pfui« mit einer Hebung wiederholt und damit als Frage an Amalie zurückgibt. Amalie antwortet auf diese Nachfrage mit einem Einfall, einer Erinnerung an eine Szene in der Kirche. Sie habe des Öfteren die Fantasie gehabt, beim kirchlichen Personal durch die Kleider hindurchzusehen. Erneut qualifiziert sie diese Fantasie von früher mit einem zensierenden Attribut (Z. 20) und der Erwähnung des vergeblichen Versuchs, diese Fantasie zu tilgen (Z. 21). Unklar bleibt, in welchem Zusammenhang das »ach pfui« der Unfallfantasie mit der Fantasie der durchsichtigen Kleider von Priestern und Ministranten steht. Fast unmittelbar im Anschluss an *Passage 26* bringt der Analytiker noch einen anderen Gedanken zu dem »pfui« mit ins Spiel:

1	T:	bezog sich das »pfui« [nicht auch]
2	P:	[hh]
3	T:	auf auf diesen g- einen gedanken der sich grade so mit eingeschlichen hatte oder mit mit irgendwie mit
4		im Spiel war daß SIE eindringen oder.
5	P:	weil ich mich [versprochen hab] gell.
6	T:	[ja] ja
7	P:	mir ist aufgefallen daß ich mich versprochen hab aber.
8	T:	h=hm.
9	P:	ich kann jetzt dazu nix sagen weil ich hab.
10	T:	h=hm.
11	P:	umgekehrte ge- gedanken gehabt. im anschluß an diesen unfall weil das das blech kam mir so
12		unheimlich weich vor. es war so
13	T:	h=hm.

14	P:	ganz komisch. wirklich so ein gefühl und weil (unds war) war überhaupt nichts kaputt am auto das war
15		so ein starkes Auto das dringt einfach in meins ein.
16	T:	hm.
17	P:	und insofern kann ich jetzt mit dem gedanken [( )]
18	T:	[ja] (4.0)
19	P:	ich weiß auch gar nicht worauf das hinaus soll (2.0) ja ich weiß ich hab gesagt ( )

Passage 27

Mit seinem ersten Redebeitrag (Z. 1) stellt der Analytiker die von Amalie realisierte Kontextannahme zur Interjektion »ach pfui« (*Passage 26*, Z. 12) nochmals zur Diskussion. Er zeigt damit an, dass für ihn die Entstehung dieses Ausrufs noch nicht erledigt ist, und initiiert eine korrigierende Position. Er bezieht das »pfui« auf etwas anderes als Amalie mit ihrem Einfall von den Kleidern der Priester. Er tut dies vorsichtig in »verneinter« Frageform und sozusagen als Ergänzung, nicht als Alternative formuliert (»auch« Z. 1). Er weist darauf hin, dass sich bei ihr ein Gedanke in der Richtung eingeschlichen habe, *sie* sei die aktiv Eindringende (Z. 3f.). Bei der angesprochenen Formulierung handelt es sich mit größter Wahrscheinlichkeit um einen intertextuellen Bezug zu *Passage 26*, Z. 13. Es ist ja auch derjenige Redezug, welcher der »ach pfui«-Bemerkung unmittelbar vorausgeht. Der Analytiker bezieht nun also das »pfui« auf diese Bemerkung. Amalie vergewissert sich, ob der Analytiker deswegen auf seine Sicht kommt, weil sie sich versprochen habe (Z. 5). Sie bejaht dann zwar, dass sie sich versprochen habe, und markiert damit, dass es ihr aufgefallen ist. Sie bestätigt aber nicht den Gedanken des Analytikers, dass das »pfui« etwas mit einer allfälligen aktiven Rolle von ihr beim Eindringen zu tun haben könnte. Auf formaler Ebene zeigt Amalie also, dass sie die Tatsache sich versprochen zu haben anerkennt, und sie zeigt auch, dass sie weiß, dass dieser Art der Fehlleistung eine besondere Bedeutung zukommt. Aber sie reagiert auf die vom Analytiker initiierte neue Kontextannahme nicht in einem affirmativen Sinn. Stattdessen macht Amalie deutlich, dass sie mit der Äußerung des Analytikers zu der möglichen Bedeutung nichts anfangen kann (so der vermutliche Wortlaut in Z. 17). Dabei fällt aus Sicht der Formulierungsdynamik diese mehrfach explizite Form der Verneinung auf: Sie könne »jetzt dazu nix sagen« (Z. 9), sie könne nichts anfangen damit (Z. 17), sie wisse nicht, worauf das hinaus solle (Z. 19).

Der erste inhaltliche Bezug auf die alternative Kontextannahme des Analytikers erfolgt als Erklärung der ersten Reaktion, warum sie jetzt dazu nichts sagen könne (Z. 9–11). Es sei ihr nicht möglich, weil sie »umgekehrte Gedanken gehabt« habe. Dies wird wiederum damit begründet, dass das Blech des Autos ihr so weich vorkam. Offen bleibt, von wessen Auto sie spricht. Gleich darauf (Z. 14f.) redet sie vom Auto des Mannes, das in sie hineinfuhr, als einem starken, unbeschädigten Auto. »Umgekehrte Gedanken haben« kann also heißen, das Blech war so weich, das Auto aber so stark und unbeschädigt, was wenig Sinn ergibt. Es kann aber auch als implizite Bestätigung des Analytikers so viel heißen wie: Ja, ich hatte den umgekehrten Gedanken, ich als Frau dringe in den Mann ein.

Der Analytiker geht nicht auf ihre Fantasie mit den Kleidern der Priester und Ministranten ein, sondern formuliert seine eigene Kontextannahme, seine eigene Interpretation. Damit kann Amalie explizit nichts anfangen. Indem der Analytiker auf den Einfall Amalies mit den Priestern (*Passage 26*, Z. 18ff.) nicht näher eingeht, stellt er ihre Begründung des »pfui« sachte, aber bestimmt infrage. Er qualifiziert den Gedanken der aktiv eindringenden Frau als einen, der sich »eingeschlichen« habe (Z. 3), was wohl dahingehend zu paraphrasieren ist, dass dieser Gedanke der bewussten Formulierungskontrolle Amalies entzogen war. Amalie reagiert auf diese Äußerung des Analytikers sozusagen in einem technischen Modus, indem sie seine Formulierung, da habe sich ein Gedanke »eingeschlichen«, mit dem in der Psychoanalyse relevanten Konzept des »Versprechens« qualifiziert. Dadurch positioniert sie sich als eine mit der Bedeutung des Versprechens vertraute Expertin. Anhand dieser Mikroszene zeigt sich eine für den gesamten weiteren Verlauf der Traumdialoge grundlegende Interaktion, was den Positionierungsprozess betrifft: Amalie positioniert sich als psycho- und traumanalytisch gebildete und interessierte Analysandin, die vieles weiß. Wenn aber dieses Wissen in Form konkreter inhaltlicher Interpretation vom Analytiker als ihrem Gesprächspartner auf *sie* angewendet wird, dann reagiert sie oft mit Äußerungen wie »damit kann ich nichts anfangen« oder »ich weiß nicht, worauf das hinaus soll«.

Wie eingangs erwähnt, werden in dieser Stunde drei Träume erzählt, in denen es um Autounfälle geht. *Passage 28* enthält die Erzählung des dritten Traums mitsamt den interaktiven Sequenzen. Die Traummitteilung wird im Folgenden als Kontexthinweis für die Sequenzanalyse der *Passage 29* wiedergegeben und nicht eigens analysiert.

1	P:	ich hab da noch ganz eigenartig weitergeträumt, in der nacht darauf, daß ich mit dem auto fuhr
2		und wurde auch vorne angefahren von einer frau, und der habe ich dann eine krippen
3		oder eine puppen (-)ich glaube eine puppenstube weggenommen. es war eine ganz alte frau
4		und das war auch so unklar wer schuld ist in meiner vorstellung. und ich fuhr dann

5		weiter und wurde dann von rechts hinten angefahren.und dann noch von vorne das auto war dann
6		ziemlich (also?) im vorderen wirklich kaputt und plötzlich stand ich (-) in der mitte und ein ganzer
7		kreis von autofahrern stand um mich rum eine ganze menge männer es war ein richtiger kreis (--) und
8		ich hab denen dann ganz ruhig und ganz genau formuliert die bedingungen (diktier ich?)
9		ich hab gesagt sie müssten erstens das tun (-) ich weiß überhaupt nichts mehr.
10	T:	h=hm.
11	P:	zweitens das drittens das und (--) hab aber immer das gefühl gehabt ich muß ganz schnell noch die
12		puppenstube zurückbringen
13	T:	die sie aber der weggenommen haben.
14	P:	weil ich sie weggenommen hab, ja.
15	T:	h=hm.
16	P:	weil das ja mit der frau auch nicht geklärt war.
17	T:	als ersatz, als irgendwie als pfand, eh, oder so.
18	P:	wahrscheinlich, wahrscheinlich. das war ja auch der eigentlich [ungeklärte fall].
19	T:	[keine kaputte], und dann, - ja.
20	P:	mit der frau, und die frau [war auch mit in dem kreis der männer].
21	T:	[statt des] mhm. - statt des [ihr was] nehmen.
22	P:	[und am schl-] ja.
23	T:	h=hm.
24	P:	und am schluß hab ich dann noch die bedingung formuliert das weiß ich noch genau (.)
25		und nun müssen sie eine absolute abtretungserklärung an mich auch unterschreiben.
26	T:	h=hm.
27	P:	und da scholl ein schallendes gelächter mir entgegen, und ich bin dann aufgewacht
28		ziemlich heftig dran aufgewacht also da machten sie nicht mehr mit alle anderen bedingungen
29		ließen sie (-)ich stand sogar auf nem podest, nicht, und die standen unten herum und hörten zu.
30	T:	h=hm.
31	P:	und ringsum waren lauter kastanienbäume, und.

32	T:	tja und was soll da abgetreten werden doch ihr [( ) sie werden überall] vorn und hinten kaputtgemacht.
33	P:	[eine abtretungserklärung dass]
34	T:	vorn und hinten gleich.
35	P:	[ja, und sie] sollten mir dann abtreten daß sie praktisch alles bezahlen.

Passage 28

Passage 29 schließt unmittelbar an *Passage 28* an.

1	T:	ja vorn und hinten gleich (.) gemacht wurden sie
2	P:	[((lacht))]
3	T:	[im traum mehrfach] nicht wahr und eh: (-) die männer die da um sie herumstanden die sollten nun also: -
4	P:	(.) dafür auf[kommen]
5	T:	[dafür] aufkommen und abtreten alles das was (.) die männer haben. nicht -
6	P:	ja.
7	T:	und das ist ja [auch] dann (.) deshalb (.) erwarten sie auch dass ich erSCHRECKE denn (.) diese (.) eh:
8	P:	=[ja ( )]
9	T:	[erwartung diese forderung] ist also auch an mich gerichtet.
10	P:	ja;
11	T:	dass eh: und das (.) äh (.) äh würde beunruhigen (-) dann.
12	P:	ja
13	T:	das wäre konsequent dass eh: - (.)
14	P:	[(sie) unzu]
15	T:	[sie unzu]frieden sind (.) auch zufrieden sein können wenn (.) auch ich (.) den gehörigen schrecken
16		dabei dann wirklich (-) eh habe°
17	P:	a ja- (--) ja sie haben mich nämlich kräftig ausgelacht (---) als ich dann sagte
18		sie müssten alles abtreten

Passage 29

Zu Beginn des Gesprächsausschnittes greift der Analytiker das Traumthema auf, indem er auf die Männer, die im Traum Amalies Auto vorn und hinten gleichgemacht haben, zu sprechen kommt. Es ist eine reformulierende Weiterführung zweier sehr ähnlich lautender Äußerungen am Ende der *Passage 28* (»vorn und hinten kaputtgemacht«; »vorn und hinten gleich«; Z. 32, 34).

Kontextanalytisch betrachtet bezieht sich diese Formulierung also einerseits auf das Traumgeschehen, anderseits in ihrer reformulierten Variante aber auch auf eine Passage vor der Traummitteilung. Es ging dort, wie schon in *Passage 27* angedeutet, um das Priestergewand, das sogenannte Skapulier, das bei Priestern, vorne und hinten gleich lang, auf den Schultern liegt. Der Analytiker bemerkte, dass, wenn beim Priester durch dieses spezielle Gewand vorne und hinten alles gleich aussieht, es auch kein Geschlechtsteil mehr gibt. Amalie entgegnete dem, dass darunter eben nicht alles gleich lang ist, und diesen Umstand finde sie scheußlich. Sie teilt dem Analytiker daraufhin mit, dass sie das Gefühl habe, er müsse aufgrund ihrer Gedanken erschrocken sein. Unmittelbar im Anschluss an diese Gesprächspassage, in welcher der Analytiker zu Amalies Idee seines Erschreckens genauer nachfragt, erzählt Amalie den Traum *(Passage 28)*.

Betrachtet man den soeben dargestellten Kontext, dann kann folgender Bezug hergestellt werden: Der Analytiker beginnt die initiale Äußerung (Z. 1) mit den Worten »ja vorn und hinten gleich (.) gemacht wurden sie«. Mit diesem Kommentar beschreibt er den Zustand des Autos, nachdem Amalie im Traum mehrmals angefahren worden ist. Interessant zu beobachten ist, dass er für diese Beschreibung nun dieselben Worte gebraucht wie in der Unterhaltung über das Skapulier. Mit der Eröffnung der fokalen Äußerung (Z. 1) stellt er einen Bezug zum Kontext vor dem Traum her. Obwohl das Auto beschädigt worden ist, bezieht der Therapeut das »vorne und hinten gleich gemacht« auf Amalie, indem er das Personalpronomen »sie« gebraucht. Amalies Person wird dadurch mit ihrem Auto äquivalent gesetzt. Im weiteren Verlauf der fokalen Äußerung bezieht sich der Therapeut auf den Inhalt der Traummitteilung, indem er nochmals auf die Abtretungserklärung, die Amalie von den Männern fordert, zu sprechen kommt.

Die fokale Äußerung dient dem Therapeuten dazu, einen Zusammenhang zwischen sich und den Männern im Traum herzustellen. Er formuliert, dass die Forderung, die Amalie an die Männer adressiert hat, auch an ihn gerichtet sei. Die Männer sollen ihr alles abtreten, was sie haben, und aufgrund dieser absolut gestellten Forderung soll der Therapeut erschrecken, da auch er damit gemeint ist. Mit der Bezeichnung »ja vorn und hinten gleich (.) gemacht« stellt der Therapeut einen intertextuellen Bezug in Form einer Anspielung her. Der Ursprung dieser Eröffnungsworte lässt sich auf den unmittelbar vor der Traummitteilung anzusiedelnden Gesprächskontext zurückführen, innerhalb dessen der Therapeut und Amalie sich über das Priestergewand unterhalten haben. Das dort vorkommende Wortspiel »vorne und hinten gleich«, das sich auf das Aussehen der Priester bezieht, überträgt der Therapeut auf die Traumsituation, in der auch Amalie vorne und hinten gleichgemacht wird, indem die Autos sie anfahren.

Der Analytiker kommentiert diesen Traum im Kontext des bisherigen Stundenverlaufs. Insbesondere die Formulierung im Zusammenhang mit den Klerikern, die durch die langen Gewänder hinten und vorne gleich seien, dient ihm als Kontext zum Verstehen des Traums. Diese Formulierung »vorn und hinten gleich« respektive im Anschluss an diesen Traum »vorn und hinten kaputtgemacht« führt er dreimal ins Gespräch ein, was eine beschwörend-hypnotisierende Wirkung hat. Es scheint, als wolle er diesen Satz seiner Analysandin förmlich eintrichtern, die für ihn offensichtlich nicht in dem Ausmaß darauf reagiert, dass er es bei der ersten oder der zweiten Formulierung belassen könnte. Beim dritten Mal reagiert Amalie mit einem Lachen (Z. 2). Darauf betont der Analytiker, er beziehe sich auf die Ebene des Traums und seine dreifache Beschwörungsformel korrespondiere sozusagen mit dem Umstand, dass sie ja auch im Traum »mehrfach« (Z. 3) vorn und hinten gleichgemacht wurde, und erscheine somit gerechtfertigt. Analog und geradezu komplementär zu dieser dreifachen Formulierung des Analytikers, der das Beschädigtsein herausstellt, betont Amalie ebenfalls in dreifacher Wiederholung den Anspruch, den sie im Traum an die Männer stellt. Der Begriff, den sie dafür verwendet, ist derjenige der Abtretung. Dieser Ausdruck erinnert an die juristische Fachsprache: Mit einer Abtretungserklärung, einer sogenannten Zession, geht der Anspruch eines Gläubigers auf einen anderen über. Nun hat dieser die Garantie, dass seine (finanziellen) Ansprüche zu Recht bestehen und eingeklagt werden können. Amalie positioniert sich also durch die Einführung dieses Begriffs als »neue Gläubigerin«, deren Forderungen zu Recht bestehen und die ihre Ansprüche juristisch durchsetzen kann. Sie rekurriert damit implizit auf ein verbrieftes Recht auf Abtretung dessen, was die Männer haben.

In einer weiteren Runde überträgt der Analytiker nun den Traum auf die analytische Beziehung und nimmt nochmals einen eher diffus gebliebenen Interpretationsansatz des von Amalie antizipierten Erschreckens des Analytikers einer früheren Passage auf. Der Unterschied im Duktus seiner Rede zwischen jener früheren Passage und dieser *Passage 29* ist nicht zu übersehen: dort ein bruchstückhaft hingeworfener Versuch vager Andeutungen und Fetzen abgebrochener Sätze, hier nun eine klare und eindeutig formulierte Aussage. Diese Entwicklung kann nun so verstanden werden, dass der Traum dem Analytiker das noch fehlende Puzzleteilchen geliefert hat, um eine Deutung zu formulieren, die vorher nur eine vage Andeutung bleiben konnte. Es ist gut nachzuvollziehen, dass Amalie in der früheren Passage den verwirrenden Dialog beendet hat und durch den neuen Kontext der Traummitteilung, vermutlich ohne es zu wissen und zu wollen, dazu beigetragen hat, dass der buchstäblich stecken gebliebene Dialog in einer neuen Runde mit mehr Klarheit fortgesetzt werden kann.

Es lohnt sich, an dieser Stelle innezuhalten und den gesprächsanalytischen Rahmen zu öffnen, um aus psychodynamischer Sicht zu verdeutlichen, was hier geschieht. Es ist ein Versuch, die Äußerungen des Analytikers zu paraphrasieren und in eine psychodynamische Sprache zu übersetzen. In paraphrasierter Form lauten seine Aussagen etwa folgendermaßen: »Sie erwarten, dass ich erschrecke, weil diese Forderung, dass Männer alles abtreten, was sie haben, auch an mich gerichtet ist. Wenn wir davon reden, was die Männer haben – im Unterschied zu den Frauen –, dann reden wir vom männlichen Geschlechtsteil. Es geht also darum, dass die Männer ihren und auch ich meinen Penis abtreten sollen. Das ist der eigentliche Grund, warum Sie meinen, ich sollte erschrecken.« Das ist nichts anderes als eine spezifische Form des Kastrationswunsches (vgl. auch Thomä/Kächele 2006c, S. 148). Dies ist der Kern der Abtretensforderung. Amalie will, dass die Männer im Traum und der Analytiker ihr das, was sie als männlich auszeichnet, übergeben. Der Traum zeigt Amalie als eine beschädigte Frau – beschädigt von einer alten Frau übrigens –, die an der Vorderseite ihres Körpers kaputt gemacht wurde, sodass ihr dort nun etwas fehlt. Sie sieht sich infolgedessen berechtigt, an die Männerwelt die juristisch einwandfrei begründete Forderung zu stellen, dass die Männer ihr zurückerstatten, was ihr kaputtgemacht wurde. Im Traum geht diese Forderung maximal schief: Sie wird von den anwesenden Männern ausgelacht. Aber die Forderung ist ja nicht nur an die Männer im Traum gerichtet, sondern auch an den Analytiker-Mann im Hier und Jetzt. Mit der Mitteilung des Traums wird diese implizite Forderung an ihn initiiert.

Dieses Kernmoment der Abtretensforderung an den Analytiker-Mann als Wiedergutmachung erlittener weiblicher Beschädigung in Form von Kastration wird bis zum Ende der Stunde 224 noch in weiteren Varianten die Interaktion bestimmen, die hier nicht alle im Einzelnen wiedergegeben werden können. Wenigstens sollen die zentralen Aussagen kurz zusammengefasst werden. In einem der folgenden Redebeiträge spitzt der Analytiker seine fokale Äußerung aus *Passage 29* nochmals zu, wenn er eine Gesprächspassage mit folgenden Worten kommentiert: »ja vielleicht haben sie mich in dem moment zum priester gemacht.« Zu verstehen ist diese Äußerung immer noch auf dem Hintergrund des Bildes von den langen Gewändern der Priester, die sie so aussehen lassen, als wären sie »vorne und hinten gleich«, also geschlechtslos. In der Tat entgegnet Amalie auf diese Äußerung, dass sie es als durchaus angenehm empfindet, wenn der Analytiker »im Priestergewand auftrete«, eben als geschlechtsloses Wesen. Diesem »beruhigenden« Gefühl, wie Amalie es formuliert, stellt der Analytiker entgegen, dass ihr dann aber auch etwas Wichtiges fehlen würde, nämlich sein Erschrecken über die Abtretensforderung. Denn, ganz simpel formuliert: Wo nichts ist, kann nichts abgetreten werden und kann es auch kein Erschrecken über entsprechende Abtretensforderungen geben.

In *Passage 30*, ziemlich am Schluss der Stunde 224, wird nochmals auf das Moment des Erschreckens Bezug genommen.

1	P:	mit dem wort (erschrecken) (4) sie schreibt da auch und das ist das was ich schon (--) oft empfunden
2		hab und auch (schon mal) gesagt hab daß (.) die analytiker nicht alles sagen.
3	T:	die analytiker?
4	P:	nicht alles sagen.
5	T:	h=hm.
6	P:	daß sie eben sehr viel zurückhalten (3) (wenn er erzählt) oft einfach (gleichziehen)
7	T:	jetzt habe ich nicht [verstanden wenn] was fehlt.
8	P:	[(das gleichz-)].
9	T:	außer dem erschrecken.
10	P:	erschrecken dann ist einfach das gefühl daß sie (-) sehr viel zurückhalten. (2)
11	T:	also wenn ihnen [etwas]
12	P:	[ja]
13	T:	das erschrecken [eh fehlt]
14	P:	[ausser dem erschrecken]
15	T:	bitte (.) außer?
16	P:	außer dem erschrecken.
17	T:	h=hm.
18	P:	dann ist es mein (verdacht) (--) daß sie (2) als weiser mann (2) und als priester (--) und als (
19		guru) da hinten sitzen (-) und vieles zurückhalten (.) was mir dann fehlt.
20	T:	h=hm (--) und was was äh haben sie da beson- woran denken sie da besonders jetzt auch im=
21	P:	an interpretation denke ich.
22	T:	an dem was sie (.) aha was (.) was sie aus der jaffé nun haben oder aus der der
23	P:	ja die ( )
24	T:	diesen autobiographischen notizen.
25	P:	nein das war eh ne richtige analyse (.) wesentlich über traum.
26	T:	h=hm.
27	P:	fünfzig träume waren das.

28	T:	und da haben sie.
29	P:	und da schreibt sie eben daß daß sie doch sehr vieles was sie jetzt auch hier schreibt.
30	T:	h=hm.
31	P:	ihren patienten nicht gesagt hat.

Passage 30

In dieser letzten Passage sind einige Stellen akustisch nicht zu verstehen, sodass im Transkript einige Lücken entstehen. Die Zeilen 1–17 dienen in erster Linie der Kontextanalyse, die fokale Äußerung dieser Passage wird in Z. 18f. verortet. Klar ist, dass Amalie einen neuen Kontext eröffnet (Z. 1). Im Zusammenhang mit dem Erschrecken beschäftigt sie, dass die Analytiker nicht alles sagen, sondern vieles zurückhalten. Sie formuliert diesen Eindruck erst in allgemeiner Form – »die analytiker« (Z. 2) als Berufsgruppe sozusagen. Und sie stützt sich dabei auf eine Autorin, die dazu etwas geschrieben hat, führt also eine dritte Referenz zu einem Thema ein, das zentral die Beziehung zum Analytiker betrifft. Es ist an dieser Stelle nicht auszumachen, wer diese Autorin ist. Erst später erwähnt der Analytiker den Namen »jaffé« (Z. 22), und etwas später verweist Amalie auf C.G. Jung (nicht mehr in dieser Passage), sodass man daraus schließen kann, es handle sich um das Buch von Aniela Jaffé über C.G. Jung (Jung 1962). Die folgenden Zeilen bis Z. 18 können leider nur bruchstückhaft wiedergegeben werden. Deutlich ist das Bemühen des Analytikers, das – offenbar auch von ihm – Unverstandene zu klären. Sämtliche seiner Redebeiträge bis Z. 18 sind Klärungsversuche, teils in direkter Frageform an seine Gesprächspartnerin gerichtet, teils als expliziter Hinweis, etwas nicht verstanden zu haben. Deutlich wird, dass Amalie den zentralen Begriff des Erschreckens in einen ganz neuen Kontext stellt. Bisher bezog sich das Erschrecken auf den Analytiker, als affektive Reaktion auf die Abtretensforderung Amalies. Nun bezieht Amalie das Erschrecken auf sich selbst und definiert damit den ganzen Kontext neu. Ihr Erschrecken bestehe in dem Gefühl, der Analytiker halte sehr viel zurück (Z. 10). Während bis zu diesem Redezug *die* Analytiker als Berufsgruppe Subjekt waren, wird *der* Analytiker als ihr Interaktionspartner nun direkt angesprochen. Unmittelbar auf diese Konkretisierung und Klärung der bisher recht rätselhaften Äußerungen Amalies folgt wieder eine Passage, die schwer nachzuvollziehen ist. Es bleibt als Befund festzuhalten, dass vieles bis Zeile 17 ungeklärt bleibt, als Kontext für die weiteren Sequenzen jedoch von hoher Relevanz ist.

In den Zeilen 18 und 19, der fokalen Äußerung dieser Passage, findet ein ausgesprochen verdichteter Positionierungsakt statt. Amalie positioniert den Analytiker gleich in dreifacher Weise: als weisen Mann, Priester und (wahrscheinlich auch) als Guru. Allen drei Fremdpositionierungen ist gemeinsam, dass diese Gestalten über ein großes, zum Teil spirituelles Wissen verfügen, ja vielleicht sogar um die großen Mysterien der Welt wissen. Umso bedrückender erscheint es auf diesem Hintergrund der Positionierung, wenn sie ihr Wissen für sich behalten und nicht weitergeben. Der Analytiker wird an dieser Stelle zu einer mythisch überhöhten (männlichen) Figur, die etwas hat, was der Analysandin fehlt. In dieser Äußerung, dass der Analytiker etwas hat, was ihr fehlt, verstärkt durch die doch auch schmeichelhafte Positionierung, liegt eine Folgeerwartung: Der Analytiker soll ihr dieses bis anhin Vorenthaltene geben – oder möge ihr doch zumindest etwas in der Richtung zugestehen. Verbunden mit den Kontextinformationen der bisher untersuchten Passagen in dieser Stunde, zeigt sich, dass an dieser Stelle das Motiv der Abtretensforderung wieder aufgenommen wird, wenn auch nicht mehr in der expliziten Form, die sich auf das männliche Geschlechtsteil richtet. Es ist ein eher geistiges Gut, das mit dieser Formulierung und dieser dreifachen Fremdpositionierung des Analytikers angestrebt wird. Trotzdem ist die Dynamik exakt dieselbe wie im dritten Traum *(Passage 28)*: Der Analytiker soll Amalie etwas geben, was ihr fehlt.

Der Analytiker fragt nach, was fehlt. Damit reagiert er zwar nicht direkt in präferierter Weise, aber auch nicht ignorierend. Klärung steht im Vordergrund. Die Formulierungsdynamik seiner Äußerung ist geprägt von einigen Stockungen, Verzögerungssignalen, Mikropausen und Redeabbrüchen (Z. 20). Er hat seinen Redebeitrag noch gar nicht ganz beendet, da erhält er bereits eine schnelle und klare Antwort von seiner Analysandin: Ohne auch nur im Geringsten zu zögern, ohne Mikropausen, in direktem Anschluss an seine Frage, was ihr fehle, wenn er nicht alles sage, gibt sie zur Antwort: »an interpretation denke ich« (Z. 21). Diese kurze, knappe und sehr konkrete Äußerung, die im Anschluss an eine direkte Frage, als Reaktion im Rahmen einer konditionellen Relevanz, erfolgt, steht in einem formalen Kontrast zu den nicht nur aus Gründen der Tonqualität unverständlichen Sequenzen (Z. 1–17) und zur zögerlich geäußerten Nachfrage des Analytikers unmittelbar davor (Z. 20).

Die Reaktion des Analytikers auf diese schnelle und konkrete Antwort ist bezeichnend. Seine Äußerung steht zu Beginn im Zeichen der Selbstkohärenz; er führt seine angedeutete Frage (Z. 20) weiter aus und reagiert noch gar nicht auf die Antwort Amalies. Wohlgemerkt: Es handelt sich nicht um ein überlappendes Redesegment, bei dem beide Gesprächspartner gleichzeitig sprechen. Erst das »aha« (Z. 22) nach einer Mikropause stellt eine Reaktion auf Amalies Antwort dar, hier bewegt er sich im Rahmen der lokalen Kohärenz – um sie gleich darauf nach einer weiteren Mikropause wieder, zugunsten der Selbstkohärenz, zu verlassen und seine in Zeile 20 angefangene Äußerung zu Ende zu bringen. Er nimmt hier nun Bezug auf die Autorin Jaffé (vgl. Z. 1) und setzt damit einen neuen Kontext, der im Folgenden von Amalie übernommen wird. Um es nochmals zu verdeutlichen: Auf die gleichermaßen rätselhafte und spektakuläre Antwort Amalies (Z. 21) geht er ausschließlich mit der Bemerkung »aha« ein. Er fragt nicht nach, was sie damit meint, wie dies eine variationsanalytische Betrachtung nahelegen würde. In dieser Stunde wird er diese Aussage nicht mehr aufgreifen.

Der weitere Verlauf dieser Passage ist geprägt durch den neu definierten Kontext einer aus der Literatur herangezogenen Analyse, bei der es wesentlich um Träume ging (Z. 25). Damit wird der Fokus aus der aktuellen Interaktion einerseits nach außen verlagert, anderseits wird die Äußerung Amalies aus Zeile 21 in Zusammenhang mit dem Kontext »Traum« gebracht, sodass am Ende dieser Passage und der Stunde 224 eine psychodynamische These formuliert werden kann, die eine neue Perspektive auf die Frage nach der Funktion der Traummitteilungen eröffnet.

Fazit und psychodynamische Interpretation der 224. Stunde

Im Anschluss an den ersten Unfalltraum wird in verschiedenen Gesprächspassagen deutlich, dass Amalie in der Fantasie mit einer männlich-aktiv-phallischen Position, die selbst in etwas eindringt, liebäugelt. Es zeigt sich in dieser Stunde, wie konflikthaft dieser Wunsch ist. Immer, wenn er auftaucht respektive wenn der Analytiker sie auf diesen Punkt hinweist, wird der Wunsch umgehend abgeschwächt, relativiert, verneint. Dies geschieht in verschiedenen Anläufen nach demselben Muster: Das »Gleichmachen« der Geschlechter wird abgewehrt durch Betonung der Unterschiedlichkeit insbesondere in Bezug auf die männliche Phallizität (vgl. z.B. *Passage 27*, Z. 14f.). Im dritten Traum und dem Dialog darüber wird diese Thematik zugespitzt. Der Traum erscheint wie ein ätiologisches Narrativ zu der Form, in der Amalie ihre Weiblichkeit auffasst: als defektes, vorne beschädigtes Produkt eines Unfalls, der von einer älteren Frau verschuldet wurde. Aufgrund dieses Unrechts hat sie, so ihr Traum-Ich, Anspruch auf Entschädigung vonseiten der Männer.

Aus psychoanalytischer Sicht dürfte kein Zweifel daran bestehen, dass hier Kernthemen der Konfliktlehre verhandelt werden, die bei der Patientin Amalie von hoher Relevanz sind: Penisneid und Kastrationskomplex (vgl. 2.3). Gerade der letzte Traum der Stunde 224 liest sich wie ein individuelles ätiologisches Narrativ der Freud'schen Metapsychologie zum Thema. Es geht darin um Reparaturversuche, um Rückforderung des Fehlenden oder Kaputten. Deutlich wird, dass diese Dynamik auch die Beziehung zum Analytiker betrifft. Die Lust an seinem Erschrecken und schließlich die Lust ihn zu kastrieren, ihn zum geschlechtslosen Priester zu machen, sind ganz offensichtlich. In *Passage 30* kommt noch eine weitere Bewältigungsstrategie zum Vorschein. Das, was ihr fehlt, ist das, was der Analytiker ihr vorenthält, indem er nicht alles sagt, was er denkt und weiß. Sie konkretisiert dies durch die Benennung dessen, was ihr dann fehlt: Es handelt sich um Interpretation. Damit ermöglicht *Passage 30* eine Konkretisierung dessen, was im Anschluss an den dritten Traum als Abtretungsforderung an die Männer gerichtet war. Hier und jetzt an den einen Mann in der Analyse tritt sie mit der Forderung, dass dieser ihr die Kunst der Interpretation abtritt. Offensichtlich nimmt Amalie dies als phallisch-männliche Qualität des Analytikers wahr. Im Zusammenhang mit der oben dargestellten Dynamik des eigenen Kastriert- und Beschädigtseins ist diese Abtretungsforderung an den Analytiker als Entschädigung und Wiedergutmachung zu verstehen. Sie verlangt seine Interpretationspotenz! Am liebsten so, dass er sie nicht mehr hat. Dies aber ist nichts anderes als Kastration. Was in Stunde 224 angedeutet erscheint, wird sich in den folgenden Stunden der Analyse verdeutlichen: Dieser offensichtliche Kastrationswunsch hat für Amalie dann doch auch etwas Unheimliches und mobilisiert Angst. Diese unverhohlene Kastrationslust, die entsprechende Ängste auf den Plan ruft, mündet in einen Kompromiss ein, der etwa folgendermaßen beschrieben werden kann: Wenn die Forderung nach Abtretung der Interpretationspotenz zu weit geht, dann ist wenigstens eine abgeschwächte Variante zu verfolgen. Amalie will diese Interpretationspotenz, die sie buchstäblich als ein Gut, einen Phallus versteht, besitzen. Der Analytiker soll ihn behalten dürfen. Der Kompromiss besteht nun darin, den Analytiker nicht dieser Kunst zu berauben, sondern ihm diese zu belassen. Was sie will, ist Partizipation an seiner Interpretationspotenz.

Die folgenden Punkte bilden eine Zusammenfassung der Ausgangslage für die weitere Entwicklung:

1. Männer haben etwas, was Amalie fehlt.
2. Sie will das auch haben. Diesen Wunsch nach männlicher Ausstattung wehrt sie ab.
3. Weil sie das, was die Männer haben, nicht haben kann, sollen wenigstens die Männer das auch nicht haben (Kastrationswunsch): Männer und Frauen sollen vorne gleich sein; es soll keine Geschlechterdifferenz geben.
4. Das bezieht sich auch auf den Analytiker.
5. Aber auch dieser Wunsch geht zu weit. Beide Wünsche müssen abgewehrt werden: als Frau einen Penis zu haben und ihn den Männern wegzunehmen.
6. Eine Abtretensforderung fungiert als Kompromiss: Von den Männern

wird Entschädigung verlangt; Amalie will Anteil haben an dem, was sie haben.

7. Bezogen auf den Analytiker heißt das: Partizipation an seinen phallischen Qualitäten.
8. Besonders attraktiv erscheint ihr dessen Fähigkeit zur (Traum-)Interpretation.

4.3.2 Positionierungsprozesse im Umgang mit dem Traum

Eine Funktionsbestimmung der Traummitteilung, die sich im Rahmen einer über 500 Stunden dauernden Analyse auf eine einzige Passage in einer Stunde stützt, wäre nicht sehr überzeugend. Die in der Analyse der Stunde 224 formulierten Befunde sind aber nicht bloß eine Momentaufnahme, sondern initiieren eine Entwicklung, die sich bis zum Ende der Analyse in vielen der folgenden Traumstunden nachzeichnen lässt. Diese Entwicklung im Umgang mit Traummitteilungen und in diesem Zusammenhang in der interaktiven Dynamik zwischen Amalie und Analytiker soll nun zusammenfassend dargestellt werden. Die ausgewählten Stunden sind eine Entfaltung dessen, was in Stunde 224 in hoch verdichteter Form als dynamisches Potenzial angelegt ist. Gemäß den Faustregeln zur Selektion der Ausschnitte (Deppermann 2001) richtet sich das Interesse bei der Auswahl der folgenden Stunden auf die im vorherigen Kapitel herausgearbeiteten Analyseergebnisse: Lässt sich dieses dynamische Prinzip hinsichtlich des Umgangs mit den Traummitteilungen im Kontext der psychodynamischen Konflikthypothese der Geschlechterdifferenz und des Kastrationskomplexes im weiteren Verlauf der Analyse Amalies entdecken? Dieses dynamische Prinzip enthält zusammengefasst die folgenden Punkte, die den Umgang mit der Traummitteilung prägen:

1. Amalie geht es nicht um eine dialogisch-kooperativ angelegte Interpretation ihrer Trauminhalte, sondern um den Akt des Trauminterpretierens an sich.
2. Ihr Ziel ist es, die Kunst der Trauminterpretation, der sie phallische Qualität beimisst, zu erlernen und zu beherrschen.
3. Der Weg dazu führt über die Partizipation an der als phallisch-männlich wahrgenommenen Kunst der Interpretation des Analytikers.

Bei der Auswahl der zu untersuchenden Passagen wurde als zusätzlicher Gesichtspunkt die Verteilung der Stunden mitberücksichtigt: Es soll sich um zentrale Gesprächsausschnitte, welche die beschriebenen Punkte umfassen, handeln, die über den Verlauf der zweiten Hälfte der Analyse (ab Stunde 224 bis zum Schluss) verteilt sind. Dabei werden nicht mehr ganze Abschnitte ausführlich gesprächsanalytisch untersucht, sondern in Gestalt von beschreibenden Positionierungsprozessen (vgl. 2.6) dargestellt. Positionierungen dienen nicht nur der Organisation und Steuerung von Interaktionsprozessen, vielmehr werden sie auch »zur Legitimation von Gesprächshandlungen [...] eingesetzt. Mit ihnen werden Ansprüche auf Autorität, Kompetenz, Macht, Wissen, Betroffenheit etc. bearbeitet« (Deppermann/Lucius-Hoene 2008, S. 26). Dies ist im Rahmen der Traumanalyse dieser zwei Interaktanten deshalb von besonderem Interesse, weil in spezifischer Weise Abweichungen von der als gängig zu erachtenden Positionierung dieser institutionellen Interaktionsaufgabe nicht die Ausnahme, sondern eher die Regel bilden. Gerade die im Rahmen der Positionierungsanalyse interessierenden Fragen wie: »Wer darf [wie; HPM] worüber reden? Wer ist wofür Experte?« (ebd., S. 28) sind für die folgenden Gesprächspassagen grundlegend. Ausgehend von der dargestellten und hier konkretisierten interaktiven Dynamik am Ende von Stunde 224 interessieren insbesondere folgende Positionierungsprozesse:

- Wie wird der Analytiker von Amalie fremdpositioniert?
- Wie positioniert sich Amalie selbst?
- Wie wird Amalie vom Analytiker fremdpositioniert?

Wie wird der Analytiker von Amalie fremdpositioniert (Stunden 237, 287, 449)?

In Stunde 237 wird eine in Stunde 236 initiierte Thematik nochmals aufgegriffen. Dort erzählt Amalie einen Traum, in dem eine Kollegin ihr droht, ein Kind zu machen. Ganz im Zentrum steht die Bewunderung für diese Frau und ihre »männliche« Qualität, ein Kind zu zeugen. Der weibliche Part, zu empfangen, das Kind auszutragen und auf die Welt zu bringen, wird vernachlässigt. Im Dialog über diesen Traum wird ganz explizit über den Wunsch, männlich ausgestattet zu sein, gesprochen. Die männliche Ausstattung wird geradezu religiös-mythisch überhöht, indem Amalie dazu »männlich-göttliche Allmacht« assoziiert. Bemerkenswert ist dabei die Konfliktspannung, die aus diesem Wunsch entsteht: Gleichzeitig mit ihrem Wunsch wird auch Amalies Angst deutlich, den Männern etwas wegzunehmen. Im Kontext dieser Thematik »männlich-weiblich« berichtet Amalie nun in Stunde 237 von einem männlichen Träumer, der »nur« 50 Träume erzählt hat. Diese seien zwar »märchenhaft schön«, aber es seien eben »nur« 50. Ohne es zu diesem Zeitpunkt wissen zu können, wird sie ja am Ende ihrer Analyse 95 Träume erzählt haben.

Es dürfte im beschriebenen Kontext der Geschlechterdifferenz nicht unwichtig sein, dass es sich um einen männlichen Träumer handelt, der hinsichtlich der Anzahl erzählter Träume nicht so viel zu bieten hat wie sie. Aus den dortigen Andeutungen lässt sich erschließen, dass für Amalie das Produzieren und anschließende Erzählen von Träumen den Charakter einer potenten Leistung hat und sozusagen eine Disziplin ist, in der sie den Vergleich mit einem Mann nicht zu scheuen braucht. Damit ergibt sich eine Ausweitung und Differenzierung des Befundes: Nicht nur das Interpretieren von Träumen ist eine phallische Leistung, vielmehr ist bereits das Produzieren von Träumen, und zwar auf die Quantität bezogen, für Amalie von phallischer Qualität.

Diesen vielen Träumen, die Amalie produziert, steht die kurze Zeit gegenüber, die der Analytiker anbietet. Es ist auffällig, dass sie in dieser Stunde mehrmals betont, gar nicht all ihre Träume erzählen zu können – es seien zu viele, die Zeit sei zu kurz. Jedenfalls denkt Amalie laut darüber nach, die Fülle der Träume auszulagern (in ein Tagebuch) und damit auf die Beiträge des Analytikers zu ihren Träumen nicht mehr angewiesen zu sein (»ich kann das schon alleine«). Sie positioniert sich als in Sachen Traum potente weibliche Rivalin, die den Männern bezüglich der Produktionsmenge überlegen und hinsichtlich der Interpretation mindestens ebenbürtig ist. Beide Positionierungen finden implizit statt, und entsprechend dieser Selbstpositionierungen laufen die impliziten Fremdpositionierungen der Männer auf eine Niederlage im *Traumkontest* hinaus.

Die Stunde 287 ist die erste nach einer langen Pause (der Analytiker war zwei Monate abwesend; vgl. Thomä/Kächele 2006c, S. 152). Amalie betritt den Raum und legt sich nicht auf die Couch, sondern bleibt sitzen. Erst im Laufe der Stunde legt sie sich hin. Diese Eingangsszene wirkt wie eine ganz reale, außerverbale Positionierung. Sie installiert sich auf Augenhöhe des Analytikers, nicht in der liegenden, untergeordneten Position. Diese lehnt sie auch in einem Traum ab. Eine unbekannte Traumfigur will ihr darin vorschreiben, wie sie den Analytiker zu sehen habe, nämlich als großen Bruder. Im anschließenden Traumdialog meint Amalie lachend, sie habe den Analytiker »ein bisschen entthront«. Mit dem Ausdruck »entthront« findet ein weiterer impliziter Positionierungsakt statt: Vor der Entthronung sitzt der Analytiker als Herrscher auf einem Thron, während Amalie in einer komplementären Position seine Untertanin verkörpert. Gerade in dieser Hinsicht ist die Anfangsszene dieser Analysestunde mit der dezidiert aufrechten Sitzhaltung statt der liegenden Position bemerkenswert. Sie setzt die Entthronung des Analytikers zu Beginn der Stunde buchstäblich in Szene. Im Zusammenhang mit der hier vertretenen These der Funktion von Traummitteilungen ist dieser Passus deshalb so interessant, weil eine Entthronung des Analytikers eine sehr passende Formel dafür darstellt, wie sich die Beziehung beider Interaktanten im Verlauf der Analyse verändert, gerade auch in Bezug auf den Umgang mit den von Amalie erzählten Träumen.

In Stunde 449 berichtet Amalie von einem Traum, in dem ein Kollege sich von ihr scheiden lassen will. Im anschließenden Dialog beschäftigt sie sich vorwiegend mit ihrem derzeitigen Partner. Sie macht dem Analytiker Vorwürfe, er sage ihr bestimmte Dinge nicht, von denen sie findet, er müsste sie ihr sagen, weil sie Relevanz für ihre aktuelle Beziehung haben. Amalie hat einen Traum erzählt und drängt nun darauf, zu hören, was der Analytiker meint. Der Clou dabei ist, dass sie nicht seine Gedanken zu ihrem eigenen, eben erzählten Traum kennen möchte. Stattdessen will sie hören, was der Analytiker zu einem Traum denkt, den ihr Partner ihr erzählt hat und den sie offenbar dem Analytiker weitererzählt hat. Sie könnte ihn, wie sie sagt, vor Wut darüber erschießen, dass er nichts zum Traum *des Freundes* sagt. Sie verdeutlicht dann, dass sie diesen Traum nicht nur bereits zweimal erzählt, sondern ihn auch schon gedeutet hat, hier in der Analyse. Damit weitet sich ihre explizite Folgeerwartung auf den Analytiker aus: Er soll nicht nur etwas zum erzählten Traum eines Dritten sagen, sondern auch zu ihren eigenen Deutungen dazu. Sie will von ihrem Analytiker hören, was er von ihren eigenen Deutungen und Interpretationen hält, die sie offenbar im Zusammenhang mit der Schilderung des fremden Traums gemacht hat. Aus positionierungsanalytischer Sicht bedeutet dies Folgendes: Sie sieht sich berechtigt, den dringlichen Wunsch nach Stellungnahme des Analytikers zu den erzählten und von ihr interpretierten Träumen anderer Personen erfüllt zu bekommen. Verweigert der Analytiker diesen Wunsch, reagiert sie darauf mit buchstäblich mörderischer Wut. Der Analytiker soll, gemäß ihrem Anspruch, nicht nur zu ihren eigenen, sondern auch zu den Träumen anderer Personen und zu ihren Interpretationen dazu etwas sagen. Zu dieser Erwartung steht sie in keinerlei erkennbarer Distanz.

Das Erzählen von Träumen anderer Personen, deren Interpretation in der eigenen Analyse und die Erwartung, vom Analytiker eine Rückmeldung nicht nur zum Traum, sondern auch zur eigenen Interpretationstätigkeit zu hören, zeigt, dass es Amalie bei ihren Traummitteilungen mehr und mehr um den Akt des Interpretierens geht und nicht um die Ergründung der eigenen Träume. Anhand dieser Passage zeigt sich, wie Amalie auf der Ebene der Gesprächspraxis die weiter oben skizzierte *Partizipation an der phallischen Kunst der Trauminterpretation* zu realisieren versucht. Amalie erzählt in ihrer Analyse Träume einer anderen Person, deutet diese und will vom Analytiker eine Rückmeldung zu ihren Interpretationen. Sie ist außer sich, wenn er diese explizite Folgeerwartung nicht erfüllt, und würde ihn dann »am liebsten erschießen«.

Wie positioniert sich Amalie selbst? (Stunden 513 und 517)

In fast allen der bisher berücksichtigten Stunden positioniert Amalie sich selbst im Umgang mit den Traummitteilungen in impliziter oder expliziter

Weise. Von besonderer Prägnanz sind aber die Selbstpositionierungen am Ende der Analyse. Das Szenario von Stunde 449, dass Amalie Träume von anderen Personen in ihre Analyse bringt und dort besprechen möchte, taucht in Stunde 513 nochmals in summarischer Form auf. Die Sitzungen stehen schon ganz im Zeichen des vereinbarten Analyseendes.

Amalie betont, dass sie sich an die eigenen Träume kaum mehr erinnert, dafür aber die Träume anderer Leute intensiv und »stundenlang deutet«. Sie beschäftigt sich viel mehr mit den Träumen anderer als mit den eigenen und verfolgt konsequent die Tendenz, dass es ihr eigentlich nicht um den Inhalt ihrer eigenen Träume geht, sondern um den Akt des Interpretierens. Die Eindringlichkeit, mit der sie dem Analytiker vorführt, wie sehr sie sich – vergeblich – bemühe, eigene Träume zu erinnern und dann wohl auch in der Analyse erzählen zu können, wirkt wie eine Rechtfertigung dafür, dass sie als Analysandin weniger die eigenen Träume erzählt und sich vielmehr mit denjenigen anderer Personen beschäftigt. Die Analyse ist so etwas wie eine Weiterbildungsveranstaltung geworden, aber kein Ort mehr, sich mit den eigenen Trauminhalten und entsprechenden Konflikten herumzuschlagen. Amalie positioniert sich als erfolgreiche Teilnehmerin dieser Weiterbildungsveranstaltung zum Thema »Trauminterpretation«.

Die skizzierte Entwicklung der Selbstpositionierung Amalies findet in der letzten Analysestunde, Stunde 517, ihren konsequenten Abschluss. Im Verlauf dieser letzten Stunde erzählt Amalie zwei Träume. Unter 4.1.3 wurde der Kontext dieser Traummitteilungen zu Beginn der Stunde genauer betrachtet. Im Zusammenhang mit dem ersten Traum deutet der Analytiker die dort auftauchenden Utensilien wie Schuhe und Schuhlöffel als »Interpretation, die Sie sich nun selber geben«. Amalie betont, dass sie dies vor allem bei anderen Menschen tut. Beispielsweise bei der Mutter kann sie nun sehr gut Träume deuten, besser als die eigenen. Und es gibt Tage, ja Wochen, in denen sie sehr gut interpretieren könne. Für das Verständnis dieser Passage ist der Kontext der ganzen Stunde unerlässlich. Das Stichwort »Interpretation« stammt aus der zweiten Traummitteilung, die als »Interpretation für Anthroposophen« bezeichnet werden kann (vgl. Traumtext unter 4.1.3). Es geht in dieser manifesten Traumgeschichte um nichts weniger als die Krönung der Interpretationsfähigkeiten Amalies: Es kommen Menschen zu ihr, die von ihr wissen wollen, was Interpretation ist oder wie man interpretiert. Diese Leute werden in spezifischer Weise ausgestattet: Zum Ersten sind sie Akademiker, zum Zweiten sind sie meist schon älter und zum Dritten sind sie alle Anthroposophen, also wörtlich (griechisch: *anthropos*, *sophia*) »weise Menschen«. Das heißt, es sind keine ungebildeten, unerfahrenen Grundschüler, die etwas vom Traum-Ich wissen wollen. Durch die weiter oben dargestellte Abfolge der Sequenzen, bei der auf die Frage des Analytikers nach der Hilfe, die Amalie hier in der Analyse erhalten hat, gleich dieser Traum »Interpretation für Anthroposophen« folgt, kann die Antwort aus der Sicht Amalies auf die Frage des Analytikers, was sie hier in der Analyse bekommen habe, schlüssig in paraphrasierter Form formuliert werden: »Ich habe hier gelernt, was Interpretation ist.« Das Ende in dieser letzten Analysestunde ist für den Analytiker eher ernüchternd. Er wartet vergeblich auf einen Ausdruck der Dankbarkeit Amalies für (passiv) Empfangenes. Vielmehr positioniert sie sich als selbstbestimmte, erfolgreiche (Traum-)Interpretin, der es an nichts mehr bedarf und die sich abgrenzt von jeder Form von Dankbarkeit gegenüber Empfangenem. Im Traum pilgern weise Menschen zu ihr, die etwas von ihr wollen und denen sie etwas gibt, eben Unterweisung in Interpretation. Mit diesem buchstäblich traumhaften Triumph kann sie sich getrost von ihrem Analytiker verabschieden und am Schluss der Stunde zu ihm sagen »ich muss jetzt gehn«.

Wie wird Amalie vom Analytiker fremdpositioniert? (Stunden 286 und 431)

In Stunde 286 bemerkt Amalie, sie habe in letzter Zeit viel in dem Freud'schen Traumdeutungsbuch gelesen und ihr fielen nun immer so viele Dinge ein, insbesondere zu den Symboldeutungen, sodass sie sich manchmal geniere, in der Analyse spontan gewisse Dinge zu ihren Träumen zu benennen. Sie positioniert sich damit als an der Traumdeutung interessierte Gesprächspartnerin des Analytikers, die dieses angelesene Wissen auch auf ihre eigenen Träume anzuwenden weiß. Sie zeigt ihrem Analytiker damit auch, dass sie sich unabhängig von ihm mit der Kunst der Traumdeutung beschäftigt. Interessant ist nun die Reaktion des Analytikers auf diesen Akt der Selbstpositionierung. Er stellt Amalie eine Frage zum Traum. Dabei handelt es sich jedoch nicht um eine Rückfrage zu einer bestimmten Traumszene, wie er das sehr oft macht. Vielmehr formuliert er hier eine technische Frage im Kontext der Traumdeutung. Mit anderen Worten übergibt er Amalie den Part der Traumanalyse, der eigentlich ihm zukommt und von ihm erwartet werden kann: das Herstellen von Zusammenhängen aufgrund von Einfällen der Analysandin. Damit bestätigt er nun seinerseits in einem Akt der Fremdpositionierung die Selbstpositionierung Amalies als angehende Expertin in Sachen Traumdeutung. Diese gibt eifrig Auskunft über die erfragten Beziehungen zwischen zwei Elementen, die im Traum vorkommen.

Nach langer Zeit wird in Stunde 431 wieder ein Traum erzählt; es ist die längste Pause zwischen zwei Traummitteilungen in der gesamten Analyse. Der letzte Traum wurde in Stunde 383 erzählt, dazwischen liegen also 47 Stunden ohne Traumbericht. Amalie nimmt explizit Bezug auf diese lange traumlose Periode, indem sie mitteilt, sie sei »leer analysiert«. Die Bezeichnung »leer analysiert« ist vom Klang her doppeldeutig. Im Kontext der Psychoanalyse ist der Begriff der Lehranalyse für KandidatInnen, welche die Psychoanalyse erlernen möchten, gang und gäbe. Allerdings eben in dieser substantivierten Form und kaum je als Verb »lehranalysieren«. Der Analytiker macht auf diese Doppeldeutigkeit aufmerksam. Mit seiner Äußerung nimmt er einen bemerkenswerten Fremdpositionierungsakt vor: Er rückt Amalie weg vom klinischen Status der Patientin in den Status einer Ausbildungskandidatin der Psychoanalyse. Es wäre also in seinem Verständnis möglich, dass Amalie sich selbst als »lehranalysiert« bezeichnet, dass es sich bei der laufenden Behandlung also (mittlerweile) um eine Lehranalyse handelt. Amalie distanziert sich anhaltend lachend von diesem sie offenbar belustigenden Missverständnis.

Fazit: Zusammenfassung der Positionierungsprozesse

Der Analytiker wird von Amalie nicht als dialogischer Partner positioniert, mit dem sie in kooperativer Art und Weise die latente Bedeutung ihrer Träume erforscht. Sie begibt sich so gut wie nie in eine passiv-rezeptive Position, die sich darin zeigen würde, dass sie die traumbezogenen Beiträge ihres Analytikers als für sich selbst relevant und produktiv erachtet. Dies ist so gut wie nie der Fall. Vielmehr tritt sie zu ihm in einen kompetitiv-rivalisierenden Interaktionsmodus, bei dem sie die Oberhand gewinnt. Sie stellt sich im fortschreitenden Analyseprozess als kompetente Trauminterpretin dar, die keiner fremden Hilfe mehr bedarf. Der Analytiker unterstützt diese sich entwickelnde Selbstpositionierung Amalies, indem er ihre interpretativen Kompetenzen fördert und sie dadurch als erfolgreiche Lehranalysandin positioniert.

Metakommunikation über die stattfindenden Positionierungen

Im Anschluss an die herausgearbeiteten Positionierungen stellt sich die Frage, ob es Ansätze des Analytikers gibt, diese Positionierungsprozesse anzusprechen. Mit anderen Worten formuliert: Lassen sich Passagen finden, in denen der Analytiker die stattfindenden Positionierungsakte selbst in Form einer Metakommunikation zum relevanten Gesprächskontext macht? Es fällt auf, dass der Analytiker in den untersuchten Traumstunden (und nur zu diesen können im Rahmen dieser Arbeit Aussagen gemacht werden) relativ selten die Interaktion, die den Umgang mit Träumen betrifft, metakommunikativ aufgreift. Wenn er dies tut, wirken seine Gesprächsinitiativen eher defensiv. Sofern Amalie diese nicht aktiv unterstützt, insistiert er nicht auf seiner Initiative. Amalie reagiert auf seine entsprechenden Initiativen meist mit Kontextwechseln. Der Analytiker könnte die auf diese Weise etablierte lokale Kohärenz durchaus aufheben und selbstkohärent, eben den Kontext wieder auf die Metaebene der Interaktion selbst legend, reagieren. Dies tut er aber nicht – vielmehr schließt er sich dem von Amalie etablierten Kontextwechsel an, sodass seinen wenigen metakommunikativen Gesprächsinitiativen die letzte Überzeugung fehlt.

4.3.3 Makromuster des Traumdialogs im Kontext der Wunscherfüllung

Durch die sequenzielle Zugangsweise der Gesprächsanalyse und die positionierungsanalytischen Befunde wurde ein handlungsleitendes Prinzip in der Interaktion zwischen Analytiker und Analysandin herausgearbeitet, wie es sich vorwiegend in der zweiten Hälfte der Analyse entwickelt. Wie schon in Bezug auf die triangulierende Funktion der Traummitteilung beschrieben, ist es auch hier sinnvoller, das dynamische Prinzip für die makroprozessuale Entwicklung im Sinne einer rekursiven Erzeugungsregel zu beschreiben, als detailliert die einzelnen Bausteine eines allfälligen Sequenzmusters herauszuarbeiten (Deppermann 2001, S. 77f.). Dies gilt umso mehr, als hier der Versuch unternommen wird, die Funktion von Traummitteilung und Traumdialog im Zusammenhang mit der spezifischen Konfliktlage Amalies darzustellen und zu diskutieren. Das dynamische Prinzip für die makroprozessuale Entwicklung in Bezug auf Traummitteilung und Traumdialog wurde im Anschluss an die Analyse der Stunde 224 folgendermaßen beschrieben: Amalie geht es nicht in erster Linie um eine dialogisch angelegte Interpretation ihrer Träume, sondern um den *Akt der Trauminterpretation* an sich. Der Vorgang der Trauminterpretation ist für sie viel wichtiger als dessen Ziel, nämlich durch Interpretation die inhaltliche Bedeutung des Traums zu ergründen. Den Hintergrund für dieses – bezogen auf den Umgang mit der Traummitteilung – handlungsleitende dynamische Prinzip bildet die psychodynamische Konfliktthese, die im Anschluss an die Analyse der Stunde 224 formuliert wurde. Amalies Ziel ist es, die Kunst der Trauminterpretation, der sie phallische Qualität beimisst, zu erlernen und zu beherrschen. Der Weg dazu führt über die Partizipation an der phallischen Interpretationspotenz des Analytikers. Die Übergabe dieser Kunst stellt die Aktualisierung des Reparaturanspruchs der sich als beschädigt bzw. kastriert empfindenden Frau im Rahmen der Interaktion zwischen ihr und dem männlichen Analytiker dar.

Betrachtet man, was ab Stunde 224 im Rahmen des Traumdialogs zwischen den Interagierenden geschieht, fällt auf, dass es sich nicht um ein einheitliches Interaktionsmuster handelt. Die Analyse der ausgewählten Gesprächspassagen in diesem Kapitel ermöglicht eine Differenzierung und Konkretisierung des Erklärungsmodells in Gestalt des oben dargestellten dynamischen Prinzips:

Partizipation heißt hier nicht, dass Amalie die Deutungen und Interpretationsansätze ihres Analytikers neugierig und interessiert entgegennimmt und sich am Ende in einem Gestus der Dankbarkeit dafür, etwas Wertvolles (passiv) empfangen zu haben, verabschiedet (vgl. Stunde 517). Vielmehr ist die bereits unter 4.2 beschriebene *rivalisierend-kompetitive Dynamik* im Umgang mit ihren Träumen handlungsleitend. Diese verbindet sich mit einer *partizipativen Dynamik*. Die Differenzierung und Konkretisierung besteht nun darin, dass es angemessener ist, von *zwei* dynamischen Prinzipien zu reden statt nur von einem, wenn diese spezifische kommunikative und interaktive Gestalt des Traumdialogs beschrieben und interpretiert werden soll. Dass dem so ist, dürfte an der konflikthaften Ausgestaltung der als zentral für Amalie beschriebenen Themen »Kastrationskomplex« und »Penisneid« liegen. Etwas salopp formuliert: Eine passiv-rezeptive Haltung gegenüber den Beiträgen des Analytikers zum Traum, ein Hören auf das, was der Analytiker sagt mit dem Effekt, dieses als wertvollen Beitrag zu honorieren – eine solche rezeptive Haltung ist für Amalie undenkbar, weil sie aus ihrer Sicht viel zu weiblich wäre[5]. Dies würde ihr Erleben als beschädigte, unter einem Mangel leidende Frau zementieren, weil sie immer wieder damit konfrontiert würde, dass der Analytiker-Mann etwas hat, das ihr fehlt. Auf diesem Hintergrund erscheint es schlüssig, dass sie einen anderen Interaktionsmodus im Umgang mit dem Traum etabliert, einen »männlicheren«: Amalie verstrickt ihren Analytiker in ein phallisches Rivalisieren um Fragen, die den Umgang mit der Traummitteilung betreffen, sei es die Menge der mitgeteilten Träume, seien es die fehlenden zeitlichen (und interpretativen?) Ressourcen, die der Analytiker für die Traumanalyse zur Verfügung stellt oder sei es die Frage, wem letztlich die Hoheit der Traumdeutung bei der Interpretation der Träume Amalies zukommt. Es handelt sich dabei allerdings um eine durchaus zweischneidige und als solche konflikthafte »Strategie« Amalies: Einerseits soll der Analytiker gute Trauminterpretationen bieten, damit sie daran partizipieren kann. Anderseits wird der Analytiker regelrecht kastriert hinsichtlich seiner Deutungspotenz. Das zeigt sich in Amalies distanzierter Haltung bis hin zur expliziten Ablehnung seiner Deutungen. Dieser spezifische Umgang mit dem Traum und ihrem Analytiker spiegelt die Konfliktdynamik Amalies wider. Die Einführung des Traums in das analytische Setting kann als Aufführung, als Inszenierung des

5 Aufgrund der dargestellten Befunde komme ich zu dem Schluss, dass Amalie ihre weibliche Rolle nicht positiv besetzen kann, auch am Ende der Analyse nicht. Etwas überraschend erscheint auf diesem Hintergrund die Äußerung des Analytikers über Amalie, dass diese am Ende der Analyse »zu einer positiven femininen Identifizierung gefunden« habe (vgl. Grimmer/Luif/Neukom 2008, S. 78). Gerade die positive Besetzung der weiblichen Identität ist, neben den erreichten positiven Veränderungen, ein Stück, das der Analyse entzogen blieb.

intrapsychischen Konflikts, der um die Themen der Geschlechterdifferenz und des Kastrationskomplexes kreist, verstanden werden. Die Analysandin positioniert sich als phallisch-männlich rivalisierend im Diskurs der Trauminterpretation. Dieser wird zum Wettstreit unter Rivalen um die gute und richtige Traumdeutung. Gleichzeitig benutzt Amalie den Analytiker und seine Deutungen, um in diesem Kampf besser ausgestattet zu werden, am liebsten besser als er selbst. Das Zweischneidig-Konflikthafte besteht in einer an sich nicht zu vereinbarenden Fremdpositionierung des Analytikers: Einerseits soll er Experte sein, an dessen Interpretationskunst sie partizipieren will, anderseits ist er Rivale, der das Nachsehen haben soll. Der wunschgemäße Ausgang aus dieser Konstellation kann konsequenterweise nur so aussehen, dass Amalie als »Lehr-Analysandin« ihren Lehrer überflügelt, sodass sie als Frau bezüglich der Trauminterpretationskompetenz phallisch letztlich besser ausgestattet ist als der männliche Analytiker. Im letzten Traum (Stunde 517) stellt sie diesen Wunsch insofern als erfüllt dar, als sie die Expertin ist, von der man wissen will, was Interpretation ist. Darin besteht der Aspekt der Wunscherfüllung im Umgang mit dem Traum, sodass von einer dritten, einer wunscherfüllenden Funktion der Traummitteilung gesprochen werden kann.

4.3.4 Enactment: Verborgene Wege der Wunscherfüllung

In Kapitel 4.3.2 wurde festgehalten, dass der Analytiker die stattfindenden Positionierungsprozesse, die zur eben dargestellten interaktiven Dynamik führen, selten durch metakommunikative Gesprächsaktivität zum relevanten Gesprächskontext werden lässt – und wenn er dies tut, dann eher zögerlich. In diesem Abschnitt soll versucht werden, diese Beobachtung anhand psychoanalytischer Konzepte zu verstehen. Kern dieser Herleitung ist folgende psychodynamische These: Der mutmaßliche Kernkonflikt Amalies kreist um die beschriebenen Themen der Geschlechterdifferenz, im Besonderen um Kastration und Penisneid, und kann nicht psychoanalytisch bearbeitet werden. Wie an verschiedenen Passagen ersichtlich, macht der Analytiker verschiedene Versuche, die darauf abzielen, diesen Konflikt in den Diskurs einzubringen, die aber nicht erfolgreich sind (vgl. zur Illustration die Stunde 224). Dieser zentrale Teil des Konflikts um die Geschlechterdifferenz bleibt unanalysiert und gerade dadurch äußerst dominant für die interpersonelle Dynamik. Mit anderen Worten und klassisch psychoanalytisch formuliert: Dieser Teil wird nicht bearbeitet, sondern *agiert*. Amalie verlangt vom Analytiker auf ganz spezifische Weise Anteil an dessen phallischer Ausstattung, quasi als Entschädigung für ihre Kastration. Damit tut sie genau das, was sie im letzten Traum von Stunde 224 tut. Der Analytiker wird zum Vertreter der in dieser Traumszene um sie versammelten Männer und soll etwas von seiner phallischen Ausstattung an Amalie abtreten. Sie strebt eine Partizipation an der phallischen Qualität der Trauminterpretation ihres männlichen Analytikers an. Dies ist ihre Bewältigungsform der Kastrationskatastrophe. Wie sie sich diesen Partizipationswunsch erfüllen kann, wurde bereits weiter oben beschrieben: Indem sie Träume erzählt, eigene und fremde, indem sie eigene Interpretationen (mehr als freie Einfälle) dazu abgibt, indem sie sich diejenigen des Analytikers anhört, um daran zu partizipieren und ihn letztlich überflügeln zu können. So scheint es zu folgendem unbewussten Pakt zu kommen: Der Analytiker deutet die Träume Amalies inhaltlich, auch mit Bezug zu den konflikthaften Themen. Damit stößt er zwar oft auf Widerstand, was den Inhalt betrifft, gleichzeitig aber erfüllt er genau durch diese Handlung der Trauminterpretation den Partizipationswunsch Amalies. Er agiert mit, indem er inhaltlich Deutung an Deutung liefert. Somit erlangt sie eine Teilbefriedigung oder Genugtuung bezüglich ihres Restitutionswunsches statt einer Bewusstmachung und eines Durcharbeitens des zentralen Konflikts. Damit ist der Analytiker nicht mehr (idealtypischer) Co-Konstrukteur der Traumanalyse, sondern Co-Akteur in einem unbewussten Pakt zwischen sich und seiner Analysandin.

Diese spezifische Situation hat Streeck (1998) überzeugend herausgearbeitet und mit dem gerade auch für den vorliegenden Befund der Traummitteilungen Amalies sehr treffenden Titel »Verborgene Wege der Wunscherfüllung« versehen. Die Pointe seines Ansatzes liegt darin, dass sich unbewusste Wünsche interaktive Mechanismen von sozialer Ordnung zunutze machen, um ans Ziel zu gelangen, auch und gerade in der therapeutischen Situation. Die unbewussten Wünsche richten sich dann auf den Analytiker, womit das Übertragungsfeld etabliert wird. Dadurch entsteht eine konflikthafte Ausgangslage. Die unbewussten Wünsche des Patienten streben nach Erfüllung, indem sie Wahrnehmungsidentität herzustellen suchen (Sandler/Sandler 1978; zit. nach Streeck 1998, S. 49). Sie wollen die Differenz von Halluzination, Traum, Fantasie und der gegenwärtigen sozialen Wirklichkeit, der Beziehungsrealität in der therapeutischen Situation, aufheben. Der Analytiker will in der Regel nicht, dass der Patient seine Wünsche in der Analyse befriedigt. Vielmehr sollte er sich diese bewusst machen. »Der Patient will nicht symbolisch vermittelte Reflexivität, sondern wunscherfüllende Erfahrung – und die soll durch Agieren herbeigeführt werden« (ebd., S. 51). Der Analytiker aber verweigert Handeln und bietet nur Deutungen an, was in der Regel zu einer Frustration des Patienten führt.

Angewandt auf die Funktion der Traumkommunikation Amalies, ist der entscheidende Punkt, dass diese Deutungen des Analytikers den Gegenstand der Wunscherfüllung bei Amalie bilden. Die unbewussten Wünsche beuten dieses Ordnungsprinzip der sequenziellen Organisation sozialer Interaktion für ihre Zwecke aus. Bei Amalie ist es die in der Analyse sehr erwünschte *soziale Ordnung* respektive *Basisregel der Interaktion* der Traummitteilung, die für das Erreichen des Ziels der Wunscherfüllung instrumentalisiert wird. Damit ist das Kernmoment dessen bezeichnet, was andernorts bereits als »Strategische Nutzung« beschrieben wurde (vgl. Deppermann 2001, S. 101). Amalie bedient sich dem in der Psychoanalyse höchst willkommenen Mitteilungsformat der Traumschilderung, um dann charakteristisch von diesem Ordnungsprinzip abzuweichen, sodass sie immer weniger als Subjekt ihrer Träume erscheint, sondern als Co-Deuterin und -Forscherin des Phänomens Traum an sich. Sie entfernt sich vom Patientinnenstatus hin zur valablen Konkurrentin des Analytikers auf dem Feld der Traumdeutung. Das Faszinierende daran ist, dass die zentralen Konfliktthemen so offen im Gespräch erscheinen, von Amalie im Medium des Traums in ein anschauliches Narrativ gegossen und mitgeteilt werden – aber eben nicht Gegenstand des analytischen Diskurses werden. Vielmehr bedient sich Amalie des analytischen Diskurses über den Traum, um den Konflikt im interaktiven Agieren wunschgemäß zu lösen. Wunscherfüllung geschieht gerade nicht in offensichtlicher Abweichung von der erwartbaren Ordnung der interaktiven Sequenzen des Traumdialogs. Gerade diese in psychoanalytischen Sitzungen etablierte Ordnung, dieses interaktive Prinzip des Traumdialogs dient Amalie dazu, den Wunsch nach Reparatur ihrer als beschädigt empfundenen Weiblichkeit als erfüllt zu betrachten. Dies gelingt ihr, indem sie sich auf dem Feld der Trauminterpretation mit dem männlichen Analytiker misst und sich am Ende ihrer Analyse diesbezüglich phallischer positioniert als ihr männliches Gegenüber.

Nach Streeck (1998) entfalten solche Gesten eine zwingende Kraft und veranlassen das Gegenüber zu einem ganz bestimmten Verhalten oder drängen zur Übernahme einer bestimmten Rolle. Er beschreibt dies als Mitagieren des Analytikers, als Mikroagieren und Mikromitagieren. Gleichzeitig verweist er damit den Anspruch einer neutralen Haltung des Analytikers in das Reich der Illusionen. Die Inszenierungen selbst sind aber nicht primär Ausdruckshandlungen. Die Patienten drücken damit nicht ihre Wünsche aus.

> »Vielmehr nutzen sie diese Verhaltenselemente als Mittel, um Prozeduren sozialer Interaktion, eine Art Maschinerie vorhersagbarer Interaktionsproduktion in Gang zu bringen. Sie veranlassen ihr Gegenüber damit zu einem bestimmten Verhalten, so dass Interaktionsmuster zustande kommen, die für den Patienten mit Wunscherfüllung einhergehen« (ebd., S. 62).

Mit anderen Worten, die »Geste drückt den Wunsch nicht aus, sondern der unbewusste Wunsch bedient sich der Geste, um sequentiell organisierte interaktive Episoden zu initiieren, mit denen er zur Erfüllung gelangt« (ebd., S. 63). Welche Kraft dem unbewussten Wunsch innewohnt, zeigt sich also einerseits an dem suggestiven Druck, der auf den Analytiker ausgeübt wird, andererseits an der Reaktion des Patienten, wenn die etablierte Interaktionsordnung vonseiten des Analytikers »unbeabsichtigt durchbrochen wird und die Patientin sich daraufhin erzürnt zurückzieht« (ebd., S. 56). Bei Amalie findet sich eine sehr eindrückliche Passage dazu in Stunde 449. Dort berichtet sie von einem Traum ihres Partners und will vom Analytiker hören, was er dazu respektive zu ihrer Deutung des Traums sagt. Er sagt daraufhin aber nichts, was Amalie dazu bringt, ihn »am liebsten erschießen zu wollen« (vgl. 4.3.3).

Es ist deutlich geworden, dass im Unterschied zum Konzept der Wahrnehmungsidentität von Sandler und Sandler (1978) diese Konzeption noch einen Schritt weiter geht: »So wiederholt sich wunscherfüllende Interaktion schließlich nicht nur als Wahrnehmung, sondern als gestisch induzierte soziale Interaktion, als szenische Episode« (Streeck 1998, S. 63). Ganz allgemein, so Streeck, habe sich die Auffassung durchgesetzt, dass psychoanalytische Therapie ein interaktives Geschehen ist, das vom Patienten und Analytiker gemeinsam hervorgebracht wird. Somit handelt es sich dabei immer um Co-Produktionen und nicht nur um Co-Konstruktion. Nicht selten ist der Analytiker unbewusst in dieses Geschehen verstrickt und erkennt dies erst, »wenn der Pausenvorhang gefallen ist« (ebd., S. 53). Der Analytiker kann zwar nicht nicht mitagieren, er sollte jedoch im Nachhinein realisieren, in welche Szene er verwickelt wird, welche Rolle er übernommen hat und dies dann in Form einer szenischen Deutung wiederum für die Analyse verwenden. In den untersuchten Traumstunden ist dies allerdings wie gesehen kaum je der Fall.

Bei der nachträglichen Betrachtung dieser Interaktion im analytischen Prozess im Zusammenhang mit Traummitteilungen stellt sich also die Frage, warum der Analytiker die von Amalie geschilderten Träume eigentlich immer gleich behandelt, nämlich als auf der inhaltlichen Ebene zu interpretierende Erzählsequenzen, was bei der Schilderung verschiedener Stundenverläufe bereits angedeutet wurde. Es stellt sich nun die Frage, warum er so gut wie nie eine Bemerkung dazu macht, was mit der und durch die Traummitteilung interaktiv geschieht respektive was Amalie durch die Traummitteilung und den anschließenden Traumdialog mit dem Analytiker »macht«. Warum sagt er nie so etwas wie: »Sie haben gerade fünf Träume in einer Stunde erzählt, da können wir ja gar nicht alles besprechen.« Oder: »Sie erzählen mir vermehrt Träume von anderen Personen und gar nicht mehr Ihre eigenen, was könnte das heißen?« Oder: »In letzter Zeit habe ich den Eindruck, dass Sie an meinen Beiträgen zum Traum nicht mehr sonderlich interessiert sind. Wie kommt das?« Er scheint nie dieses bestimmte Interaktionsmuster zu deuten, diese Inszenierung Amalies als Rivalin um die Deutungshoheit und »stille Teilhaberin« an seinem Interpretationsphallus (abgesehen von zögerlichen Andeutungen in den Stunden 431 und 449). Mit anderen Worten, er macht so gut wie nie eine szenische Deutung des im Zusammenhang mit der Traumschilderung sich etablierenden interaktiven Plots. Somit trägt der Analytiker seinen Teil dazu bei, dass die Analyse sich mehr und mehr zu einer Weiterbildungsveranstaltung für Trauminterpretation entwickelt.

Die Chance der nachträglichen Betrachtung dieses Teils des analytischen Prozesses liegt darin, das beschriebene interaktive Geschehen genauer zu analysieren und zu fragen, warum es – immer im Rahmen der untersuchten Traumstunden – so selten zu einer vom Analytiker initiierten Metakommunikation über ebendieses interaktive Muster im Umgang mit den Traummitteilungen kommt. Dabei dürfte die Sonderstellung, die der Traummitteilung im Rahmen des psychoanalytischen Behandlungssettings zukommt, eine große Rolle spielen. Es gibt eine ausführliche Debatte um diese Sonderstellung des Traums (vgl. Greenson 1970; Ermann 1998). Bei aller Diskrepanz ist doch davon auszugehen, dass Träume in den psychoanalytischen Behandlungszimmern willkommene Gäste sind. Oft ist in der psychoanalytischen Literatur auch die Rede davon, dass die Mitteilung eines Traums ein Geschenk an den Analytiker darstelle (Pontalis 1974; Morgenthaler 1986; Ermann 1998; Moser 2008, mündliche Mitteilung). Interessanter als die allgemein gehaltene Frage, ob und wie willkommen Traummitteilungen seien und ob ihnen eine Sonderstellung zukomme oder nicht, ist die Frage, wie der Analytiker Amalies sich zu dieser Frage stellt. Es wurde bereits gezeigt, dass dieser von Beginn an deutlich macht, dass die Mitteilung eines Traums für ihn einen hervorgehobenen Stellenwert hat (vgl. 3.1). Dies erkennt auch seine Analysandin, wenn sie ihm auf der Suche nach Resonanz verschiedene Themenbereiche vorlegt und schließlich bei der Traummitteilung am meisten Gesprächsaktivität seinerseits erntet (vgl. Stunde 104 unter 3.3). Es dürfte keine Frage sein, dass ihm Träume willkommen sind. Aufschlussreich sind auch die Befunde von Zint (2001) im Rahmen ihrer psycholinguistischen Studie zu den Träumen Amalies, die unter dem Stichwort der *Triangulierenden Funktion* der Traummitteilung von hoher Relevanz sind:

> »Vor allem drückt er sich auch sprachlich indirekt aus, wenn er ihre Beziehungsaussagen aufnimmt. Daher wird oft von ihm ein Rückgriff auf das Traummaterial initiiert, in dem er zugleich ebenfalls die erzählende Sprechhaltung wählt. Erst nach einer Klärung auf dieser Ebene wird der Schritt in das Hier und Jetzt gewagt« (ebd., S. 189).

Damit ist angedeutet, dass es auch dem Analytiker ganz gelegen kommt, über das dritte Moment des Traums zu sprechen. Es gibt Passagen, in denen

Amalie direkt und sehr unvermittelt die Beziehung zum Analytiker anspricht, er jedoch eher ausweicht (vgl. Stunde 104). Auf diesem Hintergrund erscheint der Traum für den Analytiker in der Tat als ein Geschenk, das aber gerade dadurch sein verführendes Potenzial entfaltet und so den analytischen Blick auf die damit verbundene Inszenierung zu trüben vermag. Der Traum gilt als eines der bevorzugten Mitteilungsformate in der psychoanalytischen Behandlungssituation ganz allgemein und bei diesem Analytiker im Besonderen. Erst diese Vorzugsstellung ermöglicht diese Form des Enactments.

4.3.5 Diskussion der Befunde zur Amalie-Traum-Forschung

Im Anschluss an die bisher erarbeitete Perspektive, dass den Traummitteilungen ganz zentrale interaktive und kommunikative Funktionen zukommen, sind die zahlreichen Forschungsbefunde zur Amalien-Analyse, gerade was den Aspekt der Traumforschung betrifft, in einem bestimmtem Punkt zu ergänzen und vielleicht auch etwas anders zu interpretieren.

Leuzinger-Bohleber (1989), stellvertretend für viele ähnliche positive Einschätzungen der Analyse Amalies, untersuchte die Verbatimprotokolle der Amalien-Analyse, in denen ein Traum berichtet wurde, und zwar die ersten 100 und die letzten 100 Stunden. Ziel war es, die Veränderung kognitiver, problemlösender Prozesse während der psychoanalytischen Behandlung zu erfassen. »Untersucht wurden Veränderungen im Umgang der Patientin mit ihren Träumen, weil dieser Umgang auch heute noch als eine ›Via regia‹ zum Unbewussten gilt, und die Entschlüsselung unbewusster Konflikte eine Voraussetzung zur Erreichung spezifisch psychoanalytischer Behandlungsziele sein kann« (Thomä/Kächele 2006c, S. 220). Leuzinger-Bohleber beschreibt in ihrer Untersuchung den Verlauf der ersten Traumstunde ähnlich, wie dies im Rahmen dieser Arbeit geschehen ist (vgl. Stunde 6 unter 3.1). Allerdings geht sie davon aus, dass sich der Umgang Amalies mit ihren Träumen im Verlauf der Analyse ändere und sie an der inhaltlichen Erforschung ihrer Traumwelt gegen Ende der Analyse deutlich mehr Interesse zeige als beim ersten Traum in Stunde 6. Amalie zeige am Ende eine große Fähigkeit im reflexiven Umgang mit ihren Träumen. Die Autorin schildert die letzte Stunde der Analyse, die Stunde 517. Dort belegt sie ihre These mit folgendem Ausschnitt:

> P: ich hab Ihnen ja neulich gesagt, daß ich glaube daß ich bei andern Menschen, meine Mutter zum Beispiel, sehr gut die Träume deuten kann. und daß es mit meinen schwieriger ist. aber, wenn ich es weiter fasse, ich hab Tage= manchmal sogar, ganze Wochen, wenn ich jetzt

> was zu Interpretation sagen würde ach, mich so einfach verständlich zu machen. wo ich sehr gut interpretieren kann. oder sehr gut weiß, was ich tun muß. was ich, -- hm ich kann Ihnen das nicht sagen. es, gibt es viele Beispiele. - hm ach das müssen Sie selber begreifen. --

Leuzinger-Bohleber kommentiert diesen Ausschnitt dann mit folgenden Worten: »Wir teilen die Selbsteinschätzung der Analysandin: sie zeigt in den Endstunden eine große Fähigkeit, mit den eigenen Träumen umzugehen und darin dargestellte Konflikt [sic!] zu erkennen und zu reflektieren« (1989, S. 86). Überhaupt wird die Analyse Amalies als erfolgreich eingestuft. Unter den untersuchten Analysanden verfügt sie über die ausgeprägteste Fähigkeit zur Selbstreflexion. Außerdem verfüge diese Analysandin »in den Endstunden über ein ausgeprägtes Wissen zur Informationsaufnahme und -verarbeitung bezüglich ihrer Träume, was ihr unter anderem die Möglichkeit schafft, ihre Träume nun weitgehend selbst zu verstehen und zu deuten« (ebd., S. 77). Dieser Befund wird anhand zahlreicher weiterer Untersuchungskriterien belegt, von denen eine Auswahl hier wiedergegeben wird (Leuzinger-Bohleber 1989):

- es werden am Ende mehr Informationen aus dem Traumtext in der Deutungsarbeit aufgenommen als zu Beginn der Behandlung;
- der Kontext des Traums (Tagesrest, analytische Situation) wird mehr als bei den anderen Patienten berücksichtigt;
- die Interventionen des Analytikers werden ausgeprägter berücksichtigt;
- Amalie nimmt deutlich Bezug auf frühere Deutungsarbeit in ihrer Analyse (erkennt z. B. frühere, bekannte Traumgestalten);
- Aufnehmen und Reflektieren von Interventionen des Analytikers;
- wenig ausgeprägt ist die verpönte Strategie »dem Partner Fragen stellen«;
- Amalie selbst ist die Einzige, die ihre Traumdeutungsstrategien in den Endstunden reflektiert.

Im Rahmen der hier vertretenen Fragestellung nach der interaktiven Funktion von Traummitteilungen wird dieser Befund in einen anderen Interpretationszusammenhang gestellt. Es wurde verschiedentlich gezeigt, dass Amalie ihre Traummitteilungen »strategisch nutzt«, unter anderem in wunscherfüllender Funktion. Mit anderen Worten, der eigentlich durchaus willkommene Zuwachs an eigener analytischer Traumdeutungskompetenz erfolgt wie gezeigt bei Amalie in einem ganz bestimmten Kontext, und zwar im Dienste der Abwehr des mutmaßlich zentralen Konflikts, der sich um Kastration und Penisneid dreht. Mithilfe der Konzepte des *Enactments* und der *strategischen Nutzung* ließ sich zeigen, dass dieses an sich erwünschte Ziel der Traumdeutungskompetenz von Amalie benutzt wird, um die Arbeit an ihren zentralen Konflikten zu unterlaufen, ganz im Sinne einer Wunscherfüllung.[6]

6 Man könnte fast sagen, die Studie von Leuzinger-Bohleber (1989) attestiere Amalie nachträglich und von außenstehender dritter Position aus die Erfüllung ihres Wunsches, in der Disziplin der als phallisch wahrgenommenen Fähigkeit der Trauminterpretation die anderen »Konkurrenten« dieser Studie zu überflügeln.

5 Resümee

Es gibt eine idealtypische Vorstellung davon, was geschieht oder geschehen soll, nachdem in einer psychoanalytischen Sitzung ein Traum berichtet worden ist. Da der Traum in einer rätselhaften Bilder- und Szenenabfolge erscheint, wird generell davon ausgegangen, dass Träume deswegen erzählt werden, weil das zuhörende Gegenüber durch sein Expertenwissen beitragen soll, das Traumrätsel zu entschlüsseln, damit am Ende dieses Prozesses die Bedeutung des Trauminhalts deutlicher wird. Weiter geht man im Allgemeinen davon aus, dass ein solcher Prozess der Traumanalyse in einem dialogisch-kooperativen Interaktionsstil zwischen Analysandin und Analytiker vor sich gehen soll.

Die gesprächsanalytische Untersuchung der Traumkommunikation zwischen der Analysandin Amalie X und ihrem Analytiker hat zu einem überraschenden Befund geführt: Amalie weicht vom oben beschriebenen idealtypischen Vorgehen ab, indem sie die Traummitteilung und den Umgang mit dem Traum *strategisch* nutzt. Sie teilt ihre Träume nicht in erster Linie mit, weil sie deren rätselhafte Bedeutung ergründen und als Fenster zum Unbewussten nutzen möchte. Ihre Traumberichte sind nicht primär durch einen Deutungswunsch motiviert, vielmehr stehen andere kommunikative Interessen im Zusammenhang mit der Traummitteilung im Vordergrund. Dies führte zur vorliegenden Untersuchung der interaktiven und kommunikativen Funktionen von Traummitteilungen. Die in der Literatur fest etablierte Rede von der kommunikativen Funktion der Traummitteilung, überhaupt die funktionale Betrachtungsweise des Traumdialogs in psychoanalytischen Behandlungssettings erschien bisher mehr als Postulat denn als empirisch hergeleiteter Befund. Die vorliegende empirische Studie stellt den Versuch dar, diese Perspektive anhand eines Einzelfalls zu konkretisieren. Die Analysandin Amalie X erwies sich dabei als Glücksfall für eine solche Untersuchung, weil sie viele Träume berichtet und weil sie diese in unterschiedlichen kommunikativen Funktionen einsetzt. Neben der erwähnten *inhaltlichen Traumanalyse*, die als »State of the

Art« bezeichnet wurde, weil sie dem idealtypischen Verständnis dessen, was Freud als Traumanalyse einführte, am nächsten kommt, konnten drei Arten strategischer Nutzung herausgearbeitet werden:

1. Die Traummitteilung als triangulierender Mitteilungsmodus, dem vorwiegend eine beziehungsregulierende Funktion zukommt.
2. Die Traummitteilung im Dienste des Widerstands, die eine kompetitiv-rivalisierende Interaktionsdynamik etabliert.
3. Die Traummitteilung im Dienste der Wunscherfüllung, deren Funktion hauptsächlich restitutiven Charakter hat, im Sinne einer Wiedergutmachung erlittener Beschädigung im Zusammenhang mit einer konflikthaft erlebten Art und Weise der Geschlechterdifferenz.

Nun könnte die Darstellung dieser Hauptfunktionen den Eindruck erwecken, dass für das Erzählen eines einzelnen Traums jeweils ein klar bestimmbares Motiv herauszukristallisieren sei, dass also der Traum in Stunde 251 nur im Dienste der Triangulierung mitgeteilt wird, die Träume in Stunde 504 alle nur Widerstandscharakter aufweisen und alle Träume nach Stunde 224 nur im Dienste der Wunscherfüllung zur fantasierten Aufhebung der Geschlechterdifferenz mitgeteilt werden. Dem ist nicht so. Vielmehr gehen die herausgearbeiteten Funktionsbestimmungen ineinander über. Die dargestellten klaren Abgrenzungen existieren nur in der Theorie oder als Modell so idealtypisch und überschneiden sich in der Praxis der Traumstunden. So kann ein Traum durchaus mit einem Deutungswunsch versehen erzählt und zugleich interaktiv so behandelt werden, dass das beschriebene wunscherfüllende Enactment interaktiv realisiert wird. Überdies sind die vier dargestellten Funktionstypen nicht als abschließende Auflistung zu verstehen. Es handelt sich dabei um diejenigen, die aus meiner Sicht eine gut am Material herleitbare Basis haben. Dass es noch andere Motive gibt, welche die Fragebeantworten helfen, wozu Amalie ihre Träume erzählt, zeigt die anschließende Diskussion.

5.1 Weitere Funktionen?

Die genannten Funktionen wurden aus den Gesprächspassagen der Traumstunden hergeleitet und diskutiert. Damit stellt sich die Frage, ob die interaktiven und kommunikativen Funktionen sich darin erschöpfen oder ob noch weitere Funktionen von Relevanz sind.

Wunsch nach Containment

Aus der Literatur ist bekannt, dass insbesondere der Wunsch nach Containment im Zusammenhang mit der Mitteilung von Träumen eine Rolle spielen kann (vgl. 1.3.5). Bei dieser Funktion geht es, wie gesehen, in erster Linie um die Evakuierung von unverdaubarem Material, das nicht in der Psyche verarbeitet werden kann, sondern ausgelagert werden muss (Weiss 2002, S. 635). Dies wirft die Frage auf, ob auch bei Amalie X diese Funktion, formuliert als »Wunsch nach Containment«, eine Rolle spielt, beispielsweise im Anschluss an die Analyse der ersten Traumstunde (Stunde 6; vgl. 3.1). Man könnte die Bewegung oder die Gestalt dieses interaktiven Musters aus Stunde 6 auch so beschreiben: Amalie bringt den Traum mit, um ihn möglichst schnell wieder loszuwerden. Sie will ihn im »Analytiker-Container« loswerden, evakuieren und entsorgen. Nun lässt sich aus dem manifesten Traum wenig Bedrohliches oder Unerträgliches entnehmen. Jedoch deuten die zahlreichen Abwehrstrategien innerhalb der Dramaturgie und die narrative Erschließung des latenten Konflikts im Traum auf eine schwer erträgliche Über-Ich-Problematik hin (vgl. Mathys 2001). Der dort formulierte Wunsch nach Entschärfung des Gewissenskonflikts enthält in dieser interaktiven Formulierung bereits einen Containmentaspekt. Gesucht wird ein Raum im Analytiker, der vom Über-Ich in Gestalt der Schwiegermutter entlastet, diese aufnimmt und mildernd verwandelt. Auch die explizite Traumeinleitung »ich hab so verrückt geträumt« verweist auf den irritierenden Affekt, den dieser Traum hinterlassen hat.

Neben dieser ersten Traumstunde gibt es noch einige weitere Stellen, die darauf hindeuten, dass hinter der Traummitteilung ein Wunsch steht, das im Traum enthaltene unverdauliche Material im Gegenüber auszulagern, zu evakuieren. Allein, die Methodik der Gesprächsanalyse, die relativ strenge Maßstäbe kennt, was die Sichtbarkeit der Befunde an der Oberfläche des Gesprächsverlaufs betrifft, lässt eine am Material hergeleitete genügend schlüssige Identifizierung dieser Containmentfunktion nicht zu. Zu viele theoretische und interpretative Schritte wären nötig, um diesen Wunsch nach Containment, der sich in den Verläufen der Traumstunden mehr erahnen als überzeugend zeigen lässt, sichtbar werden zu lassen.

Wunsch nach beteiligter Resonanz

Gar nicht so weit weg von einem Wunsch nach Containment ist der Wunsch der Analysandin nach beteiligter Resonanz ihres Gesprächspartners. Immer wieder deutet Amalie an oder fordert ganz explizit, dass sie wissen will, was der Analytiker in Bezug auf das, was sie sagt, denkt. In Stunde 104 wurde dieses Suchen nach einem Interesse und Resonanz zeigenden Gegenüber herausgearbeitet (vgl. 3.3). Es ist offensichtlich, wenn man die Gesprächsaktivität des Analytikers zum Maßstab nimmt, dass Amalie dort im Zusammenhang mit ihrer Traummitteilung am meisten Resonanz erfährt, und es ist zu vermuten, dass sie daraus den Schluss zieht – auch für den weiteren Verlauf der Analyse –, ihr Analytiker interessiere sich dafür auch besonders. Aber es stellt sich auch hier die Frage, wie überzeugend dies am Material ersichtlich ist. Wenn bei Stunde 104 dieser Nachweis noch gut möglich ist, verflüchtigt sich die Deutlichkeit dieser denkbaren Funktion der Traummitteilung zusehends, sodass ein ähnliches Fazit zu ziehen ist wie bei der Diskussion um den Wunsch nach Containment: Es gibt Hinweise darauf, dies als eigenständige Funktion zu bestimmen, die Grundlage ist aber zu dürftig. Und doch kann zumindest festgehalten werden, dass in der ersten Hälfte der Psychoanalyse Amalies diesem Aspekt eine wichtige Funktion zukommt. In der zweiten Hälfte und mit zunehmender Entwicklung einer Übertragungsbeziehung respektive dem oben dargestellten Enactment scheint dieser Aspekt mehr und mehr im wunscherfüllenden Modus im Rahmen der Konfliktdynamik Amalies aufzugehen.

Die Traummitteilung als Geschenk

Oft ist in der Literatur die Rede davon, dass die Traummitteilung ein Geschenk an den Analytiker darstellt. Dieser an sich schöne Gedanke muss sich im Rahmen dieser Studie auch daran messen lassen, inwieweit die Interaktionspartner etwas davon zum Ausdruck bringen. Es konnten in all den untersuchten Traumstunden keine Passagen gefunden werden, in denen der eine Gesprächspartner dem anderen deutlich macht, dass er oder sie den mitgeteilten Traum als Geschenk versteht. Amalie schenkt ihrem Analytiker einmal Blumen als eine Art Reparaturmaßnahme, wenn sie den Eindruck hat, etwas an der Interaktion sei derart ins Ungleichgewicht geraten, dass sie dies wieder ausbügeln müsse (vgl. 4.2.2). Träume verschenkt sie aber keine. Gerade in der letzten Stunde (Stunde 517) gibt Amalie ihrem Analytiker unmissverständlich zu erkennen, dass sie keine Geschenke macht, nicht im Rahmen des üblichen Settings. Dies gilt aufgrund des hier untersuchten Materials auch und besonders für das Mitteilen ihrer Träume.

5.2 Generalisierbarkeit

Gerade der letzte erwähnte Punkt führt unweigerlich zu einem Einwand: Vielleicht gilt dies für die Analysandin Amalie X nicht, aber andere PatientInnen scheinen ihren TherapeutInnen den Traum sehr wohl als Geschenk zu überreichen. Es fragt sich also, inwiefern die dargestellten Befunde *nur* für diesen Einzelfall Amalie X gelten oder inwieweit sie sich generalisieren lassen (Deppermann 2001, S. 108ff.). Aufgrund des hier gewählten Studiendesigns gilt grundsätzlich, dass die erarbeiteten Ergebnisse nicht zu verallgemeinern sind. Es handelt sich um eine Einzelfalluntersuchung mit heuristisch-explorativem Design. Sozusagen als allgemeiner, generalisierbarer Befund gilt indes Folgendes: Der Prozess der Traumanalyse wird nicht nur und nicht immer von einem einzigen Interesse, das bei beiden Beteiligten gleichermaßen vorhanden ist, geleitet: dem Interesse an der latenten Bedeutung des Traums. Damit verbunden ist der interaktive und kommunikative Umgang mit der Traummitteilung in der analytischen bzw. psychotherapeutischen Situation nicht in jedem Fall vom Wunsch und der Bereitschaft nach dialogischer Kooperation bei der Re-Kontextualisierung des Traums gekennzeichnet. Analysandin und Analytiker können ganz unterschiedliche »implizite Traumtheorien« haben und unterschiedliche Motive, die mit der Traummitteilung verknüpft sind.

Davon abgesehen ist zu betonen, dass die dargestellten Befunde dazu, welche kommunikativen und interaktiven Funktionen der Traummitteilung zukommen, für die Analysandin Amalie gelten. Dass sich der Traum als triangulierender Mitteilungsmodus eignet, dass mit ihm, neben dem Wunsch nach Enthüllung des Rätselhaften, auch ein Bestreben nach Verhüllung und damit Widerstand bei der Enthüllungsarbeit der Traumanalyse verbunden sein kann, dürfte in dieser allgemeinen Formulierung auch auf andere Fälle zutreffen. Immer aber stellt sich die Frage, wie genau und wozu dies geschieht. Dies muss bei jeder Einzelfalluntersuchung neu herausgearbeitet werden. Es konnte für die Analyse Amalies gezeigt werden: Der kooperativ-dialogischen Art der Traumanalyse steht ein Motiv der Wunscherfüllung entgegen, das ganz zentral die Konfliktdynamik der Themen der Geschlechterdifferenz, der eigenen weiblichen Identität betrifft. Dies ist für den Fall Amalie spezifisch und von den dargestellten Funktionstypen derjenige, der sich am wenigsten generalisieren lässt. Es ist nicht nur genau diese Konfliktdynamik, die genau für diese Patientin kennzeichnend ist: Es ist vor allem hochspezifisch, dass sie das Feld der Traummitteilung, des Umgangs mit dem Traum in der Interaktion mit dem Analytiker als Gegenüber und Gesprächspartner »strategisch nutzt«, um den Versuch einer Lösung ihrer Konfliktlage herbeizuführen.

5.3 Grenzen der Aussagekraft

Diese soeben beschriebene Grenze der Aussagekraft dieser Studie ist noch um zwei weitere Aspekte zu ergänzen. Diese betreffen die Datengrundlage und die Methodik.

Die vorliegende Studie bezieht sich auf die Untersuchung derjenigen Stunden, in denen Träume mitgeteilt wurden. Es wäre naiv zu denken, dass nur in diesen Stunden über die mitgeteilten Träume gesprochen wird – vielleicht ist es sogar so, dass ein mitgeteilter Traum in späteren Stunden auf detaillierte und engagierte Weise nochmals aufgegriffen wird. So setzt sich beispielsweise das Hin und Her um einen nicht erzählten Traum aus Stunde 7 in Stunde 8 fort, in der er dann schließlich berichtet wird (vgl. 4.2.1). Schon an diesem kleinen Beispiel zeigt sich, dass eine Untersuchung des Traumdialogs in einem psychoanalytischen Prozess, der sich nur auf die Stunden der erzählten Träume bezieht, eine außerordentlich künstliche Abgrenzung und Einschränkung darstellt.

Wenn der psychoanalytisch geschulte Blick diese Einschränkung der Datenauswahl als Makel erkennt, dann gilt dies erst recht für die hier gewählte Methodik, die sich auf die Oberfläche des Gesprächs richtet. Wenn auch aus psychoanalytischer Sicht betont wird, dass tiefenhermeneutische Aussagen immer nur von der Oberfläche aus möglich sind, so ist es doch augenfällig, dass im Rahmen dieser gesprächsanalytischen Studie Aussagen über unbewusste Prozesse im Zusammenhang der Traumanalyse nur eingeschränkt möglich sind, weil nur Passagen untersucht werden, in denen explizit über den Traum gesprochen wird. Das sind aus psychoanalytischer Sicht nun gerade diejenigen Passagen, die wegen der vermeintlichen Bewusstseinsnähe relativ uninteressant sind. Ein Beispiel mag das verdeutlichen.

Stunde 251 wurde ausführlich untersucht und im Hinblick auf die triangulierende Funktion der Traumitteilung diskutiert (vgl. 4.1.2). Es wurde hervorgehoben, dass es Amalie in erster Linie darum geht, im Anschluss an den Traum vom Mord an einer Helikopterpilotin von ihren voyeuristischen Fantasien zu berichten. Wenn man versucht, herauszufinden, was der Analytiker aus dem mitgeteilten Traum macht, welche Strategie er verfolgt, so fallen mehrere Passagen auf, in denen er – entgegengesetzt zum Einwand seiner Analysandin – darauf beharrt, dass sie zuschaue, was zwischen *zwei* Beteiligten passiert. Diese Beobachtung legt folgende Vermutung nahe: Er versucht über das Stichwort des Voyeurismus und über weitere Einfälle dazu eine Deutung vorzubereiten, bei der die *Urszene* eine zentrale Rolle spielt. Mit dem Konzept der Urszene ist im psychoanalytischen Kontext Folgendes gemeint: eine »Szene der sexuellen Beziehungen zwischen den Eltern, die beobachtet oder aufgrund bestimmter Anzeichen vom Kind vermutet und fantasiert wird. Es deutet sie im Allgemeinen als einen Akt der Gewalt vonseiten des Vaters« (Laplanche/Pontalis 1972, S. 576). Dieses theoriegeleitete Verständnis als Gedanke im Hinterkopf passt gut zum berichteten Traumgeschehen und zu den weiteren Ausführungen. Gerade der Aspekt der Gewalt, der in der voyeuristischen Fantasie auftaucht, in der Gestalt, dass jemand vergewaltigt werde, es aber für »das« Betroffene doch gar nicht so schlimm sein könne, zeigt etwas von dieser kindlich anmutenden Erlebnisweise, die entstehen kann, wenn der elterliche Geschlechtsverkehr zum Gegenstand der infantilen Fantasietätigkeit wird. Was im Zusammenhang dieser Untersuchung, wie über den Traum kommuniziert wird, speziell interessiert, ist die Frage, wie diese Interpretation kommunikativ vermittelt wird und wie Amalie darauf reagiert. Der Analytiker scheint sich dahin vorzutasten, wie diese Deutung beim Gegenüber ankäme, indem er die Figurenkonstellation in der Vergewaltigungsfantasie rekapituliert: »in der szene sind drei beteiligt, sie und zwei.« Amalie korrigiert: »manchmal sinds auch mehr«. Besonders eindrucksvoll ist es, dass der Analytiker daraufhin betont, Amalies Fantasie enthalte eine Szene, bei der zwei Akteure etwas tun, obwohl sie das beim ersten Mal verneint (vgl. zur ganzen Passage Mathys 2008). Wie nicht anders zu erwarten kann Amalie mit dieser relativ stark theoriegeleiteten Vorgehensweise des Analytikers wenig anfangen. Was nun aber im weiteren Verlauf des Gesprächs interessant ist, ist ein Blick auf folgende Gesprächspassage, bei der es im manifesten Text nicht um den Traum geht:

> P: ich weiß bloß, daß sich meine Mutter mit meinem jüngsten? Bruder schon unterhalten hat und da konnt ich als so als= hm geduldeter kleiner Zuhörer; einfach, weil mein jüngster? Bruder mal'ne Zeit hatte wo er sich ganz frei mit meiner Mutter unterhalten hat. aber ich! würde das nicht mit ihr tun. weil das eben meinem jüngsten Bruder zugebilligt wird. ist hart zu wissen und= -- doch rechnen zu dürfen.

Eine Erinnerung an eine Szene zwischen Mutter und kleinem Bruder, die über intime Dinge sprechen, mit Amalie als »geduldete[m] kleine[n] Zuhörer«. Das hört sich an wie ein subjektiv eingefärbter Kommentar zur Urszenen-Thematik. Eine Verschiebung des Vaters auf den jüngeren Bruder und eine Aussage über die Erlebnisqualität, die für Amalie damit verbunden sein muss: das Zusehenmüssen, wie ein anderes Paar etwas miteinander tut, als geduldete kleine Zuschauerin die ausgeschlossene Dritte sein. Das ist kränkend. Von dieser Kränkung, dieser affektiven Verfassung redet Amalie die ganze Zeit im Anschluss an diese erinnerte Szene bei gleichzeitigem manifestem Unverständnis der Urszenendeutung des Analytikers. Obwohl nicht über den Traum und über die Idee der damit verbundenen Urszenen-Thematik gesprochen wird, ist es aus psychoanalytischer Sicht klar, was hier passiert: Amalie lehnt die Andeutung des Analytikers ab, weil sie verständlicherweise eben nicht verstehen kann, was er meint. Ihre freie Schilderung einer Kindheitserinnerung in der Sukzession des Gesprächsverlaufs erscheint aber als präzise Bestätigung dessen, was das Konzept der Urszene ausmacht. Diese Art von Verschiebung, dass Patienten eine Deutung ablehnen, im Folgenden aber etwas äußern, das geradezu als Bestätigung dieser Deutung verstanden werden kann – diese Art der latenten Bedeutung von Kommunikation kann mit dem Mittel der Gesprächsanalyse nicht ohne Weiteres erfasst werden. Solche sehr interessanten Phänomene, gerade auch im Zusammenhang mit dem Sprechen über den Traum, sind an der Oberfläche des Gesprächs nicht erkennbar. Die Interaktanten können nicht darüber kommunizieren, weil sie einen der Analysandin im Moment des Gesprächs nicht zugänglichen Bereich repräsentieren. Es handelt sich um unbewusste Phänomene, die nur interpretativ erschlossen werden können. Das heißt allerdings nicht, dass mit der hier gewählten Untersuchungsstrategie der Gesprächs- und Positionierungsanalyse nur Befunde formuliert werden können, die beiden Beteiligten zum Zeitpunkt des Gesprächs bereits bewusst zugänglich sind. Gerade die Ausarbeitung der am Gesprächsmaterial entwickelten Befunde mithilfe des Konzepts des Enactments konnte zeigen, dass im Rahmen der Interaktion durchaus unbewusste Prozesse eine Rolle spielen.

5.4 Empfehlungen für eine fruchtbare Traumkommunikation

Die in dieser Studie vorgestellten Befunde zum interaktiven Umgang mit dem Traum in der analytischen Situation sollen abschließend auf ihre klinisch-praktische Relevanz hin diskutiert werden. Lassen sich auf der Basis der empirischen Gesprächsanalysen Empfehlungen für eine gelingende Traumkommunikation formulieren?

»Ein nicht gedeuteter Traum ist wie ein nicht gelesener Brief« (Mertens 1999, S. 2). Diese Aussage aus dem Talmud ist nach der Analyse der Traumdialoge zwischen Amalie und ihrem Analytiker zu revidieren. Es geht bei der Traumanalyse nicht immer um Deutung. Gefragt ist eine offenere und differenziertere Haltung, eine erweiterte Rezeptionshaltung gegenüber dem Traum. Dies ist die Herausforderung in der analytischen Situation, in der ein Traum mitgeteilt wird. Die hier erarbeitete Sichtweise nimmt ernst, dass sich die Traumanalyse nicht nur im Medium der gesprochenen Sprache abspielt. Vielmehr wird das Sprechen selbst zum Handeln; die unbewussten Sprechhandlungsintentionen sind ebenso von Bedeutung wie die Sprachinhalte. Die Kunst besteht darin, herauszufinden, auf welcher Ebene die Traummitteilung jeweils zu verstehen ist. Es kann nicht das Ziel einer fruchtbaren Traumkommunikation sein, in zu einseitiger Verfolgung des interaktiven Geschehens den Inhalt eines Traums zugunsten seines Mitteilungscharakters zu vernachlässigen. Ebenso wenig ist ein einseitiger, nur auf den Trauminhalt gerichteter Fokus erstrebenswert.

Morgenthaler (1986) hat versucht, beide Ebenen miteinander zu verbinden. Ihm gilt der Umgang mit dem Traum, seine kommunikative Funktion als diagnostischer Hinweis auf den Inhalt. Sein Konzept einer Traumtendenz ist der Versuch, im Dickicht des Traumdschungels die richtige Fährte aufzunehmen. Aber ist es denn so klar, dass der interaktive Umgang mit dem Traum den Schlüssel zum Inhalt liefert? Ist jede Traummitteilung eine Aussage über die aktuelle (Übertragungs-)Beziehung, wie Erman (1998) postuliert? Ist es nicht manchmal so, dass der Umgang mit dem Traum eine ganz andere Dynamik aufweist als sein Inhalt? Es gibt »Patienten, bei denen die Traumerzählung ein Ausagieren der unbewussten Konfliktthematik, die konkordant mit dem unbewussten Trauminhalt, aber auch unabhängig davon sein kann, darstellt« (Mertens 2005/06, S. 40). Die vorliegende Studie bestätigt diese Aussage von Mertens indirekt. Wenn davon ausgegangen werden kann, dass in der unbewussten Beziehung zwischen Analytiker und Analysand permanent konflikthafte Beziehungsmuster bestehen, die nach Darstellung drängen, dann wird auch die Ähnlichkeit der Phänomene Traum und Übertragung erkennbar. Dort gehen die konflikthaften emotionalen Beziehungsmuster eine Verbindung mit den bildlich erlebten Narrativen ein, hier wird versucht, die dissoziierten und verdrängten Anteile in die Beziehung einzubringen. Es gibt im Umgang mit dem Traum bestimmte interaktive Muster, die über den ganzen Verlauf der Analyse gesehen etwas mit dem Trauminhalt zu tun haben, da dieselben Konfliktbereiche betroffen sind. Aber innerhalb der einzelnen Stunde den interaktiven Umgang ohne Weiteres für ein Verständnis des Trauminhaltes dienstbar zu machen, das geht meines Erachtens nicht auf. Vielmehr ist eine Art Triage im Sinne einer Funktionsbestimmung der Traummitteilung wichtig.

Hat der Analysand den Wunsch, über seine innere Welt zu kommunizieren, darf man davon ausgehen, dass ein Deutungswunsch sichtbar wird, was sich an einer dialogisch angelegten Kooperationsbereitschaft aufseiten des Analysanden zeigt. Die Traummitteilung wurde aus rhetorischer und kommunikationsorientierter Perspektive gekennzeichnet als eine »Offenbarung von Intimität im Modus des Fremdseins« (Boothe 2006a, S. 163). Das Besondere an dieser Legierung von Intimität und Fremdheit ist, dass das Ausmaß an Intimität zum Zeitpunkt des Erzählens noch gar nicht absehbar ist. Erst im Verlauf eines vertiefenden Dialogs über den Traum und im gemeinsamen Nachdenken über die verborgene Bedeutung kann das Potenzial an Intimität und damit an Zumutendem, das in einem Traum steckt, allmählich bewusst werden. Traummitteilungen bergen dadurch ein hohes Maß an Unkontrollierbarkeit. Das bedeutet, dass der Deutungswunsch auch Gegenspieler mobilisiert. Im Freud'schen Modell besteht die Traumanalyse darin, die Abwehr- und Verschlüsselungsleistung der Traumarbeit rückgängig zu machen. Aus diesem

Grund schließt sie konsequenterweise – bei aller Kooperationsbereitschaft – immer auch die Arbeit an Widerständen mit ein.

Die besondere Ausgangslage des Formats Traummitteilung erfordert einen ebenso besonderen Ort der Rezeption. Der Traumerzähler braucht als Voraussetzung für eine gelingende Kommunikation seines riskanten Mitteilungsformats ein Gegenüber, das dem Trauminhalt offen und interessiert gegenübersteht. Das Ziel sollte sein, einen Ort zur Verfügung zu stellen, in dem eine schrittweise Aneignung des Traums geschehen kann. Mehr noch als um korrekte Traumdeutungen kann es erst einmal darum gehen, eine Rezeptionshaltung anzubieten, die eine erlebnisnahe Aneignung des Fremden, mit dem man spontan nichts zu tun zu haben meint oder nichts zu tun haben will, ermöglicht. Ein geschickter Traumrezipient sollte einen Raum bereitstellen, der dem Träumer einen offenen und kreativen Umgang mit eigenen Fantasien ermöglicht und dessen Mut zur Selbstkonfrontation fördert (Boothe 2006b). Das Erzählen eines Traums kann dem Analytiker zuerst einmal signalisieren, dass er in seiner Container- und Mentalisierungsfunktion gefordert ist, dass sein Analysand bereit ist, ihm vorerst nur Bilder und Fragmente respektive verstörende Stimmungen und Atmosphären, die ein Traum hinterlassen hat, anzuvertrauen. Das Nichternstnehmen der Trauminhalte und Einfälle wäre dann nicht nur eine Einfühlungsverweigerung, sondern auch eine Unfähigkeit und Angst, die unverstandenen Affekte anzunehmen und umzuwandeln (vgl. Mertens 2005/06).

Wird der Traum hingegen vorwiegend hinsichtlich seines kommunikativen Potenzials »strategisch genutzt«, können die hier vorgestellten Befunde dazu beitragen, die mangelnde Dialogbereitschaft bei der gemeinsamen inhaltlichen Traumanalyse besser zu verstehen und nicht beim Befund »Widerstand« stehen zu bleiben. Es gilt dann, grundsätzlich zwischen zwei Funktionsbestimmungen zu differenzieren, die unterschiedliche praktisch-technische Konsequenzen erfordern und noch nicht so prominent in den Lehrbüchern zur Traumanalyse beschrieben sind. Es geht dabei um die Frage, ob die Traummitteilung im Sinne einer Triangulierung oder als Enactment bzw. Wunscherfüllung aufzufassen ist. In beiden Fällen, die klinisch-phänomenologisch als Widerstandsphänomene erscheinen können, kommt keine dialogische Kooperation bei der Entschlüsselung des Trauminhalts zustande. Es geht um etwas völlig anderes. Diese »implizite Traumtheorie« des Analysanden (vgl. Moser 2003) gilt es zu verstehen. Mit den beschriebenen Fällen der Triangulierung und des Enactments ist eine einseitig auf den Trauminhalt gerichtete Haltung nicht kompatibel. Es entsteht so keine fruchtbare Traumkommunikation.

Aus dem Modell der *Triangulierung* ergibt sich eine erweiterte Haltungs- und Handlungsmöglichkeit des Analytikers für den Umgang mit der Traummitteilung: Er kann den Bezug des Analysanden zu seinem Traum nicht nur daraufhin befragen, inwiefern dabei von der Übertragungsbeziehung die Rede ist, sondern auch daraufhin, ob der Traumbezug in einem triangulierenden Sinn eingeführt wird (Grieser 2003). Dies ist insofern eine nicht ganz anspruchslose Aufgabe, als der Analytiker damit umgehen können muss, dass der Analysand sich einem Dritten zuwendet und damit die Position des Analytikers als relativiert erscheint. Für den Analysanden könnte genau dies eine zentrale Frage sein: Kann ich mich einem Dritten zuwenden, um überhaupt über etwas zu sprechen, das auch unsere Beziehung betrifft, das ich aber so in dieser dyadischen Konstellation direkt gar nicht zur Sprache bringen kann? Dieses Etwas kann ich nur darstellen, indem ich mich auf etwas anderes beziehe, das zwar von mir selbst produziert wurde, mir aber jetzt im Moment des Erzählens »willkommen« fremd erscheint, wodurch ich erst einmal offenlassen kann, wie viel davon ich mir selbst aneigne oder in distanzierter Fremdheit belasse. Diese *Strategie*, durch den Rekurs auf eine dritte Referenzquelle den dyadischen Raum in einen triadischen zu erweitern, ist im untersuchten Material der Analysandin Amalie X von zentraler Bedeutung. Sie eröffnet kommunikative Räume, die es ermöglichen, etwas zur Sprache zu bringen, das überhaupt nicht oder nicht in dieser Art und Weise hätte mitgeteilt werden können.

Patienten wollen nicht analysiert werden, sie wollen ihre Wünsche erfüllt bekommen. Dies ist in aller Kürze der Hauptgedanke des Konzepts der Wahrnehmungsidentität (Freud 1900, S. 571) und gleichzeitig der metapsychologische Hintergrund für *Enactment*-Phänomene. Diese werden regelmäßig interaktiv hergestellt. Auf dem Terrain der Traumkommunikation ist die Verführung zum *Enactment* besonders groß – wegen der Sonderstellung des Traums, der für Analytiker üblicherweise ein willkommenes Mitteilungsformat darstellt. Die Bereitschaft, auf den verborgenen Wegen der Wunscherfüllung ein treuer Weggefährte zu sein, ist beträchtlich. Erforderlich wäre jedoch ein Innehalten und die Frage: Wo laufen wir eigentlich gerade hin? Oder anders gesagt: Ein Blick auf die Interaktion, auf die szenische Gestaltung derartiger Verstrickungen wäre notwendig. Die korrespondierende Intervention ist die szenische Deutung, die Initiierung eines metakommunikativen Diskurses über die Interaktion mit dem Ziel, die eigene Rolle als Erfüllungsgehilfe zu erkennen, den latenten Wunsch des Analysanden klarer zu erfassen und auf dieser Grundlage weiter analytisch zu arbeiten. Interaktionsanalytische Zugänge können dazu beitragen zu erkennen, wie genau die in der Psychoanalyse gängigen sequenziellen Ordnungsprinzipien vom Analysanden strategisch genutzt werden, um den Analytiker in das eigene wunscherfüllende Szenario zu verwickeln. Dazu ist eine andere technische Haltung erforderlich, als zu versuchen, gemeinsam mit dem Analysanden dessen Trauminhalt zu deuten. Das Übersehen dieser Muster im Rahmen der Traumkommunikation könnte auch deswegen so leicht fallen, weil lege artis betrachtet alles seinen gewohnten Gang nehmen kann. Träume werden mitgeteilt, Einfälle berichtet, Interpretationen zur Kenntnis genommen. Die am hier bearbeiteten Material entdeckte wunscherfüllende strategische Nutzung ist für diese Analysandin spezifisch und kann bei einer anderen davon abweichend aussehen. So breit die Palette der Wunschthemen ist, so vielfältig lassen sich mögliche *Enactment*-Phänomene auf der Bühne der Traummitteilung vorstellen, so die Vermutung nach Abschluss dieser Studie.

Träume zu erzählen ist und bleibt eine kommunikative Zumutung: für den Analysanden, weil er nicht weiß, was in dieser gut verhüllten Wundertüte alles zum Vorschein kommen kann; für den Analytiker, weil er erst einmal vor einem Rätsel steht. Das Gelingen der Traumkommunikation ist auf diesem Hintergrund ein prekäres Unterfangen, das an beide Seiten hohe Anforderungen stellt. Die vorliegende Studie, die eine Erweiterung der Rezeptionshaltung postuliert, macht die Sache nicht unbedingt leichter, kann aber dazu beitragen, unfruchtbare Verstrickungen zu lösen und die Dialogfähigkeit sowie die Kooperationsbereitschaft von Analysand und Analytiker für das faszinierende Unternehmen »Traumanalyse« zu fördern.

Anhang: Das gesprächsanalytische Transkriptionssystem (GAT)

Basistranskript (Selting et al. 1998)

Sequenzielle Struktur/Verlaufsstruktur

[ ]	Überlappungen und Simultansprechen
=	schneller, unmittelbarer Anschluss neuer Beiträge oder Einheiten
Pausen	
(.)	Mikropause
(-), (--), (---)	kurze, mittlere, längere Pausen von ca. 0,25 bis ca. 1 s Dauer
(2.0)	Pause von mehr als ca. 1 s Dauer
Rezeptionssignale	
hm, ja, nein, nee	einsilbige Signale
h=hm, ja=a, nei=ein	zweisilbige Signale
Akzentuierung	
akZENT	Primär- bzw. Hauptakzent

Tonhöhenbewegung am Einheitenende

?	hoch steigend
°	mittel steigend
-	gleichbleibend
;	mittel fallend

.	tief fallend

Sonstige Konventionen

((hustet))	para-/außersprachliche Handlungen/Ereignisse
( )	unverständliche Passage je nach Länge
(solche)	vermuteter Wortlaut
al(s)o	vermuteter Laut oder Silbe
(solche/welche)	Alternative Vermutungen
((...))	Auslassung im Transkript
→	Hinweis auf im Text diskutierte Transkriptzeile

Literatur

Alston, Toni M.; Calogeras, Roy C. & Deserno, Heinrich (1993): Dream Reader: psychoanalytic articles on dreams. Madison/Conn. (International Universities Press).

Altman, Leon L. (1992): Praxis der Traumdeutung. Übersetzt von Dieter Becker. Frankfurt/M. (Suhrkamp).

Argelander, Hermann (1970): Das Erstinterview in der Psychotherapie. Darmstadt (Wissenschaftliche Buchgesellschaft).

Bamberg, Michael (2007): Selves and identities in narrative and discourse. Philadelphia (J. Benjamins Pub).

Bartels, Martin (1979): Ist der Traum eine Wunscherfüllung? Psyche – Z Psychoanal 33, 97–131.

Barwinski, Rosmarie (2006): Die Funktion des Traums im Schlaf. Psychoanalytische und neurologische Befunde. Forum Psa. 1, 70–79.

Battegay, Raymond (1987): Der Traum aus der Sicht verschiedener psychotherapeutischer Schulen. 2., rev. und erw. Aufl. ed. Bern (Hans Huber).

Bergmann, Jörg R. (2000): Traumkonversation. In: Boothe, Brigitte (Hg.): Der Traum – 100 Jahre nach Freuds Traumdeutung. Zürich (vdf – Hochschulverlag ETH), S. 41–57.

Bergmann, Martin S. (1966): The intrapsychic and communicative aspects of the dream. Their role in psychoanalysis and psychotherapy. I. J. of Psycho-Anal. 47, 356–363.

Binswanger, Ralf & Körbitz, Ulrike (2000): Im Gespräch über Fritz Morgenthaler. Werkblatt 46, 13–31.

Bion, Wilfred R. (1962): Learning from experience. London (Heinemann).

Bion, Wilfred R. (1963): Elements of Psycho-Analysis. London (Heinemann).

Blumer, Charlotte; Dahler, Sabine & Meier, Regina (2004): Amalies Träume: Trauminventar. Unveröffentlichte Studienarbeit, Universität Zürich, Psychologisches Institut, Klinische Psychologie, Psychotherapie und Psychoanalyse.

Boothe, Brigitte (2000a): Spielregeln des Traumgeschehens. In: Boothe, Brigitte & Meier, Barbara (Hg.): Der Traum. Phänomen – Prozess – Funktion. Zürich (vdf -Hochschulverlag ETH), S. 87–112.

Boothe, Brigitte (2000b): Traumanalyse: Vom Fremdsein zur Selbstkenntnis. In: Boothe, Brigitte (Hrsg.): Der Traum – 100 Jahre nach Freuds Traumdeutung. Zürich (vdf Hochschulverlag an der ETH), S. 17–40.

Boothe, Brigitte (2000c): Der Traum – 100 Jahre nach Freuds Traumdeutung. Zürich (vdf Hochschulverlag an der ETH).

Boothe, Brigitte (2005): Manual der Erzählanalyse Jakob Version 10/02. Abteilungsbericht Nr. 51. Psychologisches Institut der Universität Zürich.

Boothe, Brigitte (2006a): Wie erzählt man einen Traum, diesen herrlichen Mist, wie porträtiert man seinen Analytiker? In: Wiegand, Michael; von Spreti, Flora & Förstl, Hans (Hg.): Schlaf und Traum. Neurobiologie, Psychologie, Therapie. Stuttgart (Schattauer), S. 159–169.

Boothe, Brigitte (2006b): Die dialogische Organisation der Traummitteilung, die Selbstoffenbarung und die Traumbiographie. E-Journal Philosophie der Psychologie 5, Verfügbar unter: http://www.jp.philo.at

Boothe, Brigitte (2006c): Körpererleben in der Traummitteilung und Körpererfahrung im Traum. Psychotherapie im Dialog 7, 185–190.

Boothe, Brigitte & Heigl-Evers, Annelise (1996): Psychoanalyse der frühen weiblichen Entwicklung. München (Ernst Reinhardt).

Brändle, Judith (2008): Träume erzählen in der Psychotherapie. Eine erzählanalytische Untersuchung der Träume von Frau W. Unveröffentlichte Lizenziatsarbeit, Universität Zürich, Psychologisches Institut, Abt. Klinische Psychologie, Psychotherapie und Psychoanalyse.

Bucher, Lea (2005): Der Übergang zur Beendigung der Analyse. Die Erzählungen Amalies vor und nach Eintritt in die Beendigungsphase. Unveröffentlichte Lizentiatsarbeit, Universität Zürich, Psychologisches Institut, Klinische Psychologie, Psychotherapie und Psychoanalyse.

Casa, Giovanni della (1984): Galateus. Das Büchlein von erbarn/höflichen und holdseligen Sitten. Tübingen (Niemeyer) (Orig. 1597).

Cassorla, Roosevelt M. Smeke (2005): The »non-dream« in the theatre of analysis. I. J. of Psycho-Anal. 86, 699–719.

Da Rocha Barros, Elias M. (2002): An essay on dreaming, psychical working out and working through. I. J. of Psycho-Anal. 83, 1083–1093.

Deppermann, Arnulf (2001): Gespräche analysieren. Opladen (Leske & Budrich).

Deppermann, Arnulf & Lucius-Hoene, Gabriele (2008): Positionierung als Verfahren der Interaktionskontrolle. Thematisierung, De-Thematisierung und symbolische Aufhebung des Abschieds in der letzten Stunde der Therapie »Amalie«. Psychotherapie & Sozialwissenschaft 1, 21–40.

Deserno, Heinrich (1992): Zum funktionalen Zusammenhang von Traum und Übertragung. Psyche – Z Psychoanal 46, 959–978.

Deserno, Heinrich (1999a): Das Jahrhundert der Traumdeutung: Perspektiven psychoanalytischer Traumforschung. Stuttgart (Klett-Cotta).

Deserno, Heinrich (Hg.) (1999b): Traum, Affekt und Selbst. 4. Internationale Tagung Psychoanalytische Traumforschung im Sigmund-Freud-Institut am 24. und 25. April. Tübingen (edition diskord).

Deserno, Heinrich (2007): Traumdeutung in der gegenwärtigen psychoanalytischen Therapie. Psyche – Z Psychoanal 61, 913–942.

Dijk, Teun A. van (1997): Discourse studies a multidisciplinary introduction. London (Sage Publications).

Drew, Paul & Heritage, John (1992): Talk at work interaction in institutional settings. Cambridge (Cambridge University Press).

Erikson, Erik H. (1955): Das Traummuster in der Psychoanalyse. Psyche – Z Psychoanal 8, 561–604.

Ermann, Michael (Hg.) (1983): Der Traum in Psychoanalyse und analytischer Psychotherapie. Berlin (Springer).

Ermann, Michael (1998): Träume erzählen und die Übertragung. Forum Psa. 14, 95–110.

Ermann, Michael (2005): Träume und Träumen. Hundert Jahre »Traumdeutung«. Stuttgart (Kohlhammer).

Ferenczi, Sándor (1913): To whom does one relate one's dreams? Further contributions to the Theory of Technique of Psycho-Analysis. London (Hogarth).

Ferro, Antonio (2002): Some implications of Bion's thought. The waking dream and narrative derivatives. I. J. of Psycho-Anal. 83, 597–607.

Fonagy, Peter (2004): Affektregulierung, Mentalisierung und die Entwicklung des Selbst. Stuttgart (Klett-Cotta).

French, Thomas M. & Fromm, Erika (1964): Dream interpretation: a new approach. New York (Basic Books).

Freud, Sigmund (1900): Die Traumdeutung. GW II/III.

Freud, Sigmund (1905a): Der Witz und seine Beziehung zum Unbewussten. GW VI.

Freud, Sigmund (1905b): Bruchstücke einer Hysterie-Analyse. GW V, S. 161–286.

Freud, Sigmund (1909): Bemerkungen über einen Fall von Zwangsneurose. GW VII, S. 381–463.

Freud, Sigmund (1913): Ein Traum als Beweismittel. GW X, S. 11–22.

Freud, Sigmund (1914): Erinnern, Wiederholen, Durcharbeiten. GW X, S. 126–136.

Freud, Sigmund (1916/17): Vorlesungen zur Einführung in die Psychoanalyse. GW XI, S. 79–234.

Freud, Sigmund (1923): Bemerkungen zur Theorie und Praxis der Traumdeutung. GW XIII, S. 301–314.

Freud, Sigmund (1925): Einige Folgen des anatomischen Geschlechtsunterschieds. GW XIV, S. 19–30.

Freud, Sigmund (1933): Revision der Traumlehre. GW XV, S. 6–31.

Friedmann, Robi (2003): Das Erzählen von Träumen als ein Wunsch nach Containment – Überdenken der gruppenanalytischen Arbeit mit Träumen. Gruppenanalyse 13(2), 137–150.

Friedmann, Robi (2005/06): Zwischen Traumdiagnostik und Traumfunktion. Journal für Psychoanalyse 45/46, 52–62.

Frommer, Jörg (2002): Abschluss-Panel des Internationalen Kongresses »Pluralität der Wissenschaften – Psychoanalytische Methode zwischen klinischer, konzeptioneller und empirischer Forschung« in Frankfurt am Main.

Gill, Merton M. (1993): Die Analyse der Übertragung. Forum Psa. 9, 46–61.

Greenson, Ralph R. (1970): Die Sonderstellung des Traums in der psychoanalytischen Praxis. In: Deserno, Heinrich (Hg.): Das Jahrhundert der Traumdeutung. Stuttgart (Klett-Cotta), S. 140–161.

Grieser, Jürgen (2003): Von der Triade zum triangulären Raum. Forum Psa. 19, 1–17.

Grimmer, Bernhard & Spohr, Elfrun (2006): Der unsichtbare Dritte: Zur Repräsentation der Aufnahmesituation in psychoanalytischen Erstgesprächen. In: Luif, Vera; Thoma, Gisela & Boothe, Brigitte (Hg.): Beschreiben – Erschließen – Erläutern. Psychotherapieforschung als qualitative Wissenschaft. Zürich (Pabst), S. 193–212.

Grimmer, Bernhard; Luif, Vera & Neukom, Marius (2008): »Ich muss jetzt gehen«. Eine Einzelfallstudie zur letzten Sitzung der Analyse der Patientin Amalie. Psychotherapie & Sozialwissenschaft 1, 73–109.

Hamburger, Andreas (1999): Traum und Sprache. In: Deserno, Heinrich (Hg.): Das Jahrhundert der Traumdeutung. Stuttgart (Klett-Cotta), S. 289–327.

Hamburger, Andreas (2000): Traumnarrative. In: Körner, Jürgen & Krutzenbichler, Sebastian (Hg.): Der Traum in der Psychoanalyse. Göttingen (Vandenhoeck & Ruprecht).

Hanke, Michael (2001): Kommunikation und Erzählung zur narrativen Vergemeinschaftungspraxis am Beispiel konversationellen Traumerzählens. Würzburg (Königshausen & Neumann).

Harré, Rom & van Langenhove, Luk (1999): Positioning theory moral contexts of intentional action. Oxford (Blackwell).

Hartmann, Ernest (1998): Dreams and nightmares. The new theory on the origin and meaning of dreams. New York, London (Plenum).

Hau, Stephan (2008): Unsichtbares sichtbar machen. Forschungsprobleme in der Psychoanalyse. Göttingen (Vandenhoeck & Ruprecht).

Hau, Stephan; Leuschner, Wolfgang & Deserno, Heinrich (Hg.) (2002): Traum-Expeditionen. Tübingen (edition diskord).

Hill, Clara E. (2004): Dream work in therapy facilitating exploration, insight, and action. Washington, DC (American Psychological Association).

Hollway, Wendy (1984): Subjectivity and method in psychology: gender, meaning and science. London (Sage Publications).

Jung, Carl G. (1962): Erinnerungen, Träume, Gedanken. Aufgezeichnet und hrsg. von Aniela Jaffé. Zürich, Stuttgart (Rascher).

Jung, Carl G. (1991): Traumanalyse: nach Aufzeichnungen der Seminare 1928–1930. C.G. Jung. Hrsg. von William McGuire. Olten (Walter).

Kächele, Horst; Albani, Cornelia; Buchheim, Anna; Grünzig, Hans-Joachim; Hölzer, Michael; Hohage, Roderich; Jimenez, Juan Pablo.; Leuzinger-Bohleber, Marianne; Mergenthaler, Erhard; Neudert-Dreyer, Lisbeth; Pokorny, Dan & Thomä, Helmut (2006): Psychoanalytische Einzelfallforschung: Ein deutscher Musterfall Amalie X. Psyche – Z Psychoanal 60, 387–425.

Kächele, Horst, Hölzer, Michael & Mergenthaler, Erhard (2006): Das charakteristische Vokabular des Analytikers. In: Thomä, Helmut & Kächele, Horst (Hg.): Psychoanalytische Therapie. Forschung. Heidelberg (Springer).

Kanzer, Mark (1955): The communicative function of the dream. I. J. Psycho-Anal. 36, 260–266.

Keller, Damian (2006): Das wird das Ende sein! Die Beendigung der Analyse Amalies im Spiegel ihrer letzten Träume. Unveröffentlichte Lizentiatsarbeit, Universität Zürich, Psychologisches Institut, Klinische Psychologie, Psychotherapie und Psychoanalyse.

Klauber, John (1969): Über die Bedeutung des Berichtens von Träumen in der Psychoanalyse. Psyche – Z Psychoanal 46, 280–294.

Klüwer, Rolf (1995): Agieren und Mitagieren – zehn Jahre später. Zs. Psa. Theorie u. Praxis 10, 45–70.

Körner, Jürgen & Krutzenbichler, Sebastian (2000): Der Traum in der Psychoanalyse. Göttingen (Vandenhoeck & Ruprecht).

Koukkou, Martha & Lehmann, Dietrich (2000): Traum und Hirnforschung. In: Boothe, Brigitte (Hg.): Der Traum – 100 Jahre nach Freuds Traumdeutung. Zürich (vdf – Hochschulverlag an der ETH), S. 227–250.

Kramer, Milton (2002): Überlegungen zur Zukunft der Traumforschung. In: Hau, Stephan; Leuschner, Wolfgang & Deserno, Heinrich (Hg.): Traum-Expeditionen. Tübingen (edition diskord).

Kris, Anton O. (1982): Free association. Method and Process. New Haven (Yale University Press).

Kuensberg, Christine von (2001): Der Analytiker im Traum: Die subjektive Ausstattung eines Thera-peuten im Blickwinkel der Erzählanalyse JAKOB. Unveröffentlichte Lizentiatsarbeit, Universität Zürich, Psychologisches Institut, Klinische Psychologie, Psychotherapie und Psychoanalyse.

Laplanche, Jean (2000): Sollen wir das siebte Kapitel neu schreiben? In: Körner, Jürgen & Krutzenbichler, Sebastian (Hg.): Der Traum in der Psychoanalyse. Göttingen (Vandenhoeck & Ruprecht).

Laplanche, Jean & Pontalis, Jean-Bertrand (1972): Das Vokabular der Psychoanalyse. Frankfurt/M. (Suhrkamp).

Leuschner, Wolfgang (1999): Experimentelle psychoanalytische Traumforschung. In: Deserno, Heinrich (Hg.): Das Jahrhundert der Traumdeutung. Stuttgart (Klett-Cotta), S. 356–374.

Leuschner, Wolfgang (2002): Tagesgedanken als Traumerreger. In: Hau, Stephan; Leuschner, Wolfgang & Deserno, Heinrich (Hg.): Traumexpeditionen. Tübingen (edition diskord), S. 201–218.

Leuzinger-Bohleber, Marianne (1989): Veränderung kognitiver Prozesse in Psychoanalysen. Band 2. Fünf aggregierte Einzelfallstudien. Berlin, Heidelberg, New York, Tokyo (Springer).

Leuzinger-Bohleber, Marianne (1995): Die Einzelfallstudie als psychoanalytisches Forschungsinstrument. Psyche – Z Psychoanal 49, 434–480.

Lorenzer, Alfred (1970): Sprachzerstörung und Rekonstruktion: Vorarbeiten zu einer Metatheorie der Psychoanalyse. Frankfurt/M. (Suhrkamp).

Lorenzer, Alfred & Prokop, Ulrike (2006): Szenisches Verstehen zur Erkenntnis des Unbewussten. Marburg (Tectum Verlag).

Lucius-Hoene, Gabriele & Deppermann, Arnulf (2004): Rekonstruktion narrativer Identität. Ein Arbeitsbuch zur Analyse narrativer Interviews. (2. Aufl.). Wiesbaden (VS Verlag für Sozialwissenschaften).

Luif, Vera; Thoma, Gisela & Boothe, Brigitte (2006): Beschreiben – Erschließen – Erläutern. Psychotherapieforschung als qualitative Wissenschaft. Lengerich (Pabst Science Publishers).

Marková, Ivana & Foppa, Klaus (1990): The dynamics of dialogue. New York (Springer).

Mathys, Hanspeter (2001): »Ich habe heute so einen herrlichen Mist geträumt.« Amalies Traumerzählungen untersucht mit der Erzählanalyse JAKOB. Unveröffentlichte Lizenziatsarbeit, Universität Zürich, Psychologisches Institut, Klinische Psychologie, Psychotherapie und Psychoanalyse.

Mathys, Hanspeter (2006): »Ich hab heut Nacht so einen herrlichen Mist geträumt.« – Eine erzählanalytische Untersuchung von Traumberichten. In: Wiegand, Michael H.; von Spreti, Flora & Förstl, Hans (Hg.): Schlaf & Traum. Stuttgart (Schattauer), S. 141–158.

Mathys, Hanspeter (2008): »Ein ganz böser Traum« – Nächtliches Widerfahrnis bei Tageslicht betrachtet. In: Boothe, Brigitte (Hg.): Ordnung und Außer-Ordnung. Zwischen Erhalt und tödlicher Bürde. Bern (Huber), S. 269–287.

Meltzer, Donald & Theusner-Stampa, Gudrun (1984): Traumleben. Eine Überprüfung der psychoanalytischen Theorie und Technik. München , Wien (Verlag Internationale Psychoanalyse).

Mergenthaler, Erhard (1986): Die Transkription von Gesprächen. Ulm (Ulmer Textbank).

Mertens, Wolfgang (1999): Traum und Traumdeutung. München (Beck).

Mertens, Wolfgang (2000a): Einführung in die psychoanalytische Therapie. (3., überarbeitete Aufl.). Stuttgart (Kohlhammer).

Mertens, Wolfgang (2000b): Artikel »Penisneid«. In: Mertens, Wolfgang & Waldvogel, Bruno (Hg.): Handbuch psychoanalytischer Grundbegriffe. Stuttgart (Kohlhammer), S. 543–550.

Mertens, Wolfgang (2005/06): Anmerkungen zu Fritz Morgenthalers Buch »Der Traum«. Journal für Psychoanalyse 45/46, 31–51.

Meyer, Adolf-Ernst (1993): Nieder mit der Novelle als Psychoanalysedarstellung – Hoch lebe die Interaktionsgeschichte. In: Stuhr, Ulrich & Deneke, Friedrich-Wilhelm (Hg.): Die Fallgeschichte. Beiträge zu ihrer Bedeutung als Forschungsinstrument. Heidelberg (Asanger), S. 61–84.

Morgenthaler, Fritz (1986): Der Traum. Fragmente zur Theorie und Technik der Traumdeutung. Frankfurt/M. (Campus).

Moser, Ulrich (2003): Traumtheorien und Traumkultur in der psychoanalytischen Praxis (Teil 1). Psyche – Z Psychoanal 57, 639–657.

Müller-Pozzi, Heinrich (2008): Eine Triebtheorie für unsere Zeit. Sexualität und Konflikt in der Psychoanalyse. Bern (Huber).

Nothdurft, Werner; Reitemeier, Ulrich & Schröder, Peter (1994): Beratungsgespräche. Analyse asymmetrischer Dialoge. Tübingen (Narr).

Ogden, Thomas H. (2001): Analytische Träumerei und Deutung. Zur Kunst der Psychoanalyse. Wien (Springer).

Overbeck, Gerd (1993): Die Fallnovelle als literarische Verständigungs- und Untersuchungsmethode – Ein Beitrag zur Subjektivierung. In: Stuhr, Ulrich & Deneke, Friedrich-Wilhelm (Hg.): Die Fallgeschichte. Beiträge zu ihrer Bedeutung als Forschungsinstrument. Heidelberg: (Roland Asanger), S. 43–60.

Peräkylä, Anssi (2004): Making links in psychoanalytic interpretations: A conversation analytical perspective. Psychotherapy Research 14 (3), 289–307.

Peräkylä, Anssi, Antaki, Charles, Vehviläinen, Sanna & Leudar, Ivan (Hg.) (2008): Conversation analysis and psychotherapy. Cambridge (Cambridge University Press).

Pflichthofer, Diana (2008): Performanz in der Psychoanalyse: Inszenierung – Aufführung – Verwandlung. Psyche – Z Psychoanal 62, 28–60.

Pontalis, Jean-Bertrand (1974): Der Traum als Objekt. In: Deserno, Heinrich (Hg.): Das Jahrhundert der Traumdeutung. Stuttgart (Klett Cotta), S. 205–223.

Radzik-Bolt, Dorothea (2002): Durch Psychoanalyse und Erzählanalyse dem Unbewussten entlockte Konflikte. Unveröffentlichte Lizentiatsarbeit, Universität Zürich, Psychologisches Institut, Klinische Psychologie, Psychotherapie und Psychoanalyse.

Raguse, Hartmut (2000): Wittgensteins Interpretation der Traumdeutung Freuds. In: Körner, Jürgen & Krutzenbichler, Sebastian (Hg.): Der Traum in der Psychoanalyse. Göttingen (Vandenhoeck & Ruprecht).

Rennie, David L. (2004): Anglo-North-American qualitative counseling and psychotherapy research, Psychotherapy Research 14, 37–55.

Sandler, Joseph (1976): Gegenübertragung und Bereitschaft zur Rollenübernahme. Psyche – Z Psychoanal 20, 297–305.

Sandler, Joseph & Sandler, Anne-Marie (1978): On the development of object-relationships and affects. I. J. Psycho-Anal. 59, 283–296.

Schon, Lothar (2000): Artikel »Triangulierung«. In: Mertens, Wolfgang & Waldvogel, Bruno (Hg.): Handbuch psychoanalytischer Grundbegriffe. Stuttgart (Kohlhammer), S. 732–736.

Schultz-Hencke, Harald (1949): Lehrbuch der Traumanalyse. Stuttgart (Thieme).

Schütz, Alfred (1975): Strukturen der Lebenswelt. Neuwied, Darmstadt (Luchterhand).

Segal, Hanna (1991): Dream, Phantasy and Art. London (Tavistock).

Selting, Margret; Auer, Peter; Barden, Birgit & Bergmann, Jörg (1998): Gesprächsanalytisches Transkriptionssystem (GAT). In: Linguistische Berichte 173, 91–122.

Silverman, David (1997): Qualitative research theory, method and practice. London (Sage Publications).

Singer, Jerome (1978): Phantasie und Tagtraum. München (Pfeiffer).

Strauch, Inge & Meier, Barbara (1992): Den Träumen auf der Spur. Ergebnisse der experimentellen Traumforschung. Bern (Hans Huber).

Streeck, Ulrich (1998): Verborgene Wege der Wunscherfüllung. In: Boothe, Brigitte (Hg.): Über das Wünschen. Göttingen (Vandenhoeck & Ruprecht), S. 48–66.

Streeck, Ulrich (2004): Auf den ersten Blick. Psychotherapeutische Beziehungen unter dem Mikroskop. Stuttgart (Klett-Cotta).

Stuhr, Ulrich (2007): Die Bedeutung der Fallgeschichte für die Entwicklung der Psychoanalyse und heutige Schlussfolgerungen. Psyche – Z Psychoanal 61, 943–965.

Thomä, Helmut & Kächele, Horst (2006a): Psychoanalytische Therapie. Band 1. Grundlagen. Heidelberg (Springer).

Thomä, Helmut & Kächele, Horst (2006b): Psychoanalytische Therapie. Band 2. Praxis. Heidelberg (Springer).

Thomä, Helmut & Kächele, Horst (2006c): Psychoanalytische Therapie. Band 3. Forschung. Heidelberg (Springer).

Tschalèr, Ursina (2008): Die Traummitteilung als Medium zur Kommunikation über die Übertragung. Unveröffentlichte Lizentiatsarbeit, Universität Zürich, Psychologisches Institut, Klinische Psychologie, Psychotherapie und Psychoanalyse.

Weiss, Heinz (2002): Reporting a dream accompanying an enactment in the transference situation. I. J. Psycho-Anal. 83, 633–645.

Wiegand, Michael H.; von Spreti, Flora & Förstl, Hans (Hg.) (2006): Schlaf & Traum Neurobiologie, Psychologie, Therapie; mit 28 Tabellen. Stuttgart (Schattauer).

Wittgenstein, Ludwig (1994): Vorlesungen und Gespräche über Ästhetik, Psychoanalyse und religiösen Glauben. Düsseldorf, Bonn (Parerga).

Zimmermann, Franz; Vogel-Kircher, Jürgen; Tolk, Irmela; Schneider-Lehmann, Agnes; Poppert, Dierk & Gardner, Gaby (2006): Der Analysand träumt von seinem Analytiker. Forum Psa. 22, 44–58.

Zeberli, Manuel (2008): Der Umgang mit Tagesresten aus der analytischen Situation. Unveröffentlichte Lizenziatsarbeit, Universität Zürich, Psychologisches Institut, Klinische Psychologie, Psychotherapie und Psychoanalyse.

Zint, Nicola (2001): Traum und Tempus. Zur Funktion der Textsorte »Traumerzählung« in psychoanalytischen Behandlungsdialogen. Pinneberg (N. Zint).

Petra Christian-Widmaier

Nonverbale Dialoge in der psychoanalytischen Therapie

2009 · 337 Seiten · Broschur
ISBN 978-3-89806-732-4

In psychoanalytischen Behandlungen wird fortlaufend auch ohne Worte in Handlungsdialogen, Inszenierungen und Enactments kommuniziert. Die Autorin erweitert und ergänzt den aktuellen Enactment-Diskurs in theoretischer und praktisch-therapeutischer Hinsicht durch die qualitativ-empirische Untersuchung des Verlaufs von selten thematisierten nonverbalen Handlungsdialogen in bestimmten Ausschnitten einer analytischen Behandlung vom Anfang bis zum Ende. Sie geht dem subtilen Blickaustausch, dem Handkontakt von Patient und Analytiker, den Toilettengängen des Patienten sowie dem beiderseitigen Umgang mit der Tür bei der Begrüßung und Verabschiedung nach. Der Verlauf der Enactments ließ eine Verschränkung der nonverbalen Dialoge mit den Veränderungsprozessen in der Behandlung und ein bestimmtes Verlaufsmuster erkennen.

Marcus Rasting

Mimik in der Psychotherapie

2008 · 127 Seiten · Broschur
ISBN 978-3-89806-785-0

Kann man aus der Mimik von Patient und Therapeut im Erstgespräch Vorhersagen über den Erfolg einer Psychotherapie ableiten? Das vorliegende Buch zeigt, dass zwischen Therapeut und Patient bereits im Erstgespräch ein intensiver nonverbaler Austausch stattfindet, der bereits wichtige Hinweise auf ein Gelingen der nachfolgenden Therapie gibt. Neben einem Überblick über den bisherigen Kenntnisstand zur nonverbalen Kommunikation in der Psychotherapie werden auch eigene Untersuchungen vorgestellt. In einem detailliert beschriebenen Einzelfall werden sowohl die untersuchten Prozesse im klinischen Kontext dargestellt als auch die Implikationen für das Konzept der therapeutischen Beziehung, die durch beide Interaktionspartner aktiv mitgestaltet wird, diskutiert.

Horst Kächele, Friedemann Pfäfflin (Hg.)

Behandlungsberichte und *Therapiegeschichten*

Wie Therapeuten und Patienten über Psychotherapie schreiben

2009 · 344 Seiten · Broschur
ISBN 978-3-8379-2016-1

Seit jeher in der Geschichte der Psychoanalyse und Psychotherapie sind Fallberichte für die Entwicklung der Theorie und therapeutischen Technik von zentraler Bedeutung, angefangen bei Sigmund Freuds berühmten literarischen Texten und fortgeführt in Transkripten tonbandprotokollierter Aufzeichnungen einzelner Sitzungen und vollständiger Therapieverläufe. Auch Patienten beschreiben ihre Therapien und beziehen kritisch oder zustimmend dazu Stellung, was sie in ihrer Therapie erlebt haben, wie ihnen die Behandlung geholfen oder geschadet hat. Erst über die Polarität beider Perspektiven lassen sich Authentizität und Wahrheit therapeutischer Prozesse erfassen.

Michael B. Buchholz

Psycho-News IV

Aktuelle Briefe zur empirischen Bereicherung der Psychoanalyse

2009 · 456 Seiten · Broschur
ISBN 978-3-8379-2020-8

Ziel dieser Sammlung von »Psycho-News-Lettern« ist der Nachweis, dass die Psychoanalyse in der empirischen Forschung viel besser dasteht als gemeinhin angenommen. Michael B. Buchholz berichtet darin im Auftrag des DGPT-Vorstands monatlich über den aktuellen Forschungsstand.

Er informiert darüber, ob die »Methode« oder der »Therapeut« hilft, was es Neues zur Gewaltforschung gibt, wie Psychoanalyse und Religion zueinander stehen, und präsentiert etwa Forschungen zur Frequenzfrage oder informiert über besondere Realitätsaspekte wie die Intrige in menschlichen Beziehungen. Mehrfach greift er Forschungen über die geheimen Beziehungen zur Musik auf und zeigt, wie höchst skeptisch innerhalb der Empirie bestimmte Studiendesigns gesehen werden.

Günter Gödde

Traditionslinien des »Unbewußten«

2009 · 688 Seiten · Broschur
ISBN 978-3-89806-826-0

»Was Günter Göddes Buch leistet, ist genau jene Integration von Vorgeschichte und Geschichte der Psychoanalyse, von innerer und äußerer Betrachtung, die es braucht, um jede voreilige Reduktion der psychoanalytischen Theorie zu vermeiden. Die Theorie des Unbewussten erweist sich weit weniger als der monolithische Block, für den sie angesehen wird. […] Insgesamt gelingt Gödde so etwas wie eine Triangulation Schopenhauer-Nietzsche-Freud […].«

Hans-Dieter Gondek in der Süddeutschen Zeitung

Michael B. Buchholz, Günter Gödde (Hg.)

Das Unbewusste Bände 1–3

2006 · zus. 2347 Seiten · Gebunden
ISBN 978-3-89806-472-9

»Das Unbewusste« ist keine Erfindung Freuds, sondern wurde von ihm im 19. Jahrhundert aus anderen Feldern in die Medizin und Psychologie »umgebucht«. Durch Freud wurde es zum Zentralbegriff der Psychoanalyse und Tiefenpsychologie. Dennoch blieb die Frage, wie und ob es überhaupt »gedacht« werden kann, Gegenstand heftiger Kontroversen – auch wieder zunehmend in anderen Disziplinen.

Die in den drei Bänden von Michael B. Buchholz und Günter Gödde einzigartig weitreichend zusammengetragenen Erinnerungen und Vergegenwärtigungen auch aus der Zeit vor Freud werden helfen, es angemessen für unsere Zeit zu denken.

www.ingramcontent.com/pod-product-compliance
Ingram Content Group UK Ltd.
Pitfield, Milton Keynes, MK11 3LW, UK
UKHW040025200726
13854UKWH00001B/361

9 783837 920864